Taschenbibliothek der Weltliteratur

Tennessee Williams

Glasporträt eines Mädchens

12 Erzählungen

Aufbau-Verlag 1988

Aus dem Amerikanischen übersetzt
von Elga Abramowitz, Hellmut Jaesrich und Paridam von dem Knesebeck

1. Auflage 1988

Ausgabe für die sozialistischen Länder mit Genehmigung der S. Fischer Verlag GmbH, Frankfurt am Main
Einbandgestaltung Regine Schmidt
Reihenentwurf Heinz Hellmis
Lichtsatz Karl-Marx-Werk, Graphischer Großbetrieb, Pößneck V 15/30
Druck und Binden
III/9/1 Grafischer Großbetrieb Völkerfreundschaft Dresden
Printed in the German Democratic Republic
Lizenznummer 301. 120/213/88
Bestellnummer 613 742 4
00320

ISBN 3-351-01237-3

Der Fluch

Wenn ein ängstlicher kleiner Mann in einer fremden Stadt nach einer Bleibe sucht, verläßt ihn plötzlich alles vom menschlichen Geist gegen die Magie entwickelte Wissen. Dämonische Geister, welche eine primitive Welt jagten, scheinen aus dem Exil zurückgerufen zu sein. Verschlagen, triumphierend kriechen sie wieder durch die geheimen Poren der Steine und durch die Adern des Holzes, aus denen eine Wissenschaft sie ausgetrieben hatte. Der einsame Fremde, den sein eigener Schatten erschreckt und den der Laut seiner Schritte ängstigt, durcheilt ganze Reihen wachsamer niederer Geister, die böse Absichten haben. Nicht er betrachtet die Häuser, vielmehr diese ihn. Die Straßen sind ihm feindlich gesonnen. Schilder, Fenster, Toreinfahrten, sie alle haben Augen und Münder, die ihn anstarren und über ihn flüstern. Seine innere Spannung wächst und wächst. Sollte ihn plötzlich jemand anlächeln und ihm damit einen Willkommensgruß bieten, so kann dieser einfache Vorgang eine Art Explosion auslösen. Seine Haut, die ihn beengte wie ein neuer Ziegenlederhandschuh, scheint in allen Nähten zu platzen und befreit seinen Geist, der bereit ist, die Steinwände zu küssen und über ferne Dächer davonzutanzen. Die Dämonen sind wieder einmal vertrieben und in ihr Gefängnis zurückgeworfen; die Erde ist wieder still und gefügig, ein stumpfsinniger Ochse, der im Kreis trottet, der zum Nutzen der Menschen immer neue Schollen der Zeit umbricht.
Das waren Lucios Empfindungen, als er zum erstenmal seiner künftigen Begleiterin begegnete, der Katze. Sie war das erste Lebewesen in der wildfremden Stadt des Nordens, das dem fragenden Blick seiner Augen zu antworten schien. Sie sah ihm mit dem Ausdruck herzlichen Wiedererkennens

entgegen. Fast glaubte er zu hören, wie sie ihn beim Namen rief. „Ach so, du bist es, Lucio! Ich habe hier gesessen und auf dich gewartet – eine lange, lange Zeit!"
Lucio antwortete ihr mit einem Lächeln und wandte sich der Treppe zu, auf der sie saß. Die Katze rührte sich nicht. Aber sie schnurrte ganz leise. Es war ein kaum noch wahrnehmbares Geräusch, ein fast nicht mehr zu spürendes Vibrieren im fahlen Licht eines Nachmittags. Ihre bernsteinfarbenen Augen leuchteten nicht, sie zogen sich ganz leicht im Vorgefühl der nun folgenden Berührung zusammen. Seine Hand strich über das weiche Fell ihres Köpfchens und glitt den knochigen Rücken hinunter: unter seiner Hand spürte er das ganz schwache Beben des schnurrenden Tieres, das ein wenig den Kopf hob, um ihn anzustarren. Eine weibliche Bewegung, die Geste einer Frau, die den Liebhaber, der sie umarmt, ansieht. Mit einem versunkenen glanzlosen Blick, unbestimmt – selbstverständlich wie das Atmen.

„Lieben Sie Katzen?"
Die Stimme war über ihm. Eine große blonde Frau in einem Kattunkleid stand auf der Treppe und sprach ihn an.
Lucio errötete schuldbewußt, und die Frau lachte.
„Sie heißt Nitschewo."
Er wiederholte den Namen zögernd.
„Ja, der Name ist sonderbar", sagte sie. „Einer unserer Mieter gab ihn ihr, ein Russe oder so etwas Ähnliches. Der wohnte hier, bis er krank wurde. Er hatte die Katze in einer Gasse gefunden und nach Hause mitgebracht, fütterte sie und sorgte für sie und ließ sie in seinem Bett schlafen. Und nun werden wir das verdammte Biest nicht wieder los. Zweimal hab ich heut schon Wasser nach ihr gegossen, und immer noch sitzt sie da! – Die wartet wohl, daß er nach Hause kommt, denk ich mir. Aber daraus wird nichts. Hab grad gestern ein paar Jungens gesprochen, mit denen er unten in der Fabrik zusammengearbeitet hat. Es geht ihm nun zu schlecht. Sie sagen, er ist kurz vorm Abkratzen dort im Westen, wo er wegen seiner Lunge hinging, als er anfing Blut zu spucken. Das nenn ich mal ein Pech. War gar kein schlechter Kerl für einen Pollacken."

Ihre Stimme versickerte, und sie lächelte ein wenig und wandte sich um, als wollte sie ins Haus treten.
„Nehmen Sie Mieter in Kost und Logis?“ fragte er.
„Nein“, sagte die Frau. „Alle Leute hier tun es, wir nicht. Mein Mann ist nicht viel mehr als ein Wrack. Hatte in der Fabrik einen Unfall und ist nun zu gar nichts mehr zu brauchen, nur daß ich ihn den ganzen Tag pflegen kann. Ja, und ich“ – sie seufzte – „kann nun außerdem in der Bäckerei in der James Street arbeiten.“ Sie lachte und zeigte ihre Hände, deren Linien ganz weiß waren.
„Daher bin ich vom Mehl so eingestaubt. Meine Nachbarin nebenan, Mizz Jacoby, sagt, ich rieche wie ein frisches Brot. Na, und deshalb habe ich keine Zeit, Untermieter in Kost zu nehmen, kann nur Zimmer vermieten. Ich habe Zimmer, kann Ihnen eins zeigen – wenn Sie interessiert sind.“ Sie schwieg und versank in wohlwollende Betrachtungen, strich sich über die Hüften und ließ ihre Augen mit sanftem Ausdruck über die kümmerlichen Baumkronen spazierengehen.
„Bei Licht besehen“, fuhr sie fort, „könnte ich Ihnen eigentlich das leere Zimmer des Russen zeigen. Wenn Sie nicht zu abergläubisch sind, ein Zimmer zu nehmen, in dem ein Mann so schwer krank wurde. Man sagt, es sei nicht ansteckend, aber was weiß ich.“
Sie drehte sich um, ging ins Haus, und Lucio folgte ihr. Sie zeigte ihm das Zimmer, aus dem der Russe kürzlich ausgezogen war. Es besaß zwei Fenster, das eine sah auf die Ziegelmauer einer Wäscherei, wo es nach Chemie roch, das andere ging auf einen engen Hinterhof, wo blaugrüne Kohlköpfe zwischen vereinzelten Unkrautbüscheln standen, die wie gefrorener Meerschaum aussahen.
Während er aus dem Fenster blickte und die Frau mehlduftend hinter ihm stand und ihr warmer Atem seinen Hals streifte, entdeckte er die Katze Nitschewo, die mit gelassener Anmut zwischen den riesigen Kohlköpfen herumwanderte.
„Nitschewo“, sagte die Frau.
„Was heißt das?“ fragte er sie.
„Ach, ich hab keine Ahnung, wohl was verrücktes Russisches. Er hat’s mir gesagt, aber ich hab’s wieder vergessen.“

„Ich möchte den Raum nehmen, wenn ich's wie der Russe machen kann und die Katze hier halten darf."
„Ach!" lachte die Frau. „Sie wollen's wie der *Russe* machen?"
„Ja", sagte Lucio.
„Er und ich waren recht gute Freunde", erzählte sie ihm. „Er half mir bei allerlei aus, wofür mein Mann nach seinem Unfall in der Fabrik nicht mehr taugt."
„Ja – und?"
„Ja . . .", sie ließ sich auf dem Bett nieder. „Ich nehme nie jemand, ohne mich vorher ein bißchen zu unterhalten. Da sind ein paar Punkte, die ich gern kläre, bevor ich mich endgültig festlege. – Sie verstehen das?"
„O ja."
„Zum Beispiel, ich hab nicht gern Schwule."
„Was?"
„Schwule! – Ich hatte mal einen, der ging mit 'nem roten Seidenschal aus und brachte Männer mit nach Haus. Das hab ich nicht gern."
„Ich werde so was nicht tun."
„Schön. Ich wollte es auch nur wissen. Sie sehen ein bißchen fremdartig aus."
„Ich bin Ausländer."
„Und was für ein Ausländer?"
„Wir stammen aus Sizilien."
„Was?"
„Ist 'ne Insel bei Italien."
„Ach so – na, dann ist ja alles gut so." Sie sah ihn an – blinzelte ihm zu und grinste.
„Musso!" sagte sie. „So werde ich Sie nennen. – *Musso!*" Schwerfällig und kokett erhob sie sich vom Bett und stupste ihn mit dem Daumen in die Magengegend.
„Gut – und weiter?" fragte er.
„Okay. – Haben Sie schon einen Job?"
„Noch nicht."
„Gehen Sie zur Fabrik. Fragen Sie nach Oliver Woodson. Sagen Sie ihm, Mizz Hutcheson schickt Sie. Mit meiner Empfehlung gibt er Ihnen bestimmt Arbeit!"
„Danke schön – tausend Dank."
Sie grinste und kicherte und seufzte und wandte sich langsam zum Gehen. „Mein Mann hat ständig die neuesten

Kriegsnachrichten im Radio angestellt. – Das geht mir durch und durch. Aber ein kranker Mann will bei Laune gehalten sein. Das ist nun mal so."
Aber Lucio hörte nicht mehr zu. Er schaute wieder aus dem Fenster und suchte die Katze. Sie war immer noch unten im Hof und schien geduldig zwischen zwei großen Kohlköpfen auf den Urteilsspruch zu warten, der über ihr künftiges Schicksal entschied. Welche Sehnsucht sprach aus ihrem Blick, aber auch welche Würde.
Rasch ging er an der Frau vorbei und die Treppe hinab.
„Wo gehen Sie hin?" rief sie ihm nach.
„Nach draußen! In den Hof – wegen der Katze!"
Lucio erhielt in der Fabrik durch den Mann namens Woodson eine Anstellung. Die Arbeit, die er zu tun hatte, war die gleiche, wie er sie schon immer getan hatte, die man mit den Händen, ohne nachzudenken, tun konnte. Vor dir rasselt ein Fließband, du machst ein paar kleine Handgriffe, und das Band läuft weiter. Aber mit jedem Ruck, den das Fließband vor dir tat, nahm es etwas von dir mit. Langsam wurde alle Energie aus deinen Fingern gesogen. Frische Kräfte aus deinem Körper traten zwar an ihre Stelle, aber auch sie entwichen allmählich. War der Arbeitstag zu Ende, bliebst du mit einem Gefühl innerer Leere zurück. Was war fortgegangen? Wo war es hingelaufen? *Warum?* – Du kauftest dir noch die Abendzeitung, die schreiende Zeitungsjungen dir unter die Nase hielten. Ob sie einen Schlüssel zu all den Fragen enthielt? Vielleicht verriet dir die letzte Nachtausgabe, wofür du lebtest und warum du arbeitetest. Aber nein! Die Zeitungen vermieden dieses Thema. Statt dessen meldeten sie die Bruttoregistertonnen, die bisher auf See verlorengegangen, die Zahl der Flugzeuge, die in Luftkämpfen abgeschossen waren, eroberte Städte, bombardierte Städte. – Verwirrende Tatsachen, die Zeitung fiel dir aus der Hand, dein Kopf schmerzte ...
Oh, mein Gott, und wenn du am Morgen aufstandest, fandest du die Sonne an derselben Stelle, an der du sie am Vortage gesehen hattest – sie erhob sich über dem Friedhof hinter der Straße, als wären Totengerippe ihre nächtlichen Wächter gewesen. – Durch den ewig gleichen Rauchdunst der Stadt wirkte sie wie ein Kuchen, rund und rot, und hätte ebensogut viereckig oder wurmförmig sein

können – alles konnte alles sein mit endlos vielen Bedeutungen . . .
Der Vorarbeiter schien Lucio nicht zu mögen oder ihm zu mißtrauen, denn er blieb oft unmittelbar hinter ihm stehen und beobachtete ihn bei der Arbeit – unnötig lange. Bevor er weiterging, brummelte er immer leise vor sich hin, was möglicherweise dunkle Drohungen enthielt.
„Ich werde mich hier nicht lange halten können", sagte sich Lucio.
Er schrieb seinem Bruder einen Brief. – Dieser Bruder – Silva – verbüßte in einem Gefängnis in Texas eine Strafe von zehn Jahren. Er war Lucios Zwillingsbruder, aber die beiden waren im Wesen sehr verschieden, standen sich dennoch sehr nahe. Silva war der Rebell gewesen, ein Bursche, der Musik und Whisky liebte, der die Nacht zum Tage machte wie die Katzen, ein Hansdampf in allen Gassen, dem immer ein zarter Hauch von Frauenparfüm anhing. Seine Kleider, die er in der gemeinsamen Wohnung – damals im Süden – achtlos verstreute, waren mit Puder leicht bestäubt gewesen. Kleine Schmuckstückchen fielen aus seinen Taschen, Zeugen vertrauten Umganges mit Gladys oder Mabel oder Ruth. Schon beim Aufwachen stellte er das Grammophon an und erst beim Einschlafen das Radio ab. – Lucio sah ihn weder tags noch nachts viel. Jeder ging, ohne viel darüber zu reden, seiner Wege. Eines Tages fand Lucio in der Manteltasche seines Bruders einen Revolver. Er ließ die Waffe auf dem Bett, das sie zu verschiedenen Zeiten benutzten, liegen und schob einen Zettel mit einer Bleistiftnotiz darunter. Sie ist dein Tod, stand darauf. Als er nach Hause kam, war der Revolver verschwunden. An gleicher Stelle auf dem Bett lagen ein paar Arbeitshandschuhe, die Lucio in der Gießerei gebrauchte. Dabei war ein Zettel mit Silvas krauser Schrift: hier ist *deiner*. – Bald darauf war Silva nach Texas abgereist und dort nach einem Raubüberfall eingesperrt und zu zehn Jahren verurteilt worden. Lucio schrieb regelmäßig nun schon seit über acht Jahren. Jedesmal berichtete er seinem Bruder von einer völlig aus der Luft gegriffenen Verbesserung seiner Lebensverhältnisse. Er erzählte ihm, daß er Werkmeister, ja Aktionär des Betriebes geworden, daß er Mitglied eines Klubs sei und einen Cadillac führe, daß er vor kurzem in den Norden gegangen

sei, um eine viel bessere Stellung anzutreten, in der er ein Mehrfaches seines bisherigen Gehalts verdiene. Die Lügen wurden immer weiter ausgesponnen: eine ganze Traumexistenz ging allmählich aus ihnen hervor. Lucio errötete, wenn er diese Lügen niederschrieb, und seine Hand zitterte dermaßen, daß seine Schrift gegen Ende des Briefes fast unleserlich wurde. Er tat es nicht, weil er den Neid seines unglücklichen Bruders erregen wollte, das war es gar nicht. – Nein, er hatte seinen Bruder heiß geliebt, aber Silva hatte ihn immer so geringschätzig behandelt – bei aller Freundlichkeit. Silva hielt die guten Nachrichten der Briefe offenbar für wahr. „Wie gut Du Dich machst!" schrieb er. Man konnte merken, wie überrascht und stolz er war – so daß Lucio mit Schrecken an den Augenblick dachte, wo die Wahrheit herauskommen würde, nämlich bei Silvas Entlassung aus dem Gefängnis . . .
Lucios Einbildung, er könnte seine jetzige Stellung nicht lange halten, wurde zu einer fixen Idee: zu einer Gewißheit, die ihn nie verließ. Wenn er an den Abenden mit der Katze Nitschewo zusammensaß, konnte er diesen Gedanken vorübergehend ausschalten. Nitschewos Gegenwart bannte all die drohenden Möglichkeiten des Zufalls. Man sah doch, in Nitschewos Welt gab es keinen Zufall. Sie glaubte, daß sich alles nach einer natürlichen vorbestimmten Ordnung entwickelt und man sich über nichts Sorgen machen müsse. Alle ihre Bewegungen waren langsam und ohne Aufregung. Sie wurden mit vollendeter Grazie ausgeführt. Jeden Gegenstand betrachteten ihre bernsteingelben Augen mit Ernst und ohne zu blinzeln. Selbst des Fressens wegen geriet sie nicht in Hast. Jeden Abend brachte Lucio eine Viertelliter Milch mit für ihre Abendmahlzeit und ihr Frühstück: Nitschewo saß dann ruhig abwartend auf ihren Hinterbeinen, während er die Milch in die angestoßene Untertasse goß, die er sich von der Vermieterin geborgt hatte, und sie neben das Bett auf den Boden stellte. Dann legte er sich aufs Bett und sah erwartungsvoll zu, wie Nitschewo langsam zu dem blaßblauen Tellerchen schlich. Ehe sie sich an ihr Fressen machte, blickte sie noch einmal mit ihren gelben, nie flackernden Augen gemessen zu ihm auf, streckte die glänzende, rote Zungenspitze heraus und neigte anmutig das kleine Köpfchen über den Teller. Nun

hörte man im stillen Zimmer nichts als die süße, leise Musik ihres sanften Schlapperns. Er sah ihr zu, und Friede zog durch sein Gemüt. Die harten Verkrampfungen der Angst lockerten und lösten sich. Der Druck und die Unsicherheit, die er tief in seinem Innern spürte, waren vergessen, und sein Herz schlug ruhiger. Müdigkeit befiel ihn, wenn er der Katze zusah – wohlige Müdigkeit. Die Katze schien ins Riesengroße zu wachsen, und der Raum schrumpfte und wurde unwirklich. Dann schienen Nitschewo und er gleich groß zu sein. Er war eine Katze wie sie, Seite an Seite hockten sie auf dem Boden und schlapperten Milch in der angenehmen, sicheren Wärme eines geschlossenen Raumes, jenseits dessen Schwelle keine Fabriken und Vorarbeiter existierten, aber auch keine großen blonden Vermieterinnen mit beunruhigend vollem Busen.

Nitschewo brauchte viel Zeit, bis sie ihre Milch ausgetrunken hatte. Oft war er eingeschlafen, ehe sie fertig war. Wenn er dann später wieder aufwachte, fühlte er sie als kleines Heizkissen neben sich – schläfrig hob er die Hand, um sie zu liebkosen, und spürte dabei das ganz, ganz schwache Beben ihres Rückens, wenn sie schnurrte. Sie wurde fetter, ihre Flanken voller. – Wenn natürlich auch keine Liebeserklärungen ausgesprochen werden konnten, so wußten beide doch, daß zwischen ihnen ein Vertrag bestand, der für ihr ganzes Leben galt. Lucio sprach mit der Katze schläfrig wispernd – nie erfand er Geschichten, wie er sie seinem Bruder schrieb, er leugnete nur einen Kummer, der ihn plagte. Er erzählte ihr, er würde seine Arbeit nie verlieren und würde ihr immer abends und morgens eine Untertasse voll Milch geben und sie in seinem Bett schlafen lassen können; er sagte ihr, daß ihnen beiden kein Unglück zustoßen würde und daß es zwischen Himmel und Erde nichts gäbe, wovor sie sich fürchten müßten. Nicht einmal die Sonne, die täglich frisch poliert mitten aus dem Friedhof aufging, vermochte die Verzauberung zu brechen, mit welcher die beiden sich umgaben.

Eines Abends fielen Lucio die Augen zu, während das Licht noch brannte. Seine Wirtin, die keine Ruhe fand, sah den Lichtschein im Türspalt am Boden, kam an die Tür, klopfte und öffnete diese, als sie keine Antwort bekam. Sie fand den fremden kleinen Mann in tiefem Schlaf auf seinem

Bett und die Katze auf seiner bloßen Brust zusammengerollt. Sein Gesicht war hager und vorzeitig gealtert, und die Augen, die es sonst noch älter erscheinen ließen, waren jetzt geschlossen; sein Körper wirkte mager, weiß und unterentwickelt wie bei einem spindeldürren Jungen. Er sah nicht gerade wie ein Mann aus, fand sie. Aber sie wollte seine Männlichkeit erproben. Auch der Russe war mager gewesen, fast nur ein Gerippe, und hatte sich die Seele aus dem Leibe gehustet. Nichtsdestotrotz war er sehr feurig gewesen, was ihn zu einem guten Liebhaber gemacht und den Eindruck großer physischer Kraft erweckt hatte. Das war ihre Erinnerung an den Russen, der vorher das Zimmer bewohnt hatte. Sie trat ans Bett, warf die Katze auf den Fußboden und legte dem schlafenden kleinen Mann die Hand auf die Schulter. Lucio wachte auf und sah sie neben sich sitzen, lächelnd, noch nach Bettwärme und auch ein wenig nach Mehl duftend. Vor seinen schlaftrunkenen Augen sah er ihr Gesicht doppelt. Zwei große strahlende Monde, die im schwach erleuchteten Raume schwammen. Ihre Hand auf seiner Schulter brannte schmerzhaft, stach ihn wie einst die schweißnasse Haut eines Pferdes, die er als Kind einmal berührt hatte. Ihr Mund war feucht, die Wärme ihres Busens hüllte ihn ein. Die Rosen auf der Tapete – wie groß sie waren! – und dann versanken sie im Dunkel ...
Als die Wirtin ihn verlassen hatte, schlief er wieder ein und war sich kaum bewußt, was zwischen ihnen vorgegangen war – nur daß er ruhiger war. Das Bett schien sich gewaltig ausgedehnt zu haben, über die dunklen zusammengekauerten Dächer und die hochragenden Schornsteine der Fabrikstadt hinweg, und es schwebte gelöst im Raum zwischen Sternen, die gar nicht so kalt waren, wie sie glänzten, sondern menschliche, ein wenig nach Mehl duftende Wärme besaßen ...

Das häusliche Leben wurde ihm angenehm und vertraut. Manchmal rief er, wenn er an Winterabenden Viertel nach fünf ins Haus trat, laut und herzhaft willkommen, jedermann willkommen! Die blonde Hausfrau kam dann wohl aus dem mit Radiolärm erfüllten Wohnzimmer wie berauscht, denn die ganze Person war erfüllt mit süßlichen Schnulzen – Mond, Rosen, blauer Himmel, Regenbogen

nach Gewitter, Sommerhäuser, Sonnenuntergänge, Gärten, ewig währende Liebe! – all das war in ihrem Lächeln enthalten. Sie strich sich über die breite Stirn und ließ die Hand am Leib hinabgleiten, preßte ihn hier und da und genoß ihr eigenes blühendes Fleisch, bereit, es zu teilen ... Ja, ja, Mond, Liebhaber, Rosen – folgte ihm die Treppe hinauf und in seinen Schlafraum und ergoß sich über sein Bett in einem großen wilden Ausbruch: „Ich liebe dich!" – „Denk immer an mich" und „Triff mich heut nacht beim Mondenlicht!" – Die dicke Frau war bis zum Rande mit Gefühl aufgeladen, das sich nun über den kleinen, dunkelhaarigen Mann entlud.
Aber der Arbeitstag in der Fabrik wurde immer anstrengender. Lucio ging mit fiebernder Hast an seine Arbeit, und wenn der Vorarbeiter hinter seinem Platz in der Reihe stehenblieb, krampfte sich vor Angst alles in ihm zusammen. Das schnaufende Grunzen, das dieser von sich gab und das jedesmal ein bißchen lauter wurde, fuhr Lucio wie ein Messer mitten in den Rücken: all sein Blut floß aus der Wunde, so daß ihm kaum Kraft blieb, sich auf den Beinen zu halten. Seine Hände wurden fahriger, kamen aus dem Takt, die Metallstreifen klemmten sich, und das Heulen der aus dem Rhythmus geratenen Maschine zerstörte die Illusion des Menschen, er sei ihr Herr.
„Verdammt noch mal!" sagte der Vorarbeiter. „Kannste nich aufpassen! Ich habe so 'ne Pfuscharbeit mit deinen nervösen Pfoten satt!"
Am gleichen Abend schrieb Lucio an seinen Bruder, daß er schon wieder eine dicke Gehaltsaufbesserung erhalten habe: er fügte drei Dollar für Süßigkeiten und Zigaretten bei und schrieb, er habe die Absicht, einen neuen, berühmten Anwalt zu nehmen, um Silvas Fall wieder aufzurollen und ihn, wenn nötig, vor das Oberste Bundesgericht zu bringen.
„Inzwischen halt die Ohren steif. – Kein Grund zur Aufregung, nicht im geringsten!"
Es war die gleiche Bemerkung, die er jeden Abend zu der Katze machte.
Aber schon nach wenigen Tagen kam ein Brief von dem Gefängnisdirektor aus Texas, einem Mann mit dem komischen Namen Mortimer J. Stallcup, der das Geld zurück-

schickte und kurz und bündig mitteilte, der Sträfling Silva sei kürzlich bei einem Ausbruchsversuch erschossen worden.
Lucio zeigte diesen Brief seiner Freundin, der Katze. Zunächst war sie so gut wie gar nicht beeindruckt. Dann aber zeigte sie Interesse – sie kratzte und schabte mit einer weißen Pfote daran herum, miaute und biß in eine Seite des raschelnden Papiers. Lucio ließ den Brief fallen, und sie stupste ihn spielerisch mit Nase und Pfote auf dem Teppich hin und her.
Nach einer kleinen Weile erhob er sich und goß ihr Milch ein, die in dem zentralgeheizten Zimmer schon lauwarm geworden war. Die Heizung zischte. Die Zunge schlappte leicht. – Die Rosen auf der Tapete schimmerten durch Tränen, die alle Spannung aus dem Leib des kleinen Mannes fortschwemmten.
In diesem Winter hatte Lucio eines Abends auf dem Heimweg von der Fabrik eine ganz merkwürdige Begegnung. In der Nähe der Fabrik war ein Café, es hieß Bright Spot. An dem erwähnten Abend taumelte dort ein Mann heraus, der wie ein ganz gewöhnlicher Straßenbettler aussah. Er packte Lucio am Ärmel, sah ihn lange und durchdringend mit Augen an, die so zu brennen schienen wie das Morgenrot über dem Friedhof, und sagte bedeutungsvoll:
„Hab nur keine Angst vor diesen stinkenden Hurensöhnen. Sie wachsen wie Unkraut und werden wie stinkendes Unkraut dahingemäht. Sie rennen vor ihrem eigenen Gewissen davon und können keine Minute schweigen. – Sieh die Sonne an! – Jeden Morgen erhebt sie sich aus ihrem Grab!"
In solch prophetischer Manier phantasierte er eine Weile vor sich hin, dann ließ er Lucios Arm fahren, an dem er sich festgehalten hatte, und wandte sich wieder der Drehtür zu, aus der er aufgetaucht war. Aber ehe er in ihr verschwand, machte er noch eine letzte Bemerkung, die Lucio tief traf.
„Weißt du, wer ich bin?" rief er. *„Ich bin Gott der Allmächtige!"*
„Was?" rief Lucio.
Der alte Mann nickte und grinste – winkte zum Abschied und schritt ins hell erleuchtete Café. Lucio war klar, daß der alte Mann wahrscheinlich betrunken war und ein Auf-

schneider, aber wie viele Menschen glaubte er manchmal, was er gegen alle Vernunft glauben wollte. So tröstete er sich und die Katze in einigen Nächten dieses rauhen nördlichen Winters mit der Erzählung von dem alten Mann. Er malte sich aus, daß Gott vielleicht in dieser ganz verderbten Stadt wohne, deren graubraune Häuser wie eingetrocknete Heuschreckenhaut aussahen. Gleich Lucio war Gott einsam und verloren, ER spürte, daß etwas nicht in Ordnung war, vermochte es aber nicht zu ändern. ER empfand den trügerischen Schlafwandel der Zeit und die Feindseligkeiten des Schicksals, und IHN verlangte danach, sich in Pracht und Wärme vor ihnen zu bergen.

Der Katze Nitschewo brauchte man nicht zu erzählen, daß Gott seinen Sitz in der Fabrikstadt genommen habe. Sie hatte seine Gegenwart schon zweimal erfahren: zum erstenmal durch den Russen und nun durch Lucio. Es ist zweifelhaft, ob sie die beiden auseinanderhielt. Beide verkörperten ihr die gleiche Eigenschaft grenzenloser Güte. Sie gaben ihrem Leben Sicherheit und Glück. Beide hatten sie von der Gasse ins Haus genommen. Das Haus war warm, Teppiche und Kissen waren weich. Sie ruhte in vollkommener Zufriedenheit, einer Zufriedenheit, die Lucio nur des Nachts gewährt war, bei ihr aber Tag und Nacht anhielt – die niemals zerstört wurde. (Wenn ER, der Schöpfer, nicht alles zum Besten geordnet hatte, so hatte ER doch dem Tierreich eine unübertreffliche Wohltat erwiesen, als er allen Lebewesen außer den Menschen die beunruhigende Fähigkeit, die Zukunft zu bedenken, vorenthalten hatte.) Nitschewo als Katze existierte nur in dem gegenwärtigen und vergänglichen Augenblick der Zeit, und der war gut. Sie wußte nichts von Verurteilten, die aus Gefängnissen in Texas Ausbrüche versuchten und dabei erschossen wurden (welches Ereignis jeder Flucht in den Traum ein Ende setzte), von Wächtern, die kurz und bündig in Briefen solche Tatsachen mitteilten, von Vorarbeitern, die verächtlich grunzten, wenn sie hinter Arbeitern standen, deren Finger vor Angst, schlechte Arbeit zu leisten, zitterten. Sie wußte nichts von Rädern, die kreischend und wie antreibende Peitschen von Arbeitgebern wirkten, daß jene blind waren, die sich einbildeten, die Dinge ungeschminkt zu sehen, daß Gott zum Trinker geworden war. – Nitschewo ahnte nicht, daß dieses seltsame Konglomerat von Materie, das wir Erde nennen, gefährlich schnell dahinwirbelt und eines Tages unerwartet aus seinem eigenen ungeheuren Schwung fallen und in tausend Splitter der eigenen Katastrophe bersten würde.

Nitschewo schnurrte unter Lucios Hand in absoluter Verkennung aller Umstände, die ihrer beider Existenz bedrohten – und deshalb liebte Lucio sie wahrscheinlich so sehr.

Es war nun Mitte Januar, und jeden Morgen griff der Wind mit unermüdlicher Ungeduld nach dem Rauch der Fabrik und blies ihn in den südöstlichen Teil der Stadt, wo er sich in wogenden Schwaden über den Friedhof lagerte: die Sonne erhob sich morgens um sieben dort rötlich schimmernd wie der Augapfel eines betrunkenen Bettlers und starrte anklagend, bis sie am Abend auf der anderen Seite über dem reißend angeschwollenen Fluß versank, dessen Wasser davonstürzten, verunreinigt, beschämt, nicht nach rechts und links blickend, nur unentwegt davonrollend. In der letzten Woche des Monats trafen sich die Aktionäre der Fabrik in der Stadt zu einer entscheidenden Besprechung. Schwarz glitzernd, der Erde verhaftet, brummten die Limousinen auf die Fabrik zu, wie Insekten in sinnloser Geschäftigkeit, spien ihren dickwanstigen Inhalt vor den Portalen aus und warteten dann auf aschenbestreuten Parkplätzen hinter der Fabrik ungeduldig wie ein Nest von Kakerlaken.

Was hinter den verschlossenen Türen der Konferenzräume ausgeheckt wurde, konnte niemand sagen, der in der Fabrik arbeitete. Es brauchte seine Zeit, bis die Eier ausgebrütet waren: schwarz und in scheußlichen Klumpen reiften sie langsam und im geheimen.

Das Problem war: der Absatz ließ nach. Die Aktionäre mußten entscheiden, welche Maßnahmen ergriffen werden sollten, ob man die Erzeugnisse verbilligen müßte, um ihnen einen größeren Kundenkreis zu erobern, oder ob man die Produktion einschränken sollte. Die Antwort lag auf der Hand: man würde die Produktion einschränken, um die Profitspanne zu erhalten, und im übrigen auf größere Nachfrage warten. Das wurde sofort in die Wege geleitet. An die Räder erging Befehl, und sie standen still. Die ruhenden Räder brachten die Arbeiter zum Stillstand. Ein Drittel der

Fabrik wurde geschlossen, und die Arbeiter verloren ihre Arbeitsplätze: das Ungeziefer aus dem schwarzen Kakerlakennest auf dem aschenbestreuten Parkplatz zerstreute sich: das Problem war gelöst.
Lucio – ja – er war einer der Entlassenen.
Achtundsechzig Mann erhielten am gleichen Morgen ihre Papiere. Es gab keinen Protest, keine Demonstrationen und nicht einmal laut geäußerten Ärger. Es war, als hätten die achtundsechzig Arbeiter längst gewußt, daß dieses Schicksal seit eh und je für sie bereitstand. Vielleicht hatte ihnen schon im Mutterleib das nährende Blut in die Ohren gesungen: du sollst deinen Arbeitsplatz verlieren, du sollst von den Rädern entfernt werden, und das Brot wird dir genommen werden.
An diesem Morgen war die Stadt eine glitzernde Wüstenei. Die ganze Woche war in dichten Flocken Schnee gefallen, und es hatte nur Dämmerlicht geherrscht. Nun aber schien die Sonne darauf, und jedes einzelne Kristall funkelte lebhaft. Von allen Dächern strahlte Kälte. Die steilen, engen Gassen wirkten wie gnadenlose Sonnenblitze.
Kalt, kalt, kalt ist das gnadenlose Blut des Herrn!

In Lucio stritten zwei gleich starke Empfindungen miteinander. Einmal sehnte er sich nach der Gefährtin, der Katze, zum andern, seinen Körper von einer quälenden Spannung zu befreien, sich fallen-, sich gehenzulassen, wie das Wasser eines Flusses davongetragen zu werden.
Mühsam schleppte er sich bis in die Nähe des Bright-Spot-Cafés. Da begegnete er jenem Mann, den er schon einmal getroffen hatte, jenem armseligen Fremden, der sich selber Gott genannt hatte.
Aus der ewig bewegten gläsernen Drehtür des Gebäudes tauchte der Fremde mit einem Arm voll leerer Bierflaschen auf, deren Annahme im Café verweigert worden war, weil er sie dort nicht gekauft hatte.
„Wie Unkraut“, brummelte er unwirsch vor sich hin, „wie schädliches Unkraut!“
Mit dem freien Arm wies er nach Südosten.
„Sieh die Sonne. Sie kommt vom Friedhof her.“
Seine Speicheltröpfchen glitzerten im schrecklich kalten Morgenlicht.

„Ich balle meine Faust, und es ist die Faust Gottes."
Nun erst bemerkte er den entlassenen Arbeiter vor sich.
„Wo kommst du her?" fragte er.
„Von der Fabrik", sagte Lucio leise.
Die blutunterlaufenen Augen blickten noch grimmiger drein.
„Der *Fabrik*!" grollte der Fremde.
Seine dünnen schwarzen Schuhe, die mit Papier umwickelt waren und von Leukoplast zusammengehalten wurden, verdreckten den Schnee, als er aufstampfte.
Er schüttelte die Faust gegen die rauchenden Schlote.
„Gier und Dummheit", rief er, „sind die zwei Arme des Kreuzes, an das man mich geschlagen hat!"
Ein mit Eisenstäben beladener Lastwagen näherte sich schwerfällig und donnerte vorbei.
Das Gesicht des alten Mannes zuckte zornig.
„Lügen, Lügen, Lügen!" schrie er. „Mit Lügen haben sie ihre Leiber von oben bis unten besudelt und wollen nicht einmal die Lügen von sich abwaschen lassen. Lieber haben sie die Krätze, statt reiner Haut ziehen sie die Kruste ihrer Begierde vor! Okay, okay, sollen sie sie behalten! Ach, sollen sie immer mehr davon bekommen. Maden und Läuse! Ha, häuft den Scheißdreck ihrer Scheißfriedhöfe auf sie, buddelt sie ein, *tief*, bis ich sie nicht mehr zu *riechen* brauche!"

Die Worte dieses Fluches gingen im Donnergepolter eines zweiten Lastwagens unter, aber Lucio hatte sie gehört. Er blieb auf dem Gehsteig neben dem Fremden stehen, der so in Wut geraten war, daß er die Flaschen hatte fallen lassen. Gemeinsam bückten sie sich und sammelten sie mit der ernsten, schweigenden Hingabe blumenpflückender Kinder auf.
Als sie damit fertig waren und der Fremde den Schleim, der ihn zu ersticken drohte, ausgespien hatte, packte er Lucios Arm und starrte ihn wild an.
„Wo willst du hingehen?" fragte er.
„Nach Hause", sagte ihm der kleine Mann, „ich gehe nach Hause."
„Ja, geh nach Hause", sagte der Fremde. „Kehr in den Schoß der Erde zurück, aber nicht für immer. Die Demütigen

können nicht zerstört werden, sie gehen unaufhaltsam ihren Weg!“

„Sie gehen“, fragte Lucio, *„wohin?“*

„Wohin?“ echote der Prophet. *„Wohin?* Weiß ich’s, *wohin?“*

Er begann zu schluchzen und wurde davon so geschüttelt, daß ihm die Flaschen wieder herunterfielen. Als Lucio sich bückte, um ihm erneut beim Aufsammeln zu helfen, verließen ihn plötzlich alle Kräfte wie eine Welle, die sich eilig weit zurückzog und ihn gestrandet, leer und matt, fast leblos im rasch sich schwarz färbenden Schnee draußen vor dem Café zurückließ.

„Betrunken“, sagte der bullige Schutzmann.

Der Mann, der sich selber Gott genannt hatte, protestierte, aber er konnte nichts ausrichten. Ein Polizeiwagen wurde herbeigerufen und Lucio hineingeworfen.

„Nitschewo, Nitschewo“, war alles, was er zu sagen vermochte, als man ihn nach seiner Wohnung fragte. – So fuhr man mit ihm davon. Fast eine ganze Stunde blieb der Mann, der sich selber Gott genannt hatte, an der Straßenecke vor dem Bright-Spot-Café stehen, irgend etwas schien ihn zu beschäftigen.

Dann zuckte er die Schultern und zog die Straße entlang ins nächste Bierlokal.

Wie heißen Sie? Woran starb Ihre Mutter? Träumen Sie nachts?

Nein, nein, nein. Kein Name, keine Mutter, keine Träume. Bitte, lassen Sie mich in Ruhe.

Er war ein sehr schlechter Patient. Verweigert jede Mithilfe, entschieden die Ärzte.

Schließlich warf man ihn nach einer Woche raus.

Er ging geradewegs heim zu seiner Mietwohnung. Die Tür war unverschlossen, der Flur frostig und still.

Wo war die Katze? Hier nicht, das konnte er sich selber sagen. Wäre sie hier gewesen, hätte er ihre Nähe in der Stille spüren müssen. Dann wäre in der Luft irgend etwas Warmes und Weiches gewesen, gleich dem Mutterschoß, dessen er sich aus längst vergangener Zeit erinnerte.

Mrs. Hutcheson hörte ihn und kam aus dem hinteren Raum

der Wohnung, wo das Radio pausenlos eine Schnulze plärrte.
„Ich habe gehört, daß du entlassen bist", war alles, was sie sagte. Er begriff sofort, daß Turtelei, Rosen und Mondlicht vorbei waren. Hier herrschte nur noch kalte Berechnung. Ihre Fülle wirkte jetzt feindlich. Sie versperrte ihm den Weg.
Er versuchte zur Treppe zu gelangen, doch sie trat dazwischen.
„Das Zimmer ist vermietet", sagte sie.
„Oh!"
„Ich kann's mir nicht leisten, meine Zimmer leerstehen zu lassen."
„Nein."
„Ich muß praktisch denken, das verstehst du doch."
„Ja."
„Alle Menschen müssen sich nach der Decke strecken, so ist es im Leben."
„Ich sehe das ein. – Wo ist die Katze?"
„Die Katze? – Ich hab sie Mittwoch rausgeschmissen."
Zum letztenmal stieg Zorn in ihm auf, Energie, Ärger, Protest.
„Nein, nein, nein!" rief er.
„Sei still", sagte die Frau. „Was denkste denn, wer ich bin? Manche Leute traun sich was – bilden sich ein, ich spiel Krankenschwester für 'ne kranke Straßenkatze!"
„Krank?" fragte Lucio – er war plötzlich ganz ruhig.
„Ja."
„Was war denn los mit ihr?"
„Was weiß ich – sie miaute die ganze Nacht und machte uns alle ganz verrückt. Ich hab sie rausgeschmissen."
„Wo ist sie hingelaufen?"
Die Frau lachte schrill.
„Wo ist sie hingelaufen! Wie in aller Welt soll ich wissen, wo die dreckige Katze hingelaufen ist. Von mir aus in die Hölle!"
Das Fleischgebirge wandte sich ab und stieg die Treppe hinauf. Die Tür zu Lucios altem Zimmer stand offen. Die Frau betrat den Raum. Eine Männerstimme rief sie beim Namen, und die Tür fiel ins Schloß.
Lucio machte kehrt und verließ das feindliche Haus. Ver-

schwommen, ohne ein bestimmtes Gefühl, wußte er: das Spiel war aus. Ja, er konnte seinen ganzen Erdenweg überblicken. Ziellose Wanderschaft des Fleisches. Seine Irrungen und Wirrungen, seine offenbar leeren Abschweifungen. Er sah, wie die Linien, die in täuschender Weise parallel verlaufen waren, sich jetzt trafen und jede weitere Bewegung nach vorn von nun an unmöglich machten.
Er spürte weder Furcht noch Mitleid mit sich selber, nicht einmal Bedauern.
Er ging bis zur nächsten Ecke und drehte sich instinktiv wieder um.
Und nun begegnete ihm noch einmal und zum allerletzten Mal in seinem Leben etwas Großes und Gnadenvolles: Gottes Hand.
Schräg gegenüber, wo eine Gasse mündete, sah er plötzlich die hinkende und merkwürdig verunstaltete, verloren geglaubte Gefährtin. – Die *Katze*! Ja! Nitschewo!
Er blieb ganz still stehen und ließ seine Freundin herankommen. Sie kam, aber mit großer Mühe. Es zog sie unwiderstehlich zueinander, obwohl der Körper der Katze fast den Dienst versagte. Denn sie war schwer verletzt, sie konnte sich kaum bewegen ...
Langsam, aber stetig kam sie auf ihn zu. Und währenddessen sah sie ihn unverwandt an.
Ihre bernsteinfarbenen Augen blickten ihn wie immer zurückhaltend, aber würdevoll und mit einer Ergebenheit, die keine Fragen stellt, an, als sei er nach nur wenigen Minuten Abwesenheit zurückgekehrt und nicht nach Tagen und Tagen des Hungers, des Unglücks, der Kälte.
Lucio bückte sich nach ihr und legte sie in seinen Arm. Er bemerkte dabei den Grund ihres Hinkens. Eines ihrer Beine war zerschmettert. Schon tagelang mußte sie sich in diesem Zustand befunden haben, denn die Wunde eiterte und hatte sich schwärzlich verfärbt und stank. Der Leib in seinen Armen fühlte sich wie ein kleines Knochenbündel an, und der Laut, mit dem sie ihn begrüßte, war kaum noch hörbar.
Wie war dieses Unglück geschehen? Nitschewo konnte es ihm nicht erzählen. Ebensowenig konnte er ihr erzählen, was ihm zugestoßen war: nicht von dem Vorarbeiter, der ihm zusah und raunzte, nicht von der kühlen Überlegenheit

der Ärzte noch von der blonden und schmuddeligen Wirtin, deren Gier so gut vom einen wie vom anderen Mann gestillt werden konnte.
Schweigen und körperliche Nähe drückten alles aus. Er wußte, daß sie nicht weiterleben könne, und auch sie wußte es. Ihre Augen waren müde und trübe: erloschen war jene kleine beharrliche Flamme, die den Wunsch nach Weiterleben ausdrückt und die das Geheimnis alles heroischen Durchstehens im Leben ist. Ja, die Augen waren verschattet. Sie waren bis zum Rand gefüllt mit allen Geheimnissen und Leiden, mit welchen die Welt unsere pausenlosen Fragen beantwortet. Einsamkeit, Hunger, Verwirrung, Schmerz. Von all diesen war etwas in ihnen. Sie wollten nichts mehr sehen. Sie wollten nur geschlossen werden über all dem, was sie aufgenommen hatten.
Er trug die Katze die steile, schlecht gepflasterte Gasse zum Fluß hinab. Der Weg war vorgezeichnet. Die ganze Stadt neigte sich dorthin.
Es war dämmerig und in der Luft nicht mehr jenes schreckliche Flimmern, welches das vom Schnee reflektierte Sonnenlicht bewirkt hatte. Der Wind wirbelte den Rauch rasch auf und jagte ihn wie eine hilflose Schafherde über die niedrigen Dächer. Es war kalt und die Dunkelheit rußgeschwängert. Der Wind pfiff, und es klang wie der Ton straffgespannter dünner Metalldrähte.
Hoch oben auf dem Damm ratterte ein mit Metallbarren beladener Lastwagen vorbei. Eisen aus der Schmiede der Fabrik, das langsam in der Nacht verschwand, während die Erde diese Hälfte ihres Antlitzes den stechenden Strahlen der Sonne entzog und ihr allmählich die andere darbot.
Lucio sprach mit der Katze, während das Wasser an ihnen emporstieg. „Bald“, wisperte er. „Bald, bald – gleich.“
Einen einzigen Augenblick nur wehrte sich die Katze gegen ihn: schlug in einem Augenblick des Zweifels ihre Krallen in seine Schulter und in seinen Arm. *Mein Gott, mein Gott, warum hast DU mich verlassen?* Dann ebbte die Erregung ab, und Vertrauen kehrte wieder. Der Fluß trug sie beide fort, fort von der Stadt, weiter und weiter fort von der Stadt, gleich dem Rauch, den der Wind aus den Essen riß . . .
Endgültig fort.

1945

Glasporträt eines Mädchens

Wir wohnten in der Maple Street in Saint Louis im dritten Stock, und in unserem Block war eine Garage mit Tagundnachtbetrieb, eine chinesische Wäscherei und ein Wettbüro, das als Tabakladen getarnt war.
Ich war wohl sehr anormal und schien vor der Alternative zu stehen, mich ganz und gar zu ändern oder zugrunde zu gehen, denn ich war ein Poet, der in einem Warenhaus sein Brot verdienen mußte. Meine Schwester Laura ließ sich noch weniger leicht einordnen als ich. Sie machte aus eigenem Antrieb überhaupt keinen Schritt auf die Welt zu, sondern stand, um ein Bild zu gebrauchen, am Rande des Wassers mit Füßen, die sie aus Furcht vor der möglichen großen Kälte nicht bewegte. Und ich bin sicher, daß sie sich niemals vom Fleck gerührt hätte, wenn meine Mutter, die für eine Frau ungewöhnlich energisch war, sie nicht rücksichtslos ins Wasser geworfen hätte und sie, als sie zwanzig Jahre alt geworden war, in unserer Nähe bei einer Handelsschule angemeldet hätte. Von ihrem Zeitungsgeld – Mutter warb Abonnenten für Frauenzeitschriften – hatte sie Lauras Schulgeld für einen halbjährigen Kursus im voraus bezahlt. Das führte zu nichts. Laura versuchte zwar, sich das Schema der Schreibmaschinentastatur einzuprägen, saß zu Hause viele Stunden stumm vor der Blindschreibetabelle und starrte auf diese, reinigte und polierte aber unterdessen ihre unzähligen kleinen Glasfigürchen. Das geschah jeden Abend nach dem Essen. Mutter ermahnte mich dann, daß ich mich ganz still verhielt.
„Deine Schwester lernt ihre Blindschreibetabelle!“ Ich hatte das unbestimmte Gefühl, daß es ihr nicht viel nützen würde. Und ich behielt recht. Den Platz der einzelnen Buchstaben hatte sie offenbar behalten bis zu dem Augen-

blick, da am Wochenende Geschwindigkeitsübungen gemacht wurden, husch, waren alle Buchstaben aus ihrem Kopf davongeflogen, wie eine aufgescheuchte Vogelschar.
Am Ende konnte sich Laura gar nicht mehr entschließen, in die Schule zu gehen. Eine Zeitlang verheimlichte sie dies Versagen. Wie bisher verließ sie jeden Morgen das Haus und ging einfach sechs Stunden im Park spazieren. Da es Februar war, holte sie sich bei dem Herumlaufen in Wind und Wetter eine Influenza. Nun lag sie ein paar Wochen mit einem seltsamen glücklichen Lächeln auf den Lippen im Bett.
Natürlich verständigte Mutter telefonisch die Schule von der Krankheit. Am anderen Ende der Leitung schien man Mühe zu haben, sich überhaupt an Laura zu erinnern, was meine Mutter verstimmte, die nun recht scharf sagte: „Laura besucht schon zwei Monate Ihre Schule, und Sie könnten ja wenigstens den Namen kennen!" Und da platzte die Bombe, denn nach kurzem Zögern erwiderte die Sprecherin am anderen Ende ebenso scharf, ja, nun erinnere sie sich an Miss Wingfield, aber die sei im letzten Monat nicht *einen* Tag in der Schule gewesen. Mutters Stimme überschlug sich. Eine zweite Person wurde ans Telefon geholt, um die Angaben der ersten zu bestätigen. Mutter hängte auf, ging ins Schlafzimmer, wo Laura lag und nicht mehr so glücklich lächelte, sondern gespannt und erschrocken dreinsah. Ja, gab Laura zu, man hatte die Wahrheit gesagt. „Ich konnte nicht mehr hingehen, ich hatte viel zu große Angst, und mir war ganz schlecht davon!"
Nach diesem Fiasko blieb meine Schwester im Hause und die meiste Zeit über in ihrem Schlafzimmer. Das war ein enger Raum mit zwei Fenstern, die auf einen düsteren Gang zwischen zwei Flügeln des Hauses sahen. Wir nannten ihn „Tal des Todes", aus einem Grund, der erzählenswert ist. In der Nachbarschaft waren zahllose streunende Katzen und ein besonders bösartiger schmutzigweißer Chow-Chow, der diese ewig jagte. Im Freien und über Feuerleitern entkamen die Katzen meistens dem Hund, aber dann und wann brachte er es klugerweise fertig, ein junges, unerfahrenes Kätzchen in diese Sackgasse zu treiben, an deren Ende direkt unter den Fenstern meiner Schwester die

Katze die tödliche Entdeckung machen mußte, daß der scheinbare Fluchtweg in Wirklichkeit ringsum verschlossen war, eine düstere Gruft aus Beton und Ziegelmauern, zu hoch für jede Katze, um sie zu erklettern, eine Gruft, in der sie sich stellen und ihren Tod anspucken mußte, bis er sich auf sie stürzte. Kaum eine Woche verging, ohne daß sich nicht dieses grausige Drama wiederholte. Der Gang war Laura daher ganz verhaßt geworden, weil sie ihn nicht sehen konnte, ohne sich an die Angstschreie und das Todesröcheln zu erinnern. Sie zog daher die Sonnenblenden nie hoch, und weil Mutter elektrisches Licht nur bei wirklichem Bedarf zu brennen gestattete, verbrachte sie fast alle Zeit in dauerndem Zwielicht. Drei schmutzige, elfenbeinfarbene Möbelstücke standen im Zimmer, ein Bett, ein Schreibtisch und ein Stuhl. Über dem Bett hing ein auffallend schlechtes religiöses Bild mit einem sehr weiblichen Christuskopf, dem dicke Tränen aus den Augen liefen. Den ganzen Charme des Raumes machte die Glassammlung meiner Schwester aus. Sie liebte farbiges Glas und hatte ringsum an allen Wänden Borte, die mit kleinen Glasfigürchen in hellen, zarten Farben vollgestellt waren. Sie wusch und polierte sie mit nimmermüder Sorgfalt. Wenn man den Raum betrat, herrschte immer ein leuchtend irisierendes Schimmern in ihm, das von den Glasfigürchen ausging. Sie fingen auch den schwächsten Lichtstrahl auf, der durch die Jalousien aus dem Tal des Todes ins Zimmer drang. Ich weiß nicht, wie viele dünne, zarte Glassachen dort standen. Sicher Hunderte, doch Laura, die jede liebte, hätte es genau sagen können.

Sie lebte in einer Welt aus Glas und in einer Welt aus Musik. Wir hatten ein altes Grammophon, Jahrgang 1920, mit ein paar Platten aus der gleichen Zeit wie zum Beispiel „Whispering“ und „The Love Nest“ und „Dardanella“. Diese Platten waren Andenken an unseren Vater, an den wir uns nur schwach erinnern konnten und dessen Name selten fiel. Bevor er plötzlich und ohne Erklärung aus unserer Welt entschwunden war, hatte er den Apparat und die Platten wie zur Entschuldigung für den Haushalt gestiftet. Hin und wieder brachte ich an Zahltagen im Warenhaus eine neue Platte mit nach Hause. Aber Laura interessierte sich für die neuen kaum, vielleicht erinnerten diese sie zu sehr an die geräuschvollen Tragödien im Tal des Todes oder an die Geschwindigkeitsübungen der Handelsschule. Sie liebte die altvertrauten Melodien. Oft sang sie abends in ihrem Zimmer vor sich hin. Sie hatte ein dünnes Stimmchen und sang meist falsch, doch es klang kindlich und lieblich. Um acht Uhr abends setzte ich mich in meinem eigenen Mausefallenzimmer zum Schreiben hin. Durch die geschlossene Tür und durch die Wände vernahm ich den Singsang meiner Schwester mit Stücken wie „Whispering" oder „I Love You" oder „Sleepy Time Gal"; dann und wann kam sie von der Melodie ab, bewahrte aber immer den Mollcharakter der Lieder. Vermutlich schrieb ich in jener Zeit so seltsame und traurige Gedichte, weil ich den Flüsterton meiner Schwester im Ohr hatte. Sie brachte ihrer Glassammlung ein Abendständchen, und derweil sie sang, putzte sie diese oder betrachtete sie nur mit ihren blaßblauen Augen, bis die wie Juwelen funkelnden Lichtpünktchen der Glasfiguren die schmerzhafte Wirklichkeit aus Lauras Geist vertrieben hatten und am Ende eine hypnotische Ruhe auf sie ausstrahlten, so daß sie mit Putzen und Singen aufhörte und einfach unbeweglich dasaß, bis meine Mutter an die Tür klopfte und wegen der Lichtverschwendung schimpfte.

Ich glaube nicht, daß meine Schwester wirklich ein Närrchen war. Es hatten sich nur die Blütenblätter ihres Geistes aus Angst geschlossen, und niemand weiß, über wieviel stiller Weisheit sie das getan hatten. Laura sprach nie viel, auch mit mir nicht, aber hin und wieder platzte sie mit etwas heraus, das uns alle in Erstaunen versetzte.

Nach Geschäftsschluß im Warenhaus oder abends, wenn ich mit Schreiben aufhörte, machte ich im Zimmer meiner Schwester gerne einen kurzen Besuch, denn ihre Welt wirkte beruhigend und lindernd auf meine Nerven, die völlig überreizt waren, weil ich gleichzeitig zwei Pferde in ganz verschiedenen Richtungen zu reiten versuchte.

Ich fand sie meist in dem elfenbeinfarbenen Lehnstuhl sitzend und ein Glasfigürchen behutsam in der Hand haltend.

„Was machst du? Sprichst du mit ihm?" fragte ich sie.

„Nein", sagte sie ernsthaft, „ich habe es mir nur angesehen."

Auf ihrem Schreibtisch lagen zwei Romane, die sie zu Weihnachten oder zum Geburtstag geschenkt bekommen hatte. Der eine hieß „Rose-Garden Husband“. Sein Autor ist mir entfallen. Das andere Buch war „Freckles“ von Gene Stratton Porter. Nie sah ich sie im ersteren lesen, aber im zweiten lebte sie förmlich. Laura war wohl nie auf den Gedanken gekommen, ein Buch durchzulesen und dann als etwas Abgeschlossenes wegzulegen. Den Helden des Buches, Freckles, ein einarmiges Waisenkind, das in einem Holzfällerlager arbeitete, lud sie von Zeit zu Zeit auf ein gutes Gespräch in ihr Zimmer, wie sie es auch mit mir tat. Wenn ich ins Zimmer trat und sie mit dem aufgeschlagenen Buch auf ihrem Schoß fand, teilte sie mir todernst mit, Freckles habe Ärger mit dem Lagermeister gehabt oder er habe sich das Kreuz verletzt, da ein stürzender Baum auf ihn gefallen sei. Wenn sie die Schicksalsschläge, die den Helden ihres Buches trafen, erzählte, war sie in echter Sorge um ihn, ohne sich wahrscheinlich ins Gedächtnis rufen zu können, wie erfolgreich er am Ende alles überstand, denn infolge des Unfalles entdeckte er durch einen glücklichen Zufall seine reichen Eltern, und auch der brummige Meister entpuppte sich als ein Mann mit einem goldenen Herzen. Freckles verliebte sich sodann romantisch in ein Mädchen, das er den Engel nannte, aber meine Schwester hörte mit dem Lesen jedesmal dort auf, wo dieses Mädchen eine zu große Rolle zu spielen begann. Sie klappte das Buch zu oder kehrte zu früheren Partien zurück, in denen das Waisenkind einsam und verlassen gewesen war. Ich erinnere mich nur an eine einzige Anspielung auf die Heldin des Romans.
„Der Engel ist reizend, aber ein bißchen eingebildet auf sein gutes Aussehen.“

Eines Abends vor Weihnachten schmückte sie den künstlichen Tannenbaum und nahm den Stern von Bethlehem zur Hand, der als Spitze auf den Baum gehörte, und hielt ihn sinnend ins Kerzenlicht.
„Haben Sterne wirklich fünf Spitzen?“ fragte sie.
Das war eine ihrer unfaßlichen Bemerkungen, bei denen man sie besorgt und erschrocken anstarrte.
Da ich begriff, daß ihre Frage ernst gemeint war, antwortete

ich: „Nein, sie sind rund wie die Erde und die meisten größer als diese.“
Die Auskunft überraschte sie ein wenig. Sie trat ans Fenster und sah zum Himmel auf, der wie immer im Winter in St. Louis rauchverhangen war.
„Schlecht zu sehen“, sagte sie und wandte sich wieder dem Baum zu.

Die Zeit verging, und meine Schwester war inzwischen dreiundzwanzig Jahre geworden, alt genug, um verheiratet zu sein. Aber die Dinge lagen so, daß sie noch nicht einmal auch nur eine Verabredung mit einem jungen Mann gehabt hatte. Ich hatte das Gefühl, daß ihr das nicht so unangenehm war wie Mutter.
Eines Morgens beim Frühstück sagte Mutter zu mir: „Warum hast du eigentlich keine netten jungen Freunde? Es muß doch welche im Warenhaus geben? Ist dort wirklich kein netter junger Mann, den du mal zum Essen mitbringen könntest?“
Dieser Vorschlag überraschte mich um so mehr, als bei uns selten genug Essen für drei Personen auf den Tisch kam. Meine Mutter war eine entsetzlich sparsame Hausfrau, bei Gott, wir waren wirklich sehr arm, aber Mutter war dazu noch von der Angst besessen, wir könnten noch ärmer werden. Diese Furcht war nicht unbegründet, da der Mann im Hause ein Poet war, der in einem Kaufhaus arbeitete, doch spielte sie, wie ich fand, eine allzu große Rolle in ihren Überlegungen.
Schon aber drückte sich Mutter klarer aus.
„Ich könnte mir vorstellen, daß es für deine Schwester nett wäre.“

Ein paar Abende darauf brachte ich Jim zum Essen mit. Jim war ein großer, rothaariger Ire und sah so sauber und blank aus wie gepflegtes Porzellan. Seine großen, breiten Hände schienen einen unersättlichen, unschuldigen Hunger nach menschlicher Berührung zu haben, denn ständig schlug er einem auf die Schulter oder auf den Arm, und seine Hand brannte selbst durch ein Hemd wie ein gewärmter Teller, der gerade aus dem Ofen kommt. Er war der bei weitem beliebteste unter meinen Kollegen und seltsamerweise der einzige, zu dem ich eine gute Beziehung hatte. Er genoß wahrscheinlich meine Marotten, die ihm sehr komisch vorkamen. Er wußte von meinen geheimen Praktiken, mich in arbeitsflauen Zeiten im Kaufhaus an einen stillen Ort in den Waschräumen zurückzuziehen und an Versen zu feilen oder mich auf das Dach zu schleichen und dort mit einem Blick über den Fluß und das weite, wellige, offene Illinois eine Zigarette zu rauchen. Zweifellos hielt er mich im stillen für verdreht, wie die andern auch. Nur daß sie mir beim Kennenlernen mißtrauisch und feindlich begegnet waren, Jim mich aber von Anfang an warmherzig toleriert hatte. Er nannte mich Bohnenstange, und nach und nach stimmte sein herzliches Entgegenkommen die anderen auch um. Während er der einzige war, der wirklich mit mir zu tun hatte, pflegten mir alle andern, wenn sie mir begegneten, zuzulächeln, wie man über einen komisch aussehenden Hund lacht, der einem über den Weg läuft.

Ich mußte trotzdem all meinen Mut zusammennehmen, Jim zum Abendessen einzuladen. Ich dachte die ganze Woche darüber nach und verschob das Vorhaben bis zum Freitagnachmittag, dem allerletzten Termin, da Mutter sich auf Freitag vorbereitet hatte.

„Was haben Sie heute abend vor?“ fragte ich ihn endlich.

„Gar nichts Vernünftiges“, sagte Jim, „ich hatte eine Verabredung, aber ihre Tante ist krank geworden, und sie muß nach Centralia abhauen.“

„Da kann man halt nichts machen. Wollen Sie dann nicht zu mir zum Essen kommen?“

„Gern“, sagte er, dabei grinste er erstaunlich heiter.

Ich lief rasch fort, um Mutter die Neuigkeit telefonisch mitzuteilen. Ihre nimmermüde Stimme war so energisch, daß der ganze Hörer schepperte.

„Er ist wahrscheinlich Katholik?“

„Ja“, sagte ich, denn ich entsann mich an ein schmales silbernes Kreuz auf seiner sommersprossigen Brust.

„Gut, dann backe ich eine Lachsschnitte.“

Und so kam es, daß wir abends gemeinsam in seiner alten Nuckelpinne zu uns fuhren.

Mir war gar nicht wohl dabei, als ich den lammfrommen Iren die drei Treppen mit zerbrochenen Marmorstufen hinaufgeleitete zu der Tür der Wohnung, die nicht dicht

genug schloß, um nicht den Bratfischgeruch durchzulassen.
Da ich nie einen Hausschlüssel mitbekam, klingelte ich.
„Laura“, ließ sich Mutter vernehmen, „das sind Tom und Mr. Delaney. Mach ihnen auf.“
Es trat eine lange, lange Pause ein.
„Laura“, ertönte es wieder, „ich habe in der Küche zu tun, du mußt die Tür aufmachen.“
Nun endlich hörte ich Lauras Schritte, die allerdings an der Tür vorbei, hinter der wir standen, ins Wohnzimmer gingen. Dann hörte ich das quietschende Geräusch der Kurbel unseres Grammophons, und jetzt erklang Musik. Sie hatte unsere älteste Platte, einen Marsch von Sousa, aufgelegt, der ihr Mut machen sollte, einen Fremden einzulassen.
Zögernd öffnete sich die Tür, und da stand Laura in einem schwarzen Chiffonkleid aus Mutters Schrank, das ihr bis zu den Knöcheln reichte, und wie ein betrunkener Kranich mit melancholischem Gefieder schwankte sie auf Stöckelschuhen. Mit glashellen Augen starrte sie uns an, und vor nervöser Aufregung zog sie die zarten, flügelartigen Schultern nach vorn.
„Hallo“, sagte Jim, noch ehe ich ihn vorstellen konnte.
Er streckte ihr die Hand entgegen, die meine Schwester nur eine Sekunde berührte.
„Entschuldigen Sie“, flüsterte sie und rauschte atemlos in ihr Zimmer davon. Als sie die Tür öffnete, enthüllte sie kurz das Heiligtum dahinter mit seinem leuchtenden stummen Glasglanz, dann fiel die Tür rasch und sanft hinter ihrer geisterhaften Gestalt ins Schloß.
Jim war anscheinend durch nichts aus der Fassung zu bringen.
„Ihre Schwester?“ fragte er.
„Ja, das ist sie“, bestätigte ich. „Sie ist Fremden gegenüber schrecklich scheu.“
„Sie gleicht Ihnen“, sagte Jim, „aber sie ist hübsch.“
Laura erschien nicht eher, als bis sie zum Essen gerufen wurde. Sie saß an unserem Ausziehtisch neben Jim, und während der ganzen Mahlzeit neigte sie sich leicht von ihm weg. Ihr Gesicht war fieberhaft gerötet, und das Augenlid auf der Jim zugewandten Seite zuckte in einem fort nervös.

Dreimal im Laufe der Mahlzeit ließ sie mit Getöse ihre Gabel auf den Teller fallen, und ständig nahm sie hastige kleine Schlucke aus ihrem Wasserglas, selbst dann noch, als schon gar kein Tropfen mehr in dem Glas war. Und ihr Besteck handhabte sie immer ungeschickter und eiliger.
Ich wußte nicht, worüber ich sprechen sollte.
Mutter blieb es überlassen, den Gast recht und schlecht zu unterhalten. Sie fragte den Besucher über seine Familie und sein Zuhause aus und hörte mit Vergnügen, daß sein Vater irgendwo in Wyoming ein selbständiges kleines Schuhgeschäft besaß. Noch erbaulicher war die Nachricht, daß Jim abends Buchführung lernte. Wonach stand denn wohl sein Sinn, wenn er nicht im Kaufhaus war? Radiotechnik? Sieh mal einer an! Da lag doch auf der Hand, was für ein strebsamer junger Mann er war, der sicher seinen Platz in der Welt ausfüllen würde.
Nun begann Mutter von ihren Kindern zu erzählen. Laura hätte für das Kaufmännische keinen Sinn, sie wäre häuslich, und für ein Mädchen wäre es doch sowieso das beste, ein Haus gut zu führen.
Jim stimmte allem zu und schien die Anspielung gar nicht zu kapieren. Ich litt schweigend während der Mahlzeit und vermied es, Laura anzusehen, die unter Mutters unglaublicher Taktlosigkeit immer heftiger zu zittern begann.
So schlimm das alles war, ja geradezu quälend, dachte ich doch mit Grausen an den Augenblick, wo das Essen beendet sein würde, weil dann die Ablenkung durch die Mahlzeit wegfallen würde und wir in das zentralgeheizte Wohnzimmer übersiedeln mußten. Ich stellte mir uns vier vor, nachdem uns der Gesprächsstoff ausgegangen wäre und auch Mutter ihren schier endlosen Vorrat an Fragen über Jims Zuhause und Beruf verausgabt haben würde – wie wir vier im Wohnzimmer herumsäßen, dem Zischen des Heizkörpers lauschten und uns nervös räusperten in einer Verlegenheit, an der man ersticken kann.
Aber als wir den Pudding gegessen hatten, ereignete sich ein Wunder.
Mutter war noch damit beschäftigt, das Geschirr abzuräumen, als Jim mir auf die Schulter schlug und sagte: „Bohnenstange, wollen wir mal die alten Platten ein bißchen beäugen!"

Er schlenderte ganz unbefangen ins Wohnzimmer und hockte sich neben das Grammophon hin. Er begann die alten abgespielten Platten zu ordnen und las ihre Titel laut und mit so warmer, herzlicher Stimme vor, daß unserer beider Befangenheit wie Butter in der Sonne schmolz.
Er hockte unmittelbar unter der Lampe, und ganz überrascht sprang meine Schwester auf und rief:
„Oh, Sie haben Sommersprossen."
Jim grinste. „Klar – deshalb heiße ich zu Hause auch Freckles."
„Freckles", wiederholte Laura, sie sah mich an, als wollte sie sich bei mir die Bestätigung für eine allzu schöne Hoffnung holen. Ich sah rasch weg, weil ich nicht wußte, ob ich erleichtert oder erschreckt sein sollte über die Entwicklung, welche die Dinge nahmen.
Jim hatte unterdessen das Grammophon aufgezogen und „Dardanella" aufgelegt.
Er sah Laura verschmitzt an.
„Wollen wir den Teppich mal ein bißchen abschaben?"
„Was?" fragte Laura atemlos und vor Freude strahlend.
„Tanzen!" sagte er und zog sie in seinen Arm.
Meines Wissens hatte Laura in ihrem ganzen Leben noch nicht getanzt, aber zu meinem fassungslosen Staunen schmiegte sie sich ganz natürlich in Jims gewaltige Arme, und die beiden tanzten durch das kleine zentralgeheizte Wohnzimmer endlos im Kreise herum, stießen ans Sofa und an alle Stühle und lachten laut und glücklich miteinander.
Meine Schwester blühte auf. Man kann wohl ruhig von Liebe sprechen, denn schließlich hatte er Sommersprossen und wurde zu Hause entsprechend gerufen. Ja, unzweifelhaft war Jim für sie praktisch der einarmige Waisenjunge, der in Limberlost wohnte, jener fernen nebulosen Welt, in welche sie sich zurückzog, immer dann, wenn die Wände der Wohnung sie zu erdrücken drohten.
Mutter kam mit Limonade ins Zimmer. Wie angewurzelt blieb sie in der Tür stehen.
„Gott im Himmel, Laura tanzt?"
Sie war bis zu Tränen gerührt und aufgeregt.
„Tritt sie Ihnen nicht immerzu auf die Füße, Mr. Delaney?"

„Na, wenn schon“, sagte Jim mit bärenhafter Galanterie, „ich bin ja schließlich nicht aus Glas.“
„Wie schön, wie schön, wie schön!“ Und dabei lächelte Mutter sinnlos.
„Sie ist federleicht“, sagte Jim, „hätte sie ein bißchen mehr Übung, würde sie ebensogut tanzen wie Betty.“
Es entstand ein kurzes Schweigen.
„Betty?“ fragte Mutter.
„Ja, mein Mädchen“, sagte Jim.
„Ach so!“
Vorsichtig setzte Mutter das Tablett mit der Limonade ab, und dem Besucher den Rücken drehend und mich ins Auge fassend, fragte sie, ob er und die glückliche junge Dame oft zusammen wären.
„Immerzu“, sagte Jim.
Mutters Augen, die mich immer noch festhielten, glühten vor Wut.
„Tom hat nichts davon gesagt, daß Sie mit einem Mädchen gehen.“
„Nee, ist mir ja auch nicht eingefallen, die Katze aus dem Sack zu lassen. Die Kollegen hätten mich ja zu Tode geneckt, wenn Bohnenstange das verbreitet hätte.“
Er lachte zunächst herzhaft, dann aber doch etwas unsicher, denn selbst seiner Dickfelligkeit schien aufzugehen, daß die Neuigkeit von Bettys Existenz nicht gerade wohlwollend aufgenommen wurde.
„Denken Sie daran, zu heiraten?“ fragte Mutter.
„Am nächsten Ersten“, sagte Jim.
Es kostete sie mehrere Sekunden, die Fassung wiederzugewinnen. Dann aber sagte sie melancholisch: „Wie reizend! Hätte Tom nur ein Wort davon gesagt, dann hätten wir Sie *beide* einladen können.“
Jim holte seinen Mantel.
„Müssen Sie schon gehen?“ fragte Mutter.
„Es macht hoffentlich nicht den Eindruck, als ob ich plötzlich verduften wollte, aber mit dem Achtuhrzug kommt Betty zurück, und bis ich mit meiner Klapperkiste am Bahnhof bin . . .“
„Oh, dann dürfen wir Sie nicht aufhalten.“
Kaum war er aus der Tür, setzten wir uns erst einmal betäubt hin. Laura sprach als erste.

„War er nicht reizend? Und die vielen Sommersprossen!"
„Ja", sagte Mutter, und dann fiel sie über mich her.
„Du hast kein Wort darüber gesagt, daß er verlobt ist!"
„Woher sollte ich wissen, daß er verlobt ist?"
„Ich denke, du nennst ihn deinen besten Freund im Kaufhaus?"
„Ja, aber ich hatte trotzdem keine Ahnung davon."
„Wie merkwürdig. Sehr, sehr merkwürdig."
„Nein", sagte Laura sanft und stand vom Sofa auf. „Daran ist gar nichts merkwürdig."
Sie nahm eine Platte in die Hand und blies darüber, als ob sie staubig wäre, und legte sie dann behutsam wieder weg.
„Liebesleute finden alles selbstverständlich", sagte sie. Was wollte sie damit sagen? Ich habe es nie verstanden.
Ruhig ging sie in ihr Zimmer und schloß die Tür hinter sich.

Kurz darauf verlor ich meinen Arbeitsplatz im Kaufhaus. Man warf mich hinaus, weil ich erwischt wurde, wie ich auf den Deckel eines Schuhkartons ein Gedicht schrieb. Ich verließ St. Louis und trieb mich im Land herum. Städte wirbelten um mich wie totes Laub, gefärbtes Laub, von den Ästen gefegt. Mein Wesen wandelte sich, und ich wurde fest und selbständig.
In fünf Jahren vergaß ich fast mein Elternhaus. Ich mußte es vergessen, ich durfte es nicht mit mir herumschleppen. Aber dann und wann, meist in einer fremden Stadt, in der ich noch keinen Anschluß gefunden hatte, zerbrach die Schale gewollter Härte. Sanft und unwiderstehlich öffnete sich eine Tür. Ich hörte dann die abgedroschene alte Musik, die mein unbekannter Vater dort hinterlassen hatte, von wo er, wie ich, treulos verschwunden war. Ich sehe dann den schwachen traurigen Glanz der vielen hundert transparent schimmernden Glasfigürchen mit ihren sehr zarten Farben. Der Atem stockt mir, denn zwischen ihnen taucht das Gesicht meiner Schwester auf – die Nacht gehört ihr!

1948

Das Wesentliche

Sie lernten sich auf dem Frühlingsball des Baptistencolleges für Mädchen kennen, das Flora in diesem Jahr besuchte. In derselben Stadt war auch die Staatsuniversität, auf der John sein drittes und viertes Semester verbrachte. Er kannte nur ein Mädchen auf dem College, und das konnte er im Ballsaal nicht entdecken. Heiß und eng war es dort, und die Atmosphäre war fieberhaft hochgespannt, wie sie auf den Frühlingsbällen konfessioneller Mädchenschulen gewöhnlich zu sein pflegt. Vier bis fünf strahlende Kronleuchter erhellten den Raum, und an den Wänden waren große Spiegel. Zwischen den Tänzen standen die Paare in ihren ungewohnten Festkleidern steif herum und betrachteten besorgt und voller Unbehagen ihr Spiegelbild in dem auf Hochglanz polierten Glas, traten von einem Fuß auf den anderen und drehten und wendeten nervös ihre Programmhefte. Man schien sich untereinander so gut wie gar nicht zu kennen, denn man sprach unnatürlich laut, lachte kreischend oder stand mürrisch schweigend herum. Zwischen den Paaren huschten vogelhaft behende Lehrerinnen hindurch, tadelten, hier, lobten dort, stellten vor, ermunterten und redeten gut zu. Das Ganze glich mehr einem wichtigen militärischen Manöver als einem gesellschaftlichen Ereignis.
John hatte den Tanzsaal schon mehrmals durchmessen und war recht erleichtert, das einzige ihm bekannte Mädchen nicht angetroffen zu haben. Wieder an der palmengeschmückten Tür angekommen, wandte er sich zum Gehen. In diesem Augenblick aber ergriff ihn eine der Lehrerinnen heftig am Arm, eine ältere Frau mit unordentlichem grauem Haar, einer spitzen Nase und großen gelben Zähnen. Sie sah so wild und furienhaft aus, daß John sich unwillkürlich ihrem Zugriff zu entwinden suchte.

„Sind Sie alleine?“ schrie sie ihm ins Ohr.
Die Jazzband begann gerade einen entsetzlich lauten Foxtrott zu hämmern. John rieb sein Ohr und wies vage auf den Ausgang. Sie packte ihn nur noch fester am Arm und trieb ihn mit kleinen Rucken über die Tanzfläche, wobei er von Tanzpaar zu Tanzpaar segelte, bis sie beide in eine Ecke kamen, wo eine Gruppe junger Baptistendamen stand, die offenbar unter den schützenden Wedeln einer riesigen Palme gestrandet waren.
Die Furie gab John noch einen letzten Schubs, womit er sich einem großen dünnen Mädchen in einem rosa Taftkleid gegenüberfand, das etwas abseits von den übrigen schiffbrüchigen Gefährtinnen stand. Durch all den Lärm konnte er gerade noch den Namen Flora verstehen. Das Gesicht des Mädchens beachtete er nicht. Er war zu wütend darüber, auf diese Weise am Schlafittchen ergriffen zu sein, um auch nur einen Blick auf das Mädchen zu werfen. Linkisch gingen beide aufeinander zu. John legte seinen Arm um Floras unglaublich schmale Taille, und durch die Seide spürte er jeden Wirbel ihres Rückens. Ihr Körper schien kein Gewicht zu haben, und sie tanzte so leicht, daß er sie überhaupt nicht gespürt hätte, wäre nicht dieser bewegliche Rücken unter seiner warmen schwitzenden Hand gewesen und hätte ihr feines offenes Haar nicht seine heiße Wange gestreift.
Der Foxtrott hatte seinen Höhepunkt erreicht. Becken und Trommeln rasselten in doppelt raschem Tempo. Obwohl die Lippen des Mädchens sich fast an seinem Halse bewegten und ihr Atem ihn streifte, konnte er kein einziges Wort verstehen. Hilflos sah er auf sie hinab. Plötzlich machte sie sich von ihm los und stand mit einer Hand vor dem Mund mit lachenden Augen vor ihm. Die Musik hörte auf.
„Worüber lachen Sie?“ fragte John.
„Über die ganze Situation“, antwortete Flora. „Sie wollten ja ebensowenig tanzen wie ich!“
„Sie hatten auch keine Lust?“
„Natürlich nicht. Wenn ich an Tanzen denke, dann fällt mir immer Isadora Duncan ein, die so gern der ganzen Welt das Tanzen beigebracht hätte, aber diese Hopserei ist nicht das, was sie meinte – oder glauben Sie das?“
Wenn Floras Augen aufleuchteten, bekam sie etwas so

sprühend Lebendiges, daß man zeitweilig vergaß, wie wenig hübsch sie war. Irgend etwas an ihr erregte ihn außerdem ein wenig, und er sagte daher zu ihr:
„Gehen wir nach draußen."
Daraufhin verbrachten die beiden den ganzen weiteren Abend in der Eichenallee zwischen Schule und Kapelle, wo sie auf und ab gingen und seine Zigaretten rauchten. Flora verbarg sich hinter Eichenstämmen, wenn sie rauchte, weil es auf dem Schulgelände verboten war.
„Das ist der Vorzug, wenn man eine Bohnenstange ist", sagte Flora. „Man kann sich selbst hinter den dünnsten Gegenständen verstecken."
Alles, was sie sagte, hatte einen Anflug von trockenem Humor, und selbst wenn es nicht komisch war, lachte sie leise, und John hatte den Eindruck, daß sie ungewöhnlich klug sei. Sie traten in die leere Kapelle, setzten sich eine Weile auf eine Bank im Hintergrund und sprachen über Religion.
„Das ist alles so archaisch", sagte Flora. „Es ist wie in einem Museum."
John war seit kurzem auch unter die Zweifler gegangen. Sie waren einer Meinung darüber, daß der christlichen Religion und der jüdischen, ja wohl fast allen Religionen Schuldvorstellungen zugrunde lagen.
„Mea culpa!" sagte John und erwartete, daß sie fragte, was das hieße. Aber sie tat es nicht, sondern nickte nur. – Wie aufregend zu entdecken, daß auch sie schrieb. Sie hatte auf der Oberschule einen literarischen Preis gewonnen und gab nun die Collegezeitung heraus. Die Lehrerin, welche beide zusammengebracht hatte, unterrichtete Flora in Englisch.
„Sie hält mich für begabt und will, daß ich eine meiner Geschichten an Harpers Magazin schicke."
„Und warum tun Sie das nicht?"
„Ach, das weiß ich auch nicht. Ich finde, die Hauptsache ist, daß man in der Aussage so wahrhaftig bleibt, wie man nur kann. Für den Stil interessiere ich mich nicht. Es ist vertane Zeit, zu korrigieren, den richtigen Ton zu treffen und immer genau das richtige Wort zu finden. Ich schlag mich viel lieber mit einer Sache herum und stürze mich dann in die nächste, bis ich alles gesagt habe, was ich zu sagen habe!"
War es nicht ungewöhnlich, daß sie beide in diesem Punkte

die gleichen Empfindungen hatten? Er gestand ihr, daß auch er schreibe und zwei oder drei Geschichten in der literarischen Zeitschrift der Universität erscheinen würden. Diese Mitteilung Johns erregte Flora so, daß es fast albern wirkte.
„Ich möchte sie schrecklich gern sehen, ich muß sie sehen!" rief sie.
„Ich bringe sie Ihnen", versprach er.
„Wann?"
„Sobald sie erschienen sind!"
„Mir ist ganz egal, wie sie stilistisch sind, wenn sie nur wahrhaftig sind. Das sind sie doch, nicht wahr?" drängte sie.
„Ich hoffe es", sagte er vage.
Sie hatte seinen Arm ergriffen und preßte ihn wie in einem Schraubstock, und je aufgeregter sie sprach, desto heftiger drückte sie ihn. Er vermißte bei Flora jene Gelöstheit, Sanftheit und Schwachheit, die er an Mädchen so körperlich anziehend fand. Er konnte sie sich nicht hingebend in den Armen eines Mannes vorstellen, wie es ein Mädchen seiner Ansicht nach sein sollte.
„Was halten Sie von menschlichen Beziehungen?" fragte sie ihn just in dem Augenblick, da ihm dies verwirrende Bild in den Sinn gekommen war.
„Das ist ein weites Feld", sagte John.
„O ja, welch weites, weites Feld. Und ich werde niemals damit fertig werden!"
„Warum?"
„Allem bin ich gewachsen, nur nicht menschlichen Beziehungen! Ich reg mich auf, wenn andere gelassen sind, und bleib ruhig, wenn jene sich erregen. Das gibt jedesmal ein schreckliches Durcheinander, und am Ende geht von vorne bis hinten alles schief."
„So sollten Sie es nicht empfinden", sagte er etwas lahm, denn er war überrascht, wie genau das, was sie über sich sagte, zu dem Bild paßte, das er sich von ihr machte.
Sie sah John an. „Sie werden die gleichen Schwierigkeiten haben! Wir werden niemals ganz glücklich sein, aber wir werden unendlich viel Aufregendes erleben, und wenn wir unserer persönlichen Eigenart treu bleiben, wird nichts verloren sein."

Ihm war nicht ganz klar, wovon Flora sprach. „Persönliche Eigenart" schien ihm die vageste aller Formulierungen zu sein. Hatte es etwas zu tun mit dem, was sie unter „wahrhaftigem" Schreiben verstand?

„Ja, in gewissem Sinne", sagte Flora, „aber die Dinge liegen noch viel komplizierter. Schreiben ist ideale Realität, und das Leben ist nicht ideal . . ."

Eine Weile standen sie am Fenster der Sporthalle und betrachteten die Tänzer drinnen, die einen Anblick boten, als seien sie der Erschöpfung nahe. Als die beiden den Tanzsaal verlassen hatten, waren alle Gesichter frisch und glänzend gewesen, jetzt aber waren sie abgekämpft, und auch die Musiker spielten anscheinend nur noch, weil sie von der Gewohnheit nicht zu lassen vermochten. Einige Papiergirlanden hatten sich gelöst und waren auf den Boden gefallen, andere hingen schlaff von der Decke herab, und in einer Ecke hatte sich ein kleiner Auflauf – vorwiegend von Lehrerinnen – um ein Mädchen gebildet, das ohnmächtig geworden war.

„Sehen sie nicht albern aus?" fragte Flora.

„Wer?"

„Die Tänzer – und überhaupt alle!"

„Was ist nicht albern – Ihrer Meinung nach?" fragte John.

„Lassen Sie mir ein wenig Zeit, diese Frage zu beantworten!"

„Wieviel soll ich Ihnen geben?"

„Ich will es Ihnen gleich sagen – das Wesentliche ist nicht albern!"

„Welches Wesentliche?"

„Das weiß ich noch nicht. Was glauben Sie, warum ich lebe, wenn nicht, um zu entdecken, was das Wesentliche ist?"

John sah Flora in diesem Frühjahr nicht wieder. Die Abschlußprüfungen fanden bald nach dem Tanzabend statt, und er war sich sowieso nicht ganz klar darüber, ob er sich mit Flora wirklich würde verstehen können. Sie war keine Schönheit, und ihre ernste Eindringlichkeit, die so bezaubernd wirkte, solange Flora neben ihm war, erschien bei Lichte besehen doch ein klein wenig phantastisch.

Kurz nach Semesterbeginn im Herbst begegnete er ihr auf dem Universitätsgelände. Sie war jetzt im dritten Semester

auf der Universität eingeschrieben. Kaum daß er sie wiedererkannte! In der Eichenallee, wo sie an jenem Tanzabend die meiste Zeit verbracht hatten, war es so dunkel gewesen, daß er keine klare Vorstellung von ihrem Gesicht gewonnen hatte. Sie schien ihm zugleich unschöner und anziehender, als er sie in Erinnerung hatte. Ihr Gesicht war oben sehr breit und unten schmal – fast wie eine auf der Spitze stehende Pyramide. Ihre Augen waren groß, ziemlich schrägstehend, haselnußbraun, mit auffälligen blaugrünen Flecken. Ihre Nase war lang und spitz und am äußersten Ende voller Sommersprossen. Sie hatte ihre eigene Art zu lächeln und beim Sprechen plötzlich mit den Augen zu blinzeln. Sie sprach so schnell und schrill, daß es ihm fast peinlich war. Er bemerkte einige junge Mädchen, die Flora anstarrten und kicherten. Gänse! dachte er und ärgerte sich über seine Verlegenheit.
Es war um die Mittagszeit, und Flora war zu ihrem Studentinnenheim unterwegs. Sie hatte sich bei keiner weiblichen Verbindung beworben und verkündete diese Tatsache mit stolzer Verachtung, die John gefiel.
„Ich war mir darüber klar, daß ich in keine hineinpaßte, ich bin lieber unabhängig, verstehen Sie? Das Verkehrte an dieser Welt ist nämlich, daß jeder Kompromisse schließen und sich anpassen muß. Oh, mich macht das krank! Ich mach das nicht mit! Ich werde mein eigenes Leben führen, grad wie es mir gefällt!"
Aus ähnlichen Erwägungen hatte sich auch John keiner Verbindung angeschlossen, und er sagte es ihr.
„Dann sind wir ja ein richtiges ‚Barbarenpaar'!" kreischte sie. „Ist das nicht wundervoll? Die anderen Mädchen in meinem Heim finden es scheußlich, ‚Barbaren' genannt zu werden, ich bin begeistert von dem Namen! Ist es nicht aufregend, ‚Barbaren' zu heißen? Es gibt einem das Gefühl, man könne seine Kleider abstreifen und nackend in den Straßen tanzen, wenn man möchte!"
John durchrieselte ein warmes Gefühl, als hätte er etwas Scharfes getrunken. Als er im Frühjahr in der Eichenallee mit ihr gesprochen hatte, war es ihm genauso gegangen. Er hatte ihr plötzlich soviel mitzuteilen. Er wurde ganz aufgeregt und begann ihr überstürzt von einem Einakter zu erzählen, an dem er schrieb und der voller verstecktem Sym-

bolismus wäre und daher schwer zu erklären. Flora aber nickte eifrig mit kleinen raschen Bewegungen und half ihm mit Worten weiter, wenn er sich verhedderte. Instinktiv schien sie zu wissen, was er sagen wollte.

„Wunderbar – großartig!" warf sie immer wieder ein. Er dachte daran, das Stück bei einem Wettbewerb einzureichen. Sein Freund, mit dem er zusammenwohnte, drängte ihn dazu.

„Aber ganz bestimmt müssen Sie das tun!" rief Flora.

„Ich weiß nicht recht", sagte John. „Die Hauptsache ist doch wohl die Aussage, nicht wahr?"

Im gleichen Augenblick lachten beide, denn sie mußten sich daran erinnern, daß Flora genau das gleiche von jener Geschichte gesagt hatte, die sie auf Wunsch ihrer Lehrerin an Harpers Magazin geschickt hatte. „Wurde sie denn angenommen?" fragte John.

„Nein, sie kam mit einer vorgedruckten Antwort zurück", gestand Flora beschämt. „Aber das macht nichts. Ich schreibe jetzt Gedichte. Es heißt, Gedichte solle man schreiben, solange man jung ist und stark empfindet." Sie lachte und nahm Johns Arm.

„Und ich empfinde alles doch sehr lebhaft, Sie nicht auch?"

Beide setzten sich auf die Treppenstufen vor Floras Heim und unterhielten sich, bis die Glocke um eins zur nächsten Stunde rief. Sie hatten ihr Mittagessen vergessen.

In der nächsten Zeit sahen sie sich oft. Sie hatten viele gemeinsame Interessen. Beide gehörten zum Mitarbeiterstab der literarischen Zeitschrift der Universität, waren Mitglieder im französischen Klub und nahmen an einer Arbeitsgemeinschaft über Dichtkunst teil. Es war das Jahr der nationalen Wahlen, und John wurde gerade noch rechtzeitig einundzwanzig, um mitwählen zu können. Flora debattierte stundenlang mit ihm über Politik und überzeugte ihn am Ende, daß er für Norman Thomas stimmen müsse. Später traten beide der „Liga Junger Kommunisten" bei. John wurde ein sehr begeisterter Radikaler. Er half in einer Geheimdrukkerei mit und verteilte auf dem Universitätsgelände ihre Pamphlete, in denen die Verbindungen, die politische Kontrolle der Universität, die konservative akademische Haltung und vieles andere angegriffen wurden. Er wurde auch einmal

vor den Prorektor zitiert und mit dem Ausschluß bedroht. Flora fand das alles ungeheuer aufregend.
„Wenn sie dich rausschmeißen, mache ich hier auch sofort Schluß", versprach sie.
Aber die Wogen glätteten sich wieder, und beide blieben auf der Universität.
Alle diese Ereignisse führten dazu, daß sie sich fester aneinander anschlossen. Aber aus irgendeinem Grunde waren sie nicht ganz zwanglos miteinander. John hatte immer das Gefühl, daß zwischen ihnen ganz Wesentliches und Besonderes vorgehe. Er hätte diese Empfindungen nicht in Worte kleiden können. Vielleicht steckte ihn Floras Temperament an. War er mit ihr zusammen, so befand er sich in einer unterdrückten Erregung, wie sie ein Wissenschaftler auf der Schwelle zu einer bedeutenden Entdeckung erleben mag. Ständige Erwartung und Spannung. Empfand Flora es genauso? Manchmal glaubte er es. Aber ihre Begeisterungsfähigkeit erstreckte sich auf so vielerlei, daß er sich nie ganz sicher war. Eins nach dem anderen erregte ihr Interesse. Sie glich einem frühreifen Kind, das gerade die Welt entdeckt, nichts als gewiß hinnimmt, sondern jeden Eindruck mit der stets neuen Verwunderung eines Kindes auffaßt, aber mit dem reifen Verstande eines Erwachsenen beurteilt. Über das meiste sprach sie sehr offen. Hin und wieder aber wurde sie sonderbar zurückhaltend.
Einmal fragte er sie, wo sie herstamme.
„Aus Kansas", sagte sie.
„Ich weiß, aber ich meine, aus welchem Ort?"
Er war überrascht, daß sie errötete. Sie befanden sich an diesem Abend im Lesesaal der Bibliothek und arbeiteten gemeinsam an einem der gelben Eichentische. Sie schlug ihr Kollegheft auf und ignorierte seine Frage.
„Aus welchem Ort?" wiederholte er beharrlich, immer noch über ihr Erröten verwundert.
Heftig knallte sie ihr Heft zu und sah ihn lachend an.
„Was macht's schon, wie der Ort heißt?"
„Ich wüßte es gern."
„Ich möchte es dir nicht sagen."
„Warum nicht?"
„Weil es ganz egal ist, wo man herkommt. Es zählt nur, wohin man geht."

„Und wohin gehst du?"
„Ich weiß es nicht!"
Sie lehnte sich in dem geraden gelben Eichenstuhl zurück und schüttete sich vor Lachen aus.
„Woher in aller Welt kann ich wissen, wohin ich gehe?"
Der Bibliotheksbeamte näherte sich ihnen mit warnender Miene.
„Bitte nicht so laut. Dieser Saal ist zum Studieren da."
„Wohin gehst du?" wiederholte John flüsternd.
Flora verbarg ihr Gesicht hinter ihrem Kollegheft und lachte weiter.
„Wo gehst du hin, wo gehst du hin, wo gehst du hin!" flüsterte John. Er wollte sie jetzt nur noch necken. Sie sah so komisch aus mit dem schwarzledernen Heft vor dem Gesicht, während man nur ihr geflochtenes Haar und ihren puterroten Hals sah.
Auf einmal sprang sie auf, und nun sah er, daß ihr Gesicht zum Weinen verzogen war. Sie stürzte aus dem Saal, und auf dem ganzen Heimweg konnte er sie zu keinem Sterbenswort bewegen.
Kurz darauf entdeckte er den Namen ihres Heimatortes auf einem Briefumschlag, den sie in einem ihm geliehenen Gedichtband liegengelassen hatte. Der Poststempel lautete: Harwood, Kansas. John grinste. Das gottverlassenste Nest, ganz im Nordwesten des Landes, total hinter dem Monde gelegen.
Obwohl er sich dabei verachtete, entfaltete er den Brief und las ihn. Er war von Floras Mutter und in seiner Art geradezu typisch. Sie beklagte sich über das viele Geld, das Flora für Leben und Studium brauche, und spornte sie an, weniger Zeit darauf zu verwenden, Unsinn zu schreiben, sondern lieber recht fleißig zu sein, damit sie nach dem Studium eine Stellung als Lehrerin bekäme, denn die Zeiten würden sehr schlecht . . .
„Die Erde, die Menschen, die Geschäfte und überhaupt das ganze Leben ist im weiten Umkreis hier wie verdorrt", schrieb die Mutter. „Ich weiß nicht, wo das noch hinführen soll. Ich glaube, das ist Gottes Strafgericht. Drei Jahre hintereinander völlige Dürre. Es sieht so aus, als wolle Gott dieses Mal die Sünde in der Welt austrocknen, anstatt sie zu ersäufen!"

In diesem Frühjahr kaufte John für fünfunddreißig Dollar einen gebrauchten Wagen, und jeden freien Nachmittag fuhren die beiden zusammen auf reizvollen Landwegen spazieren und aßen im Freien aus einem Picknickkorb, den Flora vorbereitet hatte. Er war inzwischen ganz an Floras seltsame Aufmachung und ihr exaltiertes Wesen gewöhnt, nur andere waren es nicht. Sie war auf der Universität so etwas wie eine Type geworden. John wurde zu dieser Zeit von einer Fachverbindung umworben, und es wurde ihm angedeutet, daß einige Kameraden an seinem Umgang mit Flora Anstoß nähmen. Immer wieder mußte er daher an ihr erstes Gespräch in der Eichenallee des Baptistencolleges für Mädchen denken, an jene Unterhaltung über menschliche Beziehungen und Floras Unfähigkeit, diesen gewachsen zu sein, ja, es schien ihm, daß sie nicht einmal einen halben Versuch dazu unternähme. Es bestand kein Grund für sie, so laut über die abwegigsten Themen zu sprechen, immer wenn sie gemeinsam die belebten Korridore der Universitätsgebäude entlanggingen, und sie hatte bestimmt keine Ursache, gegen Menschen, die sie nicht interessierten, so rücksichtslos zu sein, indem sie andere ohne jede Entschuldigung stehenließ, wenn sich das Gespräch Dingen zuwandte, die sie als geistlos bezeichnete – und das behauptete sie von nahezu allen Gesprächsstoffen von Johns sonstigen Bekannten.
Sah er sich andere Mädchen auf der Universität an, konnte er sich ihre Zukunft vorstellen, sie würden sich in das gewöhnliche bürgerliche Leben als Lehrerin oder in andere Berufe einordnen. Aber zu Flora wollte kein Zukunftsbild passen, er konnte sie sich in keinem der üblichen Berufe vorstellen, weder in Harwood in Kansas noch sonstwo. Sie war in der Welt der Universität weder glücklich noch zufrieden, aber wo und unter welchen Umständen – so fragte er sich – könnte sie überhaupt Ruhe und Frieden finden? Vielleicht glich auch er anderen Menschen so wenig wie sie, dennoch lag sein Fall anders. Er war anpassungsfähiger, er verlangte sehr viel weniger von Menschen und Verhältnissen. Vor einer Schranke hielt er nach einem Umweg Ausschau. Aber Flora . . .
Für Flora stand fest, daß das Anglistische Institut der Universität hoffnungslos reaktionär sei, und das einzige, was

sie zur Zeit interessierte, war Geologie. Ihr gemeinsamer Lieblingsplatz in diesem Frühjahr war ein einsamer Steinbruch, wo Flora nach Fossilien suchte. Dort tanzte sie umher wie ein lustiger, possierlicher kleiner Affe auf dem Drahtseil, ihr grüner Kittel flatterte dabei im Winde, und pausenlos drang ihre Stimme zu ihm herauf, manchmal vor Aufregung sich überschlagend, dann fast unhörbar ganz in ihr Suchen vertieft.
„Kannst du denn niemals schweigen?" fragte John.
„Niemals – bis ich muß!"
Oft wurde John des Wartens müde und machte sich über den Picknickkorb her. Endlich kam auch sie dann zu ihm auf den Hügel herauf, viel zu müde, um essen zu können, breitete ihre Versteinerungen um sich herum aus und studierte sie mit verzücktem Eifer, während John Roggenbrote mit Nußbutter und Marmelade oder Schweizer Käse darauf kaute. Den Rest des Nachmittags verplauderten sie und sprachen über Literatur, das Leben, Kunst und Kultur. Sie hegten beide eine grenzenlose Verehrung für die alten Griechen und die modernen Russen. Griechenland ist die Vergangenheit der Welt und Rußland ihre Zukunft, sagte Flora, und John fand diese Bemerkung brillant, obwohl sie ihm ein bißchen vertraut vorkam, als sei er ihr schon einmal irgendwo in einem Buch begegnet.
Für gewöhnlich setzten sie ihre Debatten mit gleichem Schwung bis zum Sonnenuntergang fort, doch wenn es zu dämmern begann, wurden sie seltsamerweise ein wenig nervös und waren nicht mehr ganz ungezwungen; dann traten lange Gesprächspausen ein, in denen es ihnen merkwürdig schwerfiel, sich anzusehen. War es ganz dunkel geworden, pflegte Flora plötzlich aufzuspringen und ihren Kittel abzuklopfen.
„Ich glaube, wir brechen jetzt lieber auf", sagte sie dann. Ihre Stimme klang jedesmal so dumpf und niedergeschlagen wie bei jemandem, der lange über etwas sehr Wichtiges diskutiert hatte, ohne seinen Partner überzeugt zu haben. John war seltsam beklommen, während er hinter ihr den Hügel hinabschritt zu dem Platz, wo der alte, offene Zweisitzer abgestellt war. Auch er fühlte, daß etwas ungesagt oder ungetan geblieben war, als hätten sie beide die Wirklichkeit nicht voll ausgeschöpft.

Heute war der letzte Sonnabend des Frühjahrssemesters. Die beiden waren unterwegs, um den ganzen Tag auf dem Lande zu verbringen und gleichzeitig für das Schlußexamen des Französisch-Kurses zu arbeiten, an dem sie gemeinsam teilnahmen. Flora hatte Butterbrote und Soleier vorbereitet. John hatte mit schlechtem Gewissen einen Liter Rotwein erworben. Er verstaute die Flasche in der Seitentasche des Wagens und erwähnte sie erst, als sie gegessen hatten, weil er wußte, daß Flora vom Alkohol nichts hielt. Sie hatte keine moralischen Bedenken, hielt Trinken aber für eine sinnlose Zeitvergeudung. Sie lehnte es ab, auch nur einen Schluck von seinem Wein zu nehmen. „Aber du kannst ja, wenn du magst", sagte sie derart steif, daß John lachen mußte.
Sie saßen wie immer im Grase auf dem Hügel über dem Steinbruch. Er hieß Lover's Leap. Flora hielt ihr gemeinsam geführtes Kollegheft und hörte John ab. Sie lehnte an einem der großen weißen Findlinge, die über den ganzen Hügel verstreut waren, und John lag ausgestreckt zu ihren Füßen. Er hatte die Weinflasche zwischen seinen Knien und trank aus dem Verschluß der Thermosflasche. Floras Unwillen beim ersten Anblick der Weinflasche war verflogen, und sie nannte ihn Bacchus.
„Ich wollte, ich hätte die Zeit, dir einen grünen Kranz zu flechten", sagte sie. „Du müßtest hinreißend damit aussehen!"
„Warum bist du keine Nymphe?" antwortete John. „Wirf die Kleider weg und werde eine Waldnymphe! Ich will dir zwischen den Birken nachjagen!"
Der Gedanke amüsierte John. Er lachte laut, aber Flora geriet in Verlegenheit. Sie räusperte sich und nahm das Kollegheft vor ihr Gesicht, aber er konnte an ihrem Hals sehen, daß sie rot geworden war. Er hörte auf zu lachen und war nun seinerseits ein bißchen verlegen. Er wußte, was sie dachte. Sie stellte sich vor, was passieren würde, wenn er sie unter den Birken völlig nackt ergreifen würde . . .
John trank noch einen Becher Wein. Er fühlte sich sehr wohl. Er hatte seine Jacke ausgezogen, den Kragen seines Hemdes aufgeknöpft und die Ärmel aufgekrempelt. Die Sonne blendete ihn, zauberte alle Farben des Regenbogens vor seine Augen und wärmte ihm den bloßen Hals und die

Arme. Wohlige Wärme durchzog seinen Leib. Er fühlte sich wie neugeboren, zog seine Beine an, rieb sich den Bauch und rekelte sich. Er hörte nicht mehr auf die Fragen, die Flora aus dem Kollegheft stellte. Sie mußte diese zwei- oder dreimal wiederholen, ehe er sie erfaßte.
Schließlich wurde sie böse und klappte das Heft zu.
„Ich glaube, du betrinkst dich allmählich!“ sagte sie scharf.
Er sah träge zu ihr auf.
„Vielleicht. Na, wennschon!“
Er stellte fest, daß sie sehr hübsch war, besonders, wenn sie wie jetzt ihre Augenbrauen zusammenzog und schielte. Ihr Gesicht war unregelmäßig und knochig. Ein bißchen fremdländisch. Zu breit oben und zu spitz unten. Eine lange, spitze Nase, Augen mit verschiedenen Farbtupfen und zu groß für das ganze Gesicht, die noch dazu mit übermäßiger Klarheit leuchteten. Sie erinnerte ihn an ein unterentwickeltes Kind aus seiner Volksschulzeit. Aus irgendeinem Grunde nannten sie es Peekie und warfen ihm auf dem Heimweg Steine nach. Ein furchtsames, lächerliches Geschöpf mit hoher, quiekender Stimme, über das sich jedermann lustig machte. Die großen Jungen griffen es nach der Schule und fragten es nach unanständigen Wörtern aus oder rissen ihm die Knöpfe seiner Hose ab. Sie glich diesem Kind. Eine komische Person. Aber es ging etwas Erregendes von ihr aus, genau wie von Peekie, was die großen Jungen gereizt hatte, mit ihm ihr Spiel zu treiben. Es war etwas an ihr, was er mit harter Hand zu packen wünschte – zu zerren und zu verdrehen und zu quälen! Am anziehendsten an ihr war ihre Haut. Die war rein und weich und weiß . . . Johns Augen spazierten an ihr hinab. Sie trug einen schwarzen Pullover und einen schwarzweißkarierten Rock. Als er ihre Beine betrachtete, verschob ein Windstoß den Rock, so daß er über dem Strumpfende ihre nackte Haut sah. Er rollte sich herum auf den Bauch und umschloß mit beiden Händen ihre Oberschenkel. Noch nie hatte er sie auf eine so intime Art berührt, aber es schien das Allernatürlichste von der Welt zu sein. Sie machte voller Entsetzen eine heftige Bewegung, um sich von ihm loszureißen. Plötzlich glaubte er zu wissen, was jenes Wesentliche sei, das sich zwischen ihnen ereignen würde. Er faßte sie um die Schultern und

wollte sie zu sich ins Gras herabziehen, aber sie wehrte sich wütend gegen ihn. Keiner von beiden sprach ein Wort. Wie zwei wilde Tiere rangen sie miteinander, wälzten sich ineinander verkrallt im Gras. Flora griff nach Johns Gesicht und John nach ihrem Körper. Sie nahmen diesen verzweifelten Kampf miteinander auf sich, als hätten sie die ganze Zeit gewußt, daß er kommen würde, unausweichlich von Anfang an. Keiner sprach ein Wort, bis beide ganz erschöpft still im Gras lagen und schwer atmend zum langsam verdämmernden Himmel aufsahen.
Johns Gesicht war zerkratzt und blutete an mehreren Stellen. Flora preßte ihre Hände gegen den Leib und stöhnte. John hatte sie mit seinem Knie gestoßen, als er sie zu überwältigen versuchte.
„Es ist nun alles vorbei", sagte er, „ich will dir keine Gewalt antun", doch sie stöhnte weiter.
Die Sonne war untergegangen, und Dämmerung breitete sich aus. Im Westen war der Himmel purpurrot und sah wie ein Bluterguß aus.
John sprang auf, stand schweigend da und starrte in das düstere Abendrot. Fern zur Linken lag die Universitätsstadt, gerade tauchten aus ihrer Laubhülle die ersten Lichter auf und kündeten von ihrem Leben an einem Sonnabendabend im späten Frühjahr. Sicher fand heute abend manch fröhliche Gesellschaft mit Tanz statt. Mädchen in Kleidern, die wie aus Blumen gewoben wirkten, würden über blankes Parkett wirbeln und Paare hinter geisterhaften Spiräenbüschen wispern und lachen. Das war die natürliche Art der Jugend zu feiern. Aber er und dieses Mädchen waren auf der Suche nach etwas anderem. Doch wonach? Immer wieder in alle Zukunft suchen wir Menschen und strengen uns an, etwas außerhalb der allgemeinen Erfahrung zu finden, wir graben und wühlen im ungestalteten Schutt der Dinge auf der Suche nach der verlorenen fleckenlosen Schönheit – und vielleicht wiederholt sich jedesmal dies: Gewalt und ein häßliches Begehren, das sich bis zur Raserei steigert . . .
Laut sprach John mehr zu sich selber: „Es war ja gar nichts – wir haben uns etwas vorgemacht."
Er wandte sich von der dunklen, beunruhigenden Schönheit der Stadt ab und sah auf Flora hinab. Sie blinzelte und

keuchte. Fast häßlich sah sie aus mit schweiß- und dreckverschmiertem Gesicht. Ganz unmädchenhaft. Er war erstaunt, daß er bisher nie bemerkt hatte, wie wenig weiblich sie war. Ja, das war der wesentlichste Zug ihres Charakters. Sie gehörte nirgendwo hin, sie paßte im Grunde nirgendwo dazu, sie hatte keine Heimat, kein Fleckchen Erde, keinen Ort, wo sie sich verstecken und Schutz finden konnte, sie war ein Flüchtling ohne Ziel. Andere mochten sich in Verhältnisse schicken, das Beste, was sich bot, annehmen, auch wenn es nicht das Richtige war, aber Flora würde sich auf keinerlei Kompromisse einlassen. Ihre große Unvollkommenheit war zugleich der Ausdruck ihrer ganzen Reinheit. Und das bedeutete . . .

„Flora . . ."

Er streckte ihr die Hand entgegen, und sein ganzes Herz lag in seinem Blick. Sie begriff sein plötzliches Verstehen und nahm seine Hand. Behutsam half er ihr beim Aufstehen.

Sie standen im Dunkeln nebeneinander, zum erstenmal frei von jeder Furcht voreinander. Die Hände locker verschränkt, betrachteten sie sich voller Mitgefühl, unfähig, sich anders als durch Verstehen zu helfen, jeder vollkommen allein und einsam – aber nicht länger Fremde . . .

1945

Das Feld der blauen Kinder

In ihrem letzten Semester dieses Frühjahr auf der Universität überfiel Myra eine Ruhelosigkeit, die sie sich nicht zu erklären vermochte. Es war nicht nur die Unruhe überschäumender Jugend, sondern es lag ein leicht neurotischer Zug darin. Was sie auch tat, nichts befriedigte oder erfüllte sie ganz und gar. Selbst wenn sie spät von einem offiziellen Ball heimkam, an dem sie den ganzen Abend im Tanz von Arm zu Arm gewandert war, war sie nicht so erschöpft, daß sie ins Bett taumelte. Sie hatte das Gefühl, daß es noch etwas geben müsse, was erst den Abend zu einem vollen Genuß gemacht hätte. Mitunter überfiel sie geradezu panischer Schrecken bei der Vorstellung, etwas sehr Wichtiges vergessen oder verloren zu haben. Dann stand sie wohl einen Augenblick mit gefurchter Stirn still und überlegte, was ihren Fingern entglitten sein könne – und nun entweder auf dem Rücksitz im Sportwagen von Kirks Freund oder auf einem Sofa in einem der schwach beleuchteten Zimmer des Verbindungshauses zwischen den Tänzen liegengeblieben war.

„Was hast du denn?“ fragte Kirk oder jemand anders.

Sie lachte dann eine Idee zu laut: „Gar nichts. Ich bilde mir nur ein, etwas vergessen zu haben!“

Das Gefühl wich nicht einmal, wenn sie ihre Siebensachen nachgezählt hatte. Es blieb die Vorstellung, daß noch etwas fehlte. Kam sie nach Hause ins Studentinnenheim, dann ging sie von Zimmer zu Zimmer, erzählte kleine Geschichten, die sich am Abend ereignet hatten, und lachte lauter darüber, als sie es wert waren. Waren am Ende alle zu Bett gegangen, blieb sie allein auf und brach in ihrem Zimmer mitunter, ohne zu wissen warum, in heftige Tränen aus. Sie preßte dann das Kopfkissen gegen den Mund, damit sie niemand hören konnte, oder ließ sich im Schlafanzug am Fenster nieder und sah über die kleine Universitätsstadt mit all ihren Häusern, Bäumen und freien Feldern in den nachtblauen Frühlingshimmel, in den die Kuppel des Verwaltungsgebäudes ragte, die wie ein ferner Schneegipfel wirkte, während die Sterne seltsam groß und klar schimmerten. Sie hatte dann das Gefühl, von einer inneren Erregung gewürgt zu werden, deren Wesen und Sinn sie nicht begriff.

Blieben Halbbetrunkene, nächtliche Sänger, die ebenfalls nach Festen keine Ruhe fanden, unter ihrem Fenster stehen, knipste sie das Licht an, lehnte sich aus dem Fenster und applaudierte ihnen lautlos mit der Pantomime entzückten Beifalls. Waren sie weitergezogen, löschte sie das Licht wieder und sah noch aus dem Fenster. Es war traurig, unsagbar traurig, wie die rauhen Stimmen in den mondbeschienenen Alleen allmählich in der Ferne verklangen oder im Geräusch eines anfahrenden Autos untergingen, dessen Knirschen im aufspritzenden Kies sich rasch in ein sanftes Summen verwandelte, um bald vom blauen Schweigen der Nacht ganz verschluckt zu werden.

Immer noch am Fenster sitzend wartete sie voller Erregung und spürte ein Schluchzen aufsteigen. Ein Ausbruch erleichterte. Kam es nicht dazu, dehnte sie ihre Nachtwache manchmal in den Morgen hinein aus, bis sich ihre schmerzhafte innere Aufregung gelegt hatte.

In diesem Frühjahr trug sie Kirk Abbots Verbindungsabzeichen. Aber ihre Lebensweise änderte sich dadurch nicht grundlegend. Sie traf sich auch weiterhin mit anderen Männern und ließ sich fast überallhin von fast jedem beliebigen einladen. Als Kirk protestierte, versuchte sie nicht einmal das Fieber zu schildern, das ihr Handeln bestimmte, sie küßte ihn einfach, bis er zu sprechen aufhörte und in einer Verfassung war, daß er ihr nahezu alles, auch das Unfaßlichste, verziehen hätte.

Als Halbwüchsige, vielleicht schon früher, hatte Myra hin und wieder Verse geschrieben. In diesem Frühjahr wurde es ihr zur Gewohnheit. Wenn die Quelle unerklärlicher Gemütsbewegung mit fast schmerzender Gewalt zu sprudeln begann, fand sie Erleichterung darin, kleine Bemerkungen auf Papier zu kritzeln, einzelne Strophen, Zweizeiler, dann und wann einen ganzen Vers, die plötzlich in ihrem Kopf so vollständig aufblitzten, wie von einer Laterna magica auf einen Schirm geworfene Bilder, deren Schönheit sie um so mehr erschreckte, als sie dabei eine Art religiöser Verzükkung erfuhr. Wie erstarrt stand sie da und seufzte dann erleichtert. Jedesmal glaubte sie, die Schwelle zu einer neuen menschlichen Einsicht zu überschreiten und am Rande eines dunklen Nichts zu stehen, in dem jeden Augenblick eine zauberhafte Lichtflut erblühen konnte, wie ein eben noch dunkel daliegender Ballsaal plötzlich in sonnengleichem Glanze unzähliger Kronleuchter, reflektierender Spiegel und blinkender Böden taghell erstrahlt. In solchen Momenten löschte sie das Licht und trat rasch ans Fenster. Blickte sie nun über die violettdunkle Stadt und die schneeweiße Kuppel über dem Geviert oder saß sie wie verzaubert da, auf die Stimmen von traurig-fröhlichen Sängern oder in Sportwagen lachenden Paaren lauschend, welche die stille Straße heraufschallten, dann quälte sie die Schönheit von alledem nicht mehr, sondern geheimnisvolle Ruhe überkam sie, als habe eine bohrende Frage eine Antwort gefunden und das Leben dadurch einen einfacheren und erfreulicheren Aspekt gewonnen.

„Worte sind Netze, Schönheit zu fangen!“

Diesen Satz schrieb sie gegen Schluß einer Vorlesung über die Steuergesetzgebung des Kongresses hinten in ein Kollegheft. Das geschah Ende April, und von jetzt an schien sie zu wissen, was sie wollte. Und die schmerzlichen Verwirrungen peinigten sie weniger.

Im Klub für Dichtkunst, zu dem Myra gehörte, war ein Junge namens Homer Stallcup, der sie schon ein Jahr lang oder länger verehrte. Sie konnte das an seinen Blicken während der Veranstaltungen, den einzigen Gelegenheiten, wo sie sich trafen, ablesen. Homer sah sie nie direkt an. Sein Blick huschte nur über ihr Gesicht, aber irgend etwas in seinem Ausdruck, in seiner aufmerksamen Haltung, wie er mit den Händen auf den Knien dasaß, bewies ihr, daß er an sie denke. Er vermied es auch, neben ihr oder ihr direkt gegenüber zu sitzen – die Stühle waren im Kreise aufgestellt –, deshalb hatte sie sich zunächst eingebildet, er könne sie nicht leiden, aber allmählich hatte sie

begriffen, daß seine Scheu vor ihr gerade das Gegenteil bedeutete.
Homer war in keiner Verbindung. Er heizte Öfen, bediente in einem Restaurant der Universität und verrichtete ähnliche Arbeiten, wofür er Essen und Unterkunft frei hatte. Niemand aus Myras gesellschaftlichen Kreisen kannte ihn oder hielt ihn der Beachtung wert. Er war ziemlich klein, stämmig und dunkel. Myra fand ihn gut aussehend, allerdings nicht im landläufigen Sinne. Er hatte intensive schwarze Augen, eine gerade Nase mit vibrierenden Flügeln und starke, bewegliche Lippen mit Mundwinkeln, die manchmal zuckten. Alle seine Bewegungen waren heftig. Stand er von seinem Stuhl auf, warf er ihn fast um. Steckte er sich eine Zigarette an, so schnitt er eine schreckliche Grimasse und warf das brennende Streichholz weg, als sei es ein explodierender Feuerkörper.
Er verbrachte seine Freizeit meist mit einem Mädchen seines eigenen intellektuellen Typus, einer Hertha Soundso, die auf der ganzen Universität wegen ihres komischen Benehmens ein Begriff war. In der Stunde riß sie die Begeisterung sowohl für Literatur als auch für Politik dermaßen hin, daß sie in einen Redefluß ausbrach, den niemand mehr verstehen konnte, wobei sie stotterte, keuchte und die ungeschicktesten Bewegungen machte, als wolle sie einen unsichtbaren Gegenstand aus der Luft greifen, bis die ganze Klasse vor Vergnügen brüllte und selbst der Dozent sich zur Tafel drehen mußte, um sein Lachen zu verbergen.
Hertha und Homer bildeten ein komisches Gespann, war sie doch nahezu einen Kopf größer als er, lief oft einen halben Meter vor ihm her und packte ihn dann und wann am Ärmel, als fürchtete sie, er ginge ihr durch. Alle paar Minuten brachen einer von ihnen oder beide in ein schallendes Gelächter aus, das man meilenweit hören konnte.
Homers Gedichte waren schwierig, ungleich, manches erinnerte an Hart Crane, anderes wieder war fast so naiv und klar wie bei Sara Teasdale. Es gab aber auch Zeilen und Ausdrücke, die einen mit ihrer zwingenden Bildkraft und Frische der Beobachtung packten. Wenn er bei einer Zusammenkunft Verse las, sprang Hertha nach jedem Gedicht wie elektrisiert auf, überflog mit ihren blinzelnden kurzsichtigen Augen all die hochmütigen, lächelnden Gesichter

ringsumher, anfangs fragend, dann bettelnd, man möge in die extravaganten Lobhudeleien einfallen, die sie mit feuchten Lippen hervorsprudelte. Wenn Hertha schwieg, sagte nur Myra etwas. Alle anderen waren zu konsterniert, zu gleichgültig und vielleicht auch zu ablehnend. Homer sah den ganzen Abend mit hochrotem Kopf in seinen Schoß und zerknüllte die Ecken der glatten Papierbogen, als seien die Gedichte dort ausradiert oder als hätten sie nie darauf gestanden, als seien die Seiten nur schlicht weißes Papier, ein Spielzeug für seine Hände.

Myra hätte gern noch mehr gesagt, aber ihr kritischer Sprachschatz war begrenzt.

Sie sagte daher nur: „Ich finde dieses Gedicht hübsch." Oder: „Das gefällt mir sehr gut." Homer hob den Blick nicht, und sein Gesicht wurde noch dunkler, so daß sie sich aus Scham über ihre nichtssagenden Worte am liebsten auf die Zunge gebissen hätte. Wie gerne hätte sie ihre Hand auf seine Finger gelegt, damit sie die sauberen Blätter in Ruhe ließen – wie gern hätte sie ihnen Ruhe geschenkt.

Erst bei der letzten Veranstaltung des Dichterklubs im Juni faßte Myra sich ein Herz und sprach Homer an. Nach der Veranstaltung sah sie ihn am Ende des Ganges am Springbrunnen stehen. Rasch und impulsiv trat sie auf ihn zu und sagte ihm in einem Atemzug, seine Verse seien die besten unveröffentlichten, die sie jemals gehört habe, und er solle sie an eine der guten literarischen Zeitschriften schicken, und ihrer Meinung nach seien die anderen Mitglieder des Klubs komplette Idioten, wenn sie die Bedeutung seiner Verse nicht zu würdigen vermöchten.

Homer stand da und hatte die Hände in seinen Taschen vergraben. Er sah sie, während sie sprach, nicht an. Dann aber brach seine Erregung durch. Er riß ein Bündel aus seiner Mappe und drängte es ihr auf.

„Lesen Sie, bitte, diese Blätter, und sagen Sie mir Ihr Urteil", bat er.

Sie gingen zusammen die Treppe hinunter. Auf der untersten Stufe glitt er aus oder trat fehl, so daß sie ihn am Arm ergreifen mußte, damit er nicht hinfiel. Sie war sowohl gerührt als auch amüsiert von seiner Ungeschicklichkeit und seinem offensichtlichen Vergnügen daran, neben ihr zu gehen. Als sie das weiße Steingebäude verließen, umflutete die späte Nachmittagssonne, die zitronengelb am Himmel stand, beide Gesichter wohlig. Die Luft erfüllte der Klang von fünfunddreißig Glocken und das sanfte Gurren von Tauben. Aus einem der flatternden Flügel schwebte eine weiße Feder herab und ließ sich auf Myras Haar nieder. Homer nahm sie herunter und steckte sie an sein Hutband. Auf dem ganzen Weg nach Hause, nachdem sie sich schon getrennt hatten, spürte Myra noch die rasche, leichte Berührung seiner Finger. Sie hätte gerne gewußt, ob er wohl die Taubenfeder behalten, ja wie einen Schatz aufbewahren würde, weil sie ihren Körper einmal berührt hatte.

Am gleichen Abend noch, kaum daß nächtliche Stille im Studentinnenheim eingekehrt war, nahm sie das Bündel mit den Gedichten heraus und las es in einem Zuge durch. Beim Lesen wuchs ihre Erregung. Sie verstand nicht viel von dem, was sie las, aber sie spürte Steigerung und zunehmende Dichte in diesem Zyklus. Am Schluß saß sie zitternd da, als sei sie aus warmem Wasser in kalte Luft geraten.
Sie zog sich an und verließ ohne jeden Plan ihr Zimmer. Sie bewegte sich, ohne ein Ziel im Auge zu haben, und war doch nie mit größerer Bestimmtheit ausgeschritten. Sie öffnete das Hauptportal des Hauses, ging den mit Ziegeln gepflasterten Gang entlang, bog nach links ab und schritt rasch durch mondbeschienene Straßen, bis sie sich zu ihrer eigenen Überraschung vor Homers Wohnung befand. Rings in den großen Eichen zirpten die Zikaden. Sie hatte sie bis zum Augenblick überhaupt nicht gehört. Im Aufblicken gewahrte sie über dem westlichen Giebel des großen Fachwerkhauses eine kleine Sternengruppe, die Plejaden, jene sieben Schwestern der griechischen Mythologie, die sich zusammendrängen wie Jungfrauen, die durch einen dunklen Wald wandern. Sie lauschte – ringsum Stille, nichts als der Gesang der Zikaden und das ganz leise Knistern ihres weißen Rockes, wenn sie sich bewegte.
Rasch ging sie um das Haus auf die Tür zu, aus der sie Homer manchen Morgen hatte treten sehen. Sie klopfte zweimal kurz an und lehnte sich heftig atmend flach an die Mauer. Nach einem Weilchen klopfte sie noch einmal. Durch die Glasscheibe der Tür sah sie eine Treppe ins Souterrain führen und unten eine offene Tür, aus der Licht-

schein fiel. Jetzt bewegte sich ein Schatten, und dann sah sie den Jungen selber, der gerade in einen braunen Mantel schlüpfte und mit finsterem Gesicht die Treppe heraufkam.
Als er die Tür öffnete, flüsterte sie seinen Namen.
Eine ganze Weile war er sprachlos. Dann ergriff er ihren Arm und zog sie ins Haus.
„Sie sind es, Myra."
„Ja, ich bin's", lachte sie. „Ich weiß gar nicht, was über mich gekommen ist. Ich las gerade Ihre Gedichte, und da kam es mir so vor, als müßte ich Sie sprechen und Ihnen sagen . . ."
Sie war atemlos und lehnte sich gegen die geschlossene Tür. Dieses Mal suchten ihre und nicht seine Augen nach einem Versteck. Sie sah den häßlichen braunen Bademantel und darunter die nackten grobknochigen weißen Füße, deren Anblick sie erschreckte. Myra entsann sich seines intensiven, raschen Blickes, mit dem er ihr Gesicht und ihren Körper gestreift hatte, und seiner Erregung, als sie heute nachmittag im Flur der Universität auf ihn zugetreten war, und wie diese großen Füße eine Stufe verfehlt hatten und sie ihn hatte packen müssen, um ihn vor einem Sturz zu bewahren.
Mit Überwindung sagte sie: „Etwas gefiel mir besonders gut, eine Stelle über ein Feld mit blauen Blumen . . ."
„O ja", flüsterte er. „Sie denken an die blauen Kinder!"
„Ja, die meine ich!" Nun blickte sie ihn voller Interesse an.
„Kommen Sie in mein Zimmer, Myra."
„Ich kann nicht!"
„Warum nicht?"
„Nein, das ist doch klar. Wenn mich jemand erwischte . . ."
„Wer wird schon!"
„Ich flöge!"
Eine kleine Pause entstand.
„Warten Sie einen Augenblick!" Er nahm drei Stufen mit einem Satz und drehte sich noch einmal um.
„Warten Sie, nur eine Minute, Myra!"
Sie ertappte sich dabei, daß sie nickte. Sie hörte, wie er die Treppe hinunter und in sein Zimmer im Untergeschoß

stürzte. Durch die Tür sah sie seinen Schatten über Fußboden und Wände gleiten. Er zog sich an. Kurz darauf erschien er in dem Teil des Zimmers, den sie durch die halboffene Tür überblicken konnte, und er stand dort mit entblößtem Oberkörper. Sie war erschreckt und seltsam berührt von dem unwillkürlichen flüchtigen Anblick seiner vollen, mächtigen Brust und Arme, die im Lampenlicht noch klarer umrissen hervortraten. Erst in diesem Augenblick nahm er für sie körperliche Wirklichkeit an, die er bis dahin nicht besessen hatte. Eine stärkere Realität, als sie Kirk Abbot oder sonst einer der Jungen für sie gehabt hatte, mit denen sie auf der Universität umgegangen war.
Nach einer Minute trat er aus der Tür, schloß sie hinter sich und kam ruhigen Schrittes die kurze Treppe herauf auf sie zu.
„Verzeihen Sie, daß ich so lange brauchte."
„Es hat gar nicht lange gedauert."
Er nahm ihren Arm, sie traten aus der Haustür und gingen ums Haus herum. Die Eichen auf dem Rasen erschienen gigantisch. Alles ringsum wirkte merkwürdig intensiv oder vergrößert, selbst das Knirschen des Kieses unter ihren weißen Schuhen. Sie erwartete, entsetzte Gesichter auf ballonartigen Köpfen aus allen Fenstern hängend im Oberstock zu sehen, Stimmen, die schrill Alarm schlugen und ihren Namen von allen Dächern schrien, und eine Schar von Verfolgern zu hören, die hinter ihnen herhetzten . . .
„Wo gehen wir hin?" fragte sie, als er sie den Pfad nach Süden geleitete.
„Ich möchte Ihnen jenes Feld zeigen, das ich in dem Gedicht beschrieben habe."
Es war nicht weit. Das Pflaster hörte bald auf, und nun war die weiche, kühle Erde unter ihren Füßen. Der Mond glänzte feucht durch das Filigran des Eichenblätterdaches, und der Fußweg glich mit seinem Wechsel von Licht und Schatten bewegtem Wasser. Sie kamen an einen niedrigen Holzzaun, über den der Junge sprang und ihr seine Arme entgegenstreckte. Sie kletterte auf die oberste Querstange, und er hob sie herunter. Aber auf der anderen Seite gaben seine Arme sie nicht frei, sondern umschlossen sie fester.
„Hier ist das Feld der blauen Kinder", sagte er.
Sie sah über seine dunkle Schulter weg, und es stimmte.

Das ganze Feld war mit sich wiegenden blauen Blumen bedeckt. Ein leiser Wind lief durch sie hin, und sie beugten sich vor ihm wie eine blaßblaue Woge, wobei ein feines wisperndes Geräusch entstand, das wie ganz fernes Geschrei spielender Kinder klang.
Sie dachte an den Blick aus ihrem nächtlichen Fenster, an Nächte, in denen sie bitterlich geweint hatte, ohne zu wissen, warum. Sie dachte an die Kuppel des Verwaltungsgebäudes, einem weißen Gipfel gleichend, an das rastlose Rauschen der Zweige im Mondlicht, an die Stille und an den traurigen, fernen Gesang, der allmählich näher kam, an die zärtlichen albernen Balladen, an den Duft der weißen Spiräen in der Nacht und die Sterne, die hell wie Laternchen am wolkenbesäten Himmel standen, und sie erinnerte sich an das würgende Gefühl, das sie sich nicht erklären konnte und das sich plötzlich nach ein paar Monaten ein für allemal gelöst hatte. Da schmiegte sie sich fester an den Jungen. Er war für sie fast noch ein Fremder, hatte sie doch bis zu dieser Nacht kaum je einen Blick auf ihn geworfen, und dennoch war er ihr in diesem Augenblick unaussprechlich nahe, viel näher als je ein Mensch bisher.
Er führte sie ins Feld hinein, wo die blaßblauen Blumen um ihre Knie wogten, so daß sie die zarten Blätter auf ihrer Haut spürte. Sie warf sich nieder, griff mit den Händen hinein, drückte die Lippen auf sie, spürte sie rings um sich, sie, die sie annahmen und umarmten, und ein Gefühl der Trunkenheit bemächtigte sich ihrer. Der Junge kniete neben ihr nieder, streichelte ihre Wange, ihren Mund, ihr Haar. Nun knieten sie beide in den blauen Blumen und sahen sich an. Der Junge lächelte. Der Wind blies ihr loses Haar um sein Gesicht. Seine beiden Hände strichen es aus ihrer Stirn und umfaßten dann ihren Kopf, verschränkten sich hinter ihm und zogen ihn herüber, bis ihr Mund auf dem seinen lag, fest und fester, bis sich ihre Zähne schmerzhaft gegen die Oberlippe preßten und sie den salzigen Geschmack von Blut auf der Zunge spürte. Sie stöhnte, öffnete den Mund und ließ sich in die leise flüsternden Blumen fallen.

Später siegte die Vernunft, und sie sah ein, wie unmöglich alles war. Sie schickte dem Jungen die Gedichte mit einem kurzen Brief zurück, der recht gewunden und förmlich aus-

fiel, weil ihr beim Schreiben recht unwohl war. Sie sprach darin von Kirk Abbot, den sie diesen Sommer heiraten würde, und erklärte Homer, wie unmöglich sich jenes schöne, aber unglückliche Erlebnis der letzten Nacht im Feld der blauen Blumen fortsetzen ließe.
Sie sah Homer nur noch einmal. Er ging über das Universitätsgelände mit seiner hochaufgeschossenen Freundin Hertha, die eine Brille mit dicken Gläsern trug. Sie hatte sich an seinen Arm geklammert und schüttelte sich vor schrillem, barbarisch lautem Lachen; meilenweit schallte ihr Gelächter und klang doch gar nicht echt.

Myra und Kirk heirateten im gleichen Jahr im August. Kirk bekam bei einer Telefongesellschaft in Poplar Falls eine Anstellung. Sie hatten eine moderne Wohnung und waren recht glücklich miteinander. Nur selten war Myra noch unruhig. Verse schrieb sie keine mehr. Ihr Leben war ohne sie ausgefüllt. Manchmal fragte sie sich, ob wohl Homer noch Gedichte schreibe, aber da sie nie eines von ihm in einer literarischen Zeitschrift fand, nahm sie an, daß am Ende nicht viel daraus geworden sein könne.
Als Kirk an einem Frühlingsabend ein paar Jahre später müde und hungrig aus dem Büro heimkam, fand er eine kurze Mitteilung auf einen Zettel gekritzelt vor, der unter die Zuckerdose auf den Tisch gelegt war:
„Bin mit dem Wagen auf ein paar Stunden nach Carsville, Myra.“ Es war schon spät, eine milde Mondnacht.
Myra fuhr aus der Stadt nach Süden bis zu einem freien Feld. Dort stellte sie den Wagen ab und kletterte über den niedrigen Holzzaun. Das Feld war ganz so, wie sie es in Erinnerung hatte. Rasch ging sie in die Blumen hinein, dann fiel sie plötzlich auf die Knie und schluchzte. Lange weinte sie, wohl eine Stunde. Dann stand sie auf und putzte sorgfältig Rock und Strümpfe ab. Sie war ganz ruhig geworden und hatte ihre Beherrschung wiedergewonnen. Nun kehrte sie zum Wagen zurück. Sie wußte, daß sie dergleichen Lächerlichkeiten nie wieder tun würde, denn sie hatte die Unruhe ihrer Jugend endgültig abgestreift.

1939

Sommerspiel zu dritt

I

Croquet ist ein Sommerspiel, das auf seltsame Art aus lauter Bildern zu bestehen scheint, wie sie sich ein Maler vom Sommer und von seinen Spielen machen könnte. Kleine Dreierstäbe aus Draht, in zartsmaragdgrünen Rasen gesteckt, der an manchen Stellen hell aufleuchtet, an anderen unter violetten Schatten schlummert; hölzerne, grellbunt bemalte Tore, Sinnbilder jener Zeit des Ringens um etwas unaussprechlich Wichtiges für den, der hindurchmuß; saubere, harte, verschiedenfarbige Holzkugeln und feste, solide geformte Schläger, welche Bälle durch Tore treiben, und vorgeschriebene Anordnungen von Durchlässen und Toren auf Croquetrasen – das alles ähnelt Vorstellungen eines Malers von Sommer und Spiel. Und ich vermag nicht an Croquet zu denken, ohne einen Ton zu hören, der an einen fernen Kanonenschuß erinnert, der die lange und voll Sorge erwartete Ankunft eines weißen Schiffes vor dem Hafen anzeigt. Das abschußähnliche Geräusch stammt von einem grün- und weißgestreiften Sonnendach, das über dem Balkon eines hellen Fachwerkhauses herabgelassen wird. Das Haus ist im viktorianischen Stil gebaut, der bis an die Grenze des Möglichen getrieben ist, mit einer schon fast grotesken Anhäufung von Galerien, Türmchen, Kuppeln und Vorsprüngen, alles frisch weiß gemalt, so weiß und strahlend, daß es wie ein blauweißer Eisblock dasteht, der in der Sonne glitzert. Es wirkt wie ein frischgefaßter Entschluß, dem noch kein Makel anhaftet. Mit dem Sommerspiel verbinden sich für mich Spieler, die aus diesem Haus treten, einem von Stein und Holz umgebenen Geheimnis, und sie tun es mit der heiteren Haltung von Menschen, die gerade aus einer stickigen Gruft entlassen sind, als hätten sie einen heißen Tag in dunkler Kammer verbracht und könnten endlich in frischer Luft frei atmen und sich ungehindert bewegen. Ihre Kleider sind so leicht und hell wie die flatternden Gewänder von Tänzern. Drei Spieler sehe ich – eine Frau, einen Mann und ein Kind.

Die Stimme der Frau ist gar nicht sehr laut, doch hat sie eine so angenehme volle Resonanz, daß sie weiter trägt als die meisten. Hin und wieder ist sie von perlendem hohem Gelächter unterbrochen, so hell wie Eisstückchen, die in einem schlanken Glas geschüttelt werden. Die schnellen Bewegungen der Frau verraten mehr noch als die ihres Partners Erleichterung, der erdrückenden Enge entronnen zu sein. Sie sind rasch wie befreiende Atemzüge nach einem Schrecken oder wie Finger, die, eben noch zur Faust gekrampft, nach gerade überstandener Panik sich lösen, oder wie ein Schreckensschrei, der in Gelächter übergeht. Die Frau scheint weder gelassen sprechen noch gehen zu können. Sie bewegt sich abrupt. Ihre Röcke wippen bei den langen, schneller werdenden Schritten. Sie sind weiß und machen leicht knallende Geräusche, wenn ihre Oberschenkel sie beim Laufen hochschlagen. Das klingt dann, als wenn eine Schönwetterbö die Segel einer Jolle in großer Entfernung schlagen läßt. Dies angenehm kühle Sommergeräusch wird von einem anderen, noch kühleren begleitet, dem ununterbrochenen leisen Klirren von Glasperlen, die in langen Ketten an ihrem Hals baumeln. Es sind keine echten Perlen, sie haben nur einen milchigen Schimmer, sind kleine, fleckigweiße, ovale Gebilde, wie polierte Vogeleier, massiv und auf glitzernden Silberdraht gezogen. Diese Spielerin steht nicht eine Sekunde still. Manchmal gibt sie sich vollständig aus, dann wirft sie sich mit der Pose einer Tänzerin ins Gras. Sie ist eine schlanke Frau mit langen Gliedern, einer seidenschimmernden Haut und Augen, die einige Grade dunkler sind als die blaßgetönten Vogeleierperlen an ihrem langen Halse. Sie ist nicht einmal ruhig, wenn sie sich vor Erschöpfung ins Gras hat fallen lassen. Die Nachbarn halten sie für verrückt und haben kein Mitleid mit ihr. Und das natürlich hat mit ihrem männlichen Spielpartner zu tun.

Dieser Spieler ist Brick Pollitt, ein großer schlanker Mann mit einem so feurigen Haarschopf, daß ich seitdem weder einen Flaggenmast auf einem grünen Rasenstück noch ein stark blinkendes Kreuz oder eine Wetterfahne auf einem Kirchturm sehen kann, ohne daß ich mich nicht sogleich an jenen längst vergangenen Sommer und Brick Pollitt erinnert fühle und sofort beginne, die widersprüchlichen Bruchstücke seiner Geschichte zu ordnen. Diese und jene dazugehörigen Bilder sind wie die Zubehörteile eines Croquetspiels, vom Rasen aufgelesen, wenn das Spiel vorüber ist, und sorgsam in einen länglichen Holzkasten verpackt, in den sie genau passen und den sie ausfüllen. Da liegen sie nun alle, die einzelnen Stücke, die Bilder, die scheinbar inkongruenten Bestandteile eines Sommers, welcher der letzte meiner Kinderzeit war, und nun nehme ich sie aus der länglichen Kiste und ordne sie noch einmal zum vorgeschriebenen Plan auf dem Rasen. Es wäre absurd, zu behaupten, daß alles ganz genauso war, aber vielleicht kommt es der verborgenen Wahrheit näher als eine wortwörtliche Nacherzählung. Brick Pollitt ist der männliche Partner in diesem Sommerspiel, und er ist ein Säufer, der unter den grausamen Axtschlägen des Alkohols noch nicht ganz gefällt ist. Er ist nicht mehr sehr jung, aber er hat die biegsame Grazie der Jugend noch nicht verloren. Er ist einen Kopf größer als die nicht kleine Spielerin, so groß, daß sein Kopf noch auf jenem im violetten Schatten dämmernden Teil des Rasens von den glühenden Strahlen der untergehenden Sonne getroffen wird, so wie jener gen Himmel weisende Zeigefinger der riesigen vergoldeten Hand auf dem Turm der protestantischen Kirche in Meridian noch eine gute Weile Sonnenstrahlen auf sich zieht, während die tiefer gelegene Stadt allmählich im Dämmern versinkt.

Der dritte Partner des Sommerspiels ist die Tochter der Frau, ein rundliches zwölfjähriges Kind mit Namen Mary Louise. Das kleine Mädchen hatte sich unter den Kindern der Nachbarschaft äußerst unbeliebt gemacht, weil es geradezu vollendet die eleganten Manieren und die gepflegte Sprechweise seiner Mutter imitierte. Es saß in dem elektrischen Auto auf einem dicken Seidenkissen genauso da wie teure Schoßhündchen und stieß im Diskant damenhaft perlendes Gelächter aus, warf seine Locken zurück und erging sich in Ausdrücken Erwachsener wie etwa: „O wie zauberhaft" und „Wie entzückend". Manchmal saß Mary Louise den lieben langen Nachmittag ganz allein im elektrischen

Auto, als sei sie in einem Glaskasten ausgestellt, und rief nur von Zeit zu Zeit mit klagender Stimme nach ihrer Mutter, ob sie nun ins Haus kommen dürfe oder ob sie den Wagen einmal ums Viertel fahren könnte, was ihr dann manchmal erlaubt wurde.

Ich war ihr einziger guter Freund und sie meine einzige Freundin. Mitunter rief sie mich zum Croquetspiel herbei, aber nur wenn ihre Mutter und Brick Pollitt im Haus verschwunden waren, bevor die Zeit zum Spielen gekommen war. Mary Louise liebte Croquetspielen leidenschaftlich und spielte es ohne jede auch nur heimliche Nebenabsicht, nur aus Freude.

Um verständlich zu machen, was Brick Pollitt das Spiel bedeutete, muß ich aus seinem Leben vor jenem Sommer berichten. Er war ein junger Pflanzer aus dem Deltagebiet, der sich in Sewanee als Sportsmann einen Namen gemacht und dann eine Dame der Gesellschaft aus New Orleans geheiratet hatte, die einmal Karnevalsprinzessin gewesen war, die Tochter des Besitzers einer Bananenbootflotte. Das schien eine brillante Heirat gewesen zu sein mit unendlichem Reichtum und Ansehen auf beiden Seiten, aber schon nach zwei Jahren entdeckte Brick seine Liebe für den Alkohol, und man begann seine Frau Margaret wegen ihrer Geduld und Loyalität zu loben. Warf nicht Brick sein Leben wie etwas Ekelhaftes weg, das er plötzlich an seinen Händen klebend gefunden hatte? Der Widerwille gegen sich selbst überfiel ihn so heftig und plötzlich, wie sich auf der Landstraße ein Autounfall ereignet. Aber mit was war Brick denn nur zusammengestoßen? Mit nichts, was irgend jemand zu ahnen vermochte, besaß er doch alles, was junge Leute wie Brick erhoffen oder sich wünschen mochten. Was also war es? Es mußte etwas gegeben haben, wonach er sich sehnte und was ihm fehlte. Was hätte es denn sonst für einen Grund gegeben, sein Leben zu verplempern und das Glas nie länger als eine Stunde am Tag aus der Hand zu lassen. Margaret nahm darauf so selbstverständlich und bestimmt Bricks zehntausend Morgen große Plantage in ihre Hand, als sei sie gerade für diese Aufgabe und sonst nichts anderes auf der Welt geboren. Sie hatte eine Generalvollmacht von Brick und führte alle seine Geschäfte mit allgemein gerühmtem Geschick. „Er wird schon damit fertig werden", pflegte sie zu sagen. „Brick macht etwas durch, er wird's schon schaffen." Sie traf immer den Nagel auf den Kopf, sie fand die gesellschaftlich richtige Haltung und bot sie der Welt so dar, daß diese sie dafür bewunderte. Nie war sie der Konvention, in die sie hineingeboren war, untreu geworden. Jedermann verehrte sie als eine bemerkenswert prächtige und tapfere kleine Frau, der zuviel aufgebürdet worden war. Die beiden Hälften einer Sanduhr können nicht gleichmäßiger aus- und vollaufen, als Margaret und Brick ihre Plätze im Leben miteinander vertauschten, nachdem Brick zu trinken begonnen hatte. Es war, als habe sie sich mit ihren Lippen an einer unsichtbaren Wunde seines Körpers festgesogen, durch die alles Selbstvertrauen und alle Vitalität, die er vor der Ehe besessen hatte, aus seinem Körper ausströmten und in den ihren hinüberfluteten. Margaret Pollitt, ehemals ein farbloses hübsches Geschöpf, wurde unterdessen eine eindrucksvollere herbe Schönheit, die aus ihrem bisherigen unbestimmten Puppenstadium auf gleich geheimnisvolle Weise erwacht war wie ein Insekt aus seinen Metamorphosen. Ehemals sehr hübsch, aber unausgeprägt, ein anmutiges, mit ganz leichtem Stift auf Papier geworfenes Bild, erwachte sie jetzt in gleichem Maß zum Leben, wie Brick hinter Alkoholwolken verschwand. Sie trat aus einem Dunkel ins Licht, während Brick untertauchte. Ganz plötzlich hörte sie auf, nur schweigsam und lieblich zu sein. Sie war nun imstande, schmutzige Fingernägel zu haben und diese einfach überzulackieren. Sprang die Farbe ab, so sah man halt den grauen Nagel darunter. Ihr Haar wurde nun kurz geschnitten, so daß sie damit keine Umstände mehr machen mußte. Es war vom Winde zerzaust und voller Sonnenglanz, und fuhr sie mit dem Kamm hindurch, knisterte es. Sie hatte weiße Zähne, die für ihre dünnen Lippen eine Idee zu groß waren, und wenn sie lachend den Kopf zurückwarf, zeichneten sich kräftige Muskelstränge unter der glatten braunen Haut ihres Halses ab. Ihr mitreißendes Lachen konnte sie Brick, als er in der Nacht betrunken oder schlafend neben ihr lag, direkt gestohlen haben. Sie hatte eine eigene Art beim Anfahren mit dem Wagen: Gang rein, Bremsen raus und mit Vollgas ab, im gleichen Augenblick helles Lachen, kein Abschiedswort, aber ein Winken mit bloßem kräftigem Arm, steif wie eine

Stange, die Hand zur Faust geballt. So brauste sie los und verschwand in einer Staubwolke. Sie fuhr nun nicht mehr so oft in ihrem kleinen Stadtwagen, sondern nahm Bricks großen Tourenwagen, er hatte sowieso keinen Führerschein mehr. Häufig überschritt sie die Geschwindigkeitsbegrenzung auf der Landstraße. Hielt sie dann ein motorisierter Polizist an, hatte sie stets so etwas Einschmeichelndes, eine so entwaffnende Art, daß am Ende beide lachten, sie und der Polizist, der die Verwarnung zerriß.

In diesem Frühjahr war irgend jemand aus ihrer Familie in Memphis gestorben; sie fuhr hin, um an der Beerdigung teilzunehmen und eine Erbschaft anzutreten, und während sie sich auf diese nutzbringende Reise begeben hatte, entglitt Brick Pollitt ein wenig ihrem Griff. Zur Zeit ihrer Abwesenheit trat ein zweiter Todesfall ein. Der nette junge Arzt, der sich um Brick gekümmert hatte, wenn er in ein Krankenhaus mußte, erkrankte auf eine entsetzliche Weise. Eine schreckliche Blume schien in seinem Hirn aufzubrechen wie eine wild wuchernde Geranie, die ihren Topf sprengte. Ganz plötzlich begann er wirr zu reden, schien in fremden Zungen zu sprechen, fand mit seinen Händen keine Gegenstände mehr und strich sich verstört immer wieder über die Stirn. Seine Frau wollte ihn an der Hand ins Haus geleiten, aber er stolperte und fiel der Länge nach hin. Alle Kraft hatte ihn verlassen, und seine Frau und ein schwarzer Diener mußten ihn ins Bett bringen. Da lag er nun und lächelte schwach und ungläubig und versuchte mit seinen beiden Händen die Hand seiner Frau zu ergreifen, während sie auf ihn mit Augen herabsah, aus denen sie ihr Entsetzen nicht zu bannen vermochte. Eine Woche stand er unter Betäubungsmitteln, und in dieser Zeit kam Brick Pollitt und sah nach ihr. Er kam und saß mit Isabel Grey am Bett ihres sterbenden Mannes. Sie konnte nicht sprechen, sie konnte nur ununterbrochen den Kopf schütteln wie ein Metronom, und die Lippen, in ihrem weißen Gesicht kaum sichtbar, waren nur noch zwei schmale blasse Streifen, die schnell und intensiv zitterten, als flutete hinter ihnen eine weiße Flüssigkeit . . .

Gott war das einzige, was sie zu sagen vermochte. Brick Pollitt aber fühlte unbewußt, was sie meinte, als bedienten sich beide einer Sprache, die allein sie unter allen Menschen

sprachen und verstanden. Und wenn sich mit mühsamem, qualvollem Blick die Augen des Sterbenden öffneten und sahen, was sie nicht ertrugen, dann war es Brick, der mit plötzlich sicherer und ruhiger Hand an ihrer Stelle die Spritze aufzog und den Inhalt rasch und energisch in den festen, jungen Arm des Mannes spritzte. Dann war alles vorüber. Im Nebenzimmer stand noch ein Bett, auf das Isabel und Brick sich für ein paar Stunden nebeneinanderlegten, bevor sie die Anzeige aufgaben, aus der die Stadt erfuhr, daß Isabels Mann ausgelitten hatte. Die einzige Bewegung der beiden bestand darin, daß sie zeitweise einander krampfhaft die Fingernägel in die ineinandergepreßten Handflächen drückten, während ihre Körper starr, getrennt, sorgfältig jede andere Berührung vermeidend, nebeneinanderlagen, als verabscheuten sie jeden weiteren Kontakt, solange das unfaßbare Ereignis wie eine Erzglocke in ihrem Innern schwang.
Und damit weiß man, was jenes Sommerspiel auf dem Rasen mit seinen violetten Schatten war – ein Lauf aufeinander zu, aus unerträglicher Hitze und Helligkeit in Dunkelheit und Kühle hinein ...
Der jungen Witwe war an materiellem Besitz nichts geblieben als das Haus und ein elektrisches Auto, aber als Bricks Frau Margaret von ihrer nutzbringenden Reise nach Memphis zurückgekehrt war, hatte Brick es bereits übernommen, die Angelegenheiten der Witwe nach der Katastrophe zu ordnen. Ein oder zwei Wochen lang fand das alle Welt sehr nett von ihm, dann aber schlug die öffentliche Meinung völlig um und war der Ansicht, daß Bricks Gründe für seine Güte alles andere als edel wären. Beobachter gewannen den Eindruck, daß die Witwe nun seine Geliebte sei, und das entsprach der Tatsache. Es war in jener begrenzten Weise wahr, in der solche Feststellungen überhaupt wahr sein können. Sichtbar ist für uns Menschen immer nur die Oberfläche eines anderen, und alle Meinungen sind Täuschungen, zumal die Meinungen der Öffentlichkeit über persönliche Geschicke. Die Witwe war Bricks Geliebte, aber darin lag nicht der Grund für ihn, ihr zu helfen. Es hatte viel eher etwas mit jenem keuschen Händehalten bei ihrem ersten Zusammensein nach der letzten Injektion zu tun. Mit jener Stunde, die hinter ihnen lag und nun verblaßte, wie es mit

allen solchen Stunden geschehen muß, hing es zusammen, aber keiner von beiden hätte zu sagen gewußt, was es sonst noch war, das sie verband. Auch neigte keiner von ihnen dazu, sehr klar zu denken. Immerhin vermochte Brick sich eine Zeitlang zusammenzunehmen, um der Witwe und ihrer Tochter den Nachlaß aus der Katastrophe zu regeln. Die Tochter Mary Louise war ein zwölfjähriges rundliches Kind. Sie war in jenem Sommer meine Freundin. Mary Louise und ich fingen Glühwürmchen, sperrten sie in Einweckgläser und machten uns auf diese Weise Laternen. Waren ihre Mutter und Brick nicht dazu aufgelegt, so spielten wir beide Croquet. Mary Louise lehrte mich in jenem Sommer Mückenstiche zu behandeln. Sie wurde von Mücken aufgefressen und ich auch. Sie warnte mich davor, die Stellen zu kratzen, weil es Narben auf meiner Haut gäbe, die so zart war wie die ihre. Ich meinte zwar, das sei mir einerlei, sie aber sagte: „Eines Tages nicht mehr." Ständig trug sie damals ein Eisklümpchen in einem Taschentuch mit sich herum. Jedesmal wenn sie gestochen wurde, rieb sie, anstatt zu kratzen, vorsichtig mit dem in ein Taschentuch gehüllten Eisklümpchen die Stelle ein, bis diese taub und vereist war. Natürlich war die Wirkung nach fünf Minuten vorüber und mußte erneuert werden, aber am Ende verschwand der Stich, ohne eine Narbe zu hinterlassen. Mary Louises Haut war überall da, wo sie nicht gerade durch einen Mückenstich verletzt war oder wo sich nicht manchmal nach dem Genuß von Erdbeereis eine leichte Rötung eingestellt hatte, hinreißend zart und weich. Die folgende Gedankenverbindung ist durchaus nicht dezent, aber wie will man sich an einen Sommer der Kindheit erinnern, ohne daß auch Unschickliches auftaucht? So kann ich mir Mary Louises rundliche nackte Arme und Beine, lieblich nach Puder duftend, nicht vorstellen, ohne zugleich an einen Nachmittagsausflug mit dem elektrischen Auto zu einem kleinen Kunstmuseum zu denken, das vor kurzem in der Stadt eingerichtet worden war. Wir trafen kurz vor dem Schließen gegen fünf Uhr dort ein, und Mary Louise führte mich schnurstracks in einen Raum, wo Abgüsse berühmter antiker Plastiken aufgestellt waren. Dort gab es einen liegenden männlichen Akt (der „Sterbende Gallier", glaube ich), und zu dieser Statue führte sie mich ohne Umschweife. Ich errötete, noch ehe wir davorstanden. Die Figur war nackt bis auf ein Feigenblatt, das aus andersfarbigem Metall und nicht aus Bronze war. Zu meinem Staunen und Schrecken nahm Mary Louise mit einem raschen, scheuen Blick nach allen Seiten das Feigenblatt hoch, entfernte es von dem, was es bedeckte, sah mich mit ganz unbefangenen und unschuldigen Augen an und fragte mit strahlendem Lächeln: „Sieht deiner genauso aus?"

Meine Antwort war idiotisch: „Das weiß ich nicht!", und ich glaube, ich war noch rot, als wir längst aus dem Museum waren . . .

Das Haus der Greys war in dem Frühjahr, in dem der Doktor an Gehirnkrebs starb, sehr heruntergewirtschaftet. Bald nachdem Bricks Besuche bei der jungen Witwe begonnen hatten, wurde es angestrichen, so weiß, daß es fast bläulich wirkte, und bekam dadurch jenen Schimmer, den ein Eisblock im Sonnenlicht ausstrahlt. Solch kühle Zurückhaltung galt in jenem Sommer wohl als der letzte Schrei. Trotz seiner roten Haare wirkte Brick Pollitt kühl und zurückhaltend, denn er war noch jung und schlank, ebenso mager wie die Witwe, und kleidete sich wie sie leicht und hell. Seine feinen weißen Hemden hatten einen rosa Schimmer, da die Haut hindurchschien. Einmal sah ich ihn einen Augenblick lang oben an einem Fenster im Haus der Witwe, als er die Sonnenblenden herunterließ. Ich befand mich in unserem eigenen Haus im ersten Stock und sah, daß Brick Pollitts Haut zwei Farben zeigte, die so unterschiedlich waren wie die Streifen einer Fahne. Der obere, der Sonne ausgesetzte Teil war fast dunkelrot, sein Unterkörper weiß wie dieses Papier.

Als das Haus der Witwe frisch gestrichen wurde – auf Brick Pollitts Kosten –, wohnten Mutter und Tochter im Alcazarhotel, und das zahlte Brick ebenfalls. Brick beaufsichtigte die Renovierungsarbeiten im Hause. Jeden Morgen fuhr er von seiner Plantage in die Stadt, um Maler und Gärtner bei der Arbeit zu überwachen. Er hatte seinen Führerschein wieder erhalten. Seinen eigenen Wagen wieder fahren zu dürfen war für ihn der bedeutsamste Schritt vorwärts zur Gesundung seiner Persönlichkeit. Er fuhr den Wagen mit ausgesuchter Vorsicht und Gewissenhaftigkeit, hielt vor jeder Kreuzung an, hupte an jeder Ecke mit dem silbernen

Horn und lud Fußgänger mit Lächeln, Nicken und weit ausholenden Armbewegungen ein, vor ihm zu passieren. Die Umwelt aber zollte Brick Pollitts Taten keinen Beifall. Ihre Sympathien waren bei Margaret, der tapferen kleinen Frau, die mit soviel fertig werden mußte. Die Witwe des Doktor Grey war noch nicht lange in der Stadt; der Doktor hatte sie geheiratet, als er Internist in einem Krankenhaus in Baltimore war. Niemand hatte sich, ehe der Doktor starb, über sie ein endgültiges Urteil gebildet, daher konnte man sie mühelos ohne jede Einschränkung ganz einfach als gemeine Hure verdammen.

Wenn Brick Pollitt mit den Malern sprach, redete er so laut mit ihnen, als seien sie taub, so daß alle Nachbarn hören konnten, was er zu sagen hatte. Er gab vor aller Welt Erklärungen ab, vor allem über sein Trinken.

„Das ist 'ne Sache", posaunte er, „die man nicht einfach völlig lassen kann. Der Riesenfehler, den die meisten Trinker machen, ist – sie versuchen es ganz und gar aufzugeben und können es doch nicht. Vielleicht kann man es ein oder zwei Monate, aber auf einmal hat man einen Rückfall, und dann ist es schlimmer als vorher, und die Entmutigung ist schrecklich, man verliert nämlich alles Selbstvertrauen und gibt einfach auf. Was man tun und wie man der Trunkenheit beikommen kann, das ist dasselbe, was der Stierkämpfer in der Arena mit dem Stier macht; man muß beide Schritt für Schritt ermüden und sie ganz allmählich in seine Gewalt bekommen. So mache ich das auch! Jawohl! Na, zum Beispiel am Morgen packt dich das Verlangen nach einem Glas. Sagen wir mal, es ist so gegen zehn Uhr. Dann sagst du zu dir selber: ‚Gedulde dich nur eine halbe Stunde, alter Junge, und dann sollst du ein Gläschen bekommen.' Na, und um halb elf hast du natürlich immer noch die gleiche Sehnsucht nach deinem Glas, und du wünschst es noch ein bißchen leidenschaftlicher herbei als um zehn, aber du sagst zu dir selber: ‚Du bist eine halbe Stunde ohne was ausgekommen, dann kannst du wohl auch noch weiter ohne das existieren.' Verstehst du, so mußt du mit dir selber handeln, denn ein Trinker ist nicht eine Person, sondern besteht aus zweien, die eine grapscht nach der Buddel, die andere prügelt ihn von ihr weg, nicht eine, sondern zwei Personen raufen miteinander, um die Flasche in ihre Gewalt zu

bekommen. Na, und wenn du dir das Glas um zehn ausreden kannst, dann wird es um *halb elf* auch noch möglich sein. Aber um *elf* ist die Gier nach einem Schluck noch stärker geworden. Und nun kommt der Pfiff bei der Sache, auf den man achten muß. Auf diese wachsende Gier sollst du aufpassen, und wenn sie allzusehr an deiner Widerstandskraft rüttelt, dann mußt du ein bißchen nachgeben. Das ist keine Schwäche. *Das ist Strategie!* Denn ihr dürft nicht vergessen, was ich euch gesagt habe: Ein Trinker besteht nicht aus einer, sondern aus zwei Personen, und die beiden wollen sich mit aller Macht überlisten. Und daher sage ich um elf: ‚Na also, jetzt ist es Zeit für ein Glas, *ran* und nimm's zur Brust, ein Glas um elf wird dir nichts schaden!'
Wie spät ist es denn jetzt? Ach ja, elf ... Wie schön. Dann werd ich mir jetzt mal dies Gläschen zu Gemüte führen. Ich komme auch ohne das aus, ohne vor Durst zu krepieren, aber das ist ja gerade der Pfiff ..."
Seine Stimme wurde leiser, denn er verschwand im Haus der Witwe. Er pflegte länger darin zu bleiben, als man braucht, um ein Glas zu trinken, und wenn er wieder herauskam, bemerkte man seine veränderte Stimme so offensichtlich wie einen Wetterumschwung oder den Wechsel einer Jahreszeit; seine starke, kräftige Stimme war ein bißchen verschleiert.
Dann pflegte er über seine Frau zu sprechen. „Ich behaupte nicht, daß meine Frau Margaret nicht klug ist. Das ist sie, und wir wissen es beide, bloß sie hat kein Köpfchen für Vermögenswerte. Ihr kennt doch Doktor Grey, der hier wohnte, bis er am Gehirntumor starb. Der war ja mein Arzt und brachte mich über schwere Zeiten, wenn ich mit dem Alkohol nicht fertig wurde. Ich fand, daß ich in seiner Schuld stand. Das war eine scheußliche Sache, wie er so dahinging, aber es war auch schrecklich für seine Frau. Sie saß da mit einem Haus und einem Auto, und sonst hatte sie nichts. Das Haus wurde zum Verkauf angeboten, um ihre Schulden davon zu bezahlen und – na ja, ich kaufte es. Ich kaufte es und nun geb ich es ihr wieder. Aber meine Frau Margaret. Und viele andere Menschen auch. Die verstehen das nicht ...
Wie spät ist es? Zwölf? Mittagszeit! ... Dies Eis ist geschmolzen."

Schon war er wieder im Haus verschwunden und blieb dort eine halbe Stunde, und wenn er nun wieder herauskam, geschah es ganz zögernd, und die Gazetür gab ein traurig undefinierbares Geräusch von sich, wenn Brick sie mit der freien Hand, die nicht das Glas hielt, aufschob. Hatte er eine kleine Weile auf der Treppe gestanden, nahm er sein Gespräch mit den Malern wieder auf.
„Ja", fuhr er dann fort, als habe er sein Gespräch nur einen Moment unterbrochen, „das ist das Kostbarste, was eine Frau einem Mann geben kann – sein verlorengegangenes Selbstvertrauen –, und das Gemeinste, was ein menschliches Wesen einem andern antun kann, ist, ihm sein Selbstvertrauen zu rauben. Ich, ich habe das erfahren . . ."
Das Glas wurde mit Schwung gekippt und krampfhaft abgesetzt, und Brick mußte sein Kinn abwischen.
„Mir wurde es genommen! Ich will euch nicht erzählen wie, aber vielleicht könnt ihr es euch vorstellen, ihr seid ja Männer in meinem Alter. So war das. Manche Frauen wollen es nicht, sie schneiden es einem einfach raus. Sie schneiden es raus, und die längste Zeit merkt der Mann nicht einmal, was mit ihm geschieht. Na schön, ich merkte es ganz genau. Ich habe es gespürt, wie es mir herausgeschnitten wurde. Versteht ihr, was ich sagen will? . . . Dann ist es gut . . .
Aber hin und wieder kommt eine – und selten genug –, die will, daß der Mann sein Selbstvertrauen behält, und das sind die Frauen, die Gott schuf und auf diese Erde schickte. Die andere Sorte kommt aus der Hölle oder sonstwo her . . . Was weiß ich. Ich rede zuviel. Bestimmt. Ich weiß, ich red zuviel über Persönliches. Aber es ist schon in Ordnung. Dieser Besitz gehört mir. Ich red auf meinem eigenen Grund und Boden, und es kümmert mich einen Scheißdreck, wer mich hört! Ich schreie es nicht in alle Winde, aber ich schleich auch nicht wie ein Duckmäuser herum. Was ich tu, geschieht ohne Scham, und ich habe ein Recht dazu. Ich bin durch eine Hölle gegangen, von der niemand eine Vorstellung hat, aber nun komme ich aus ihr heraus. Verflucht noch mal. Ja. So ist's. Ich hab's nicht nur mir zu verdanken. Trotzdem bin ich stolz. Ich bin verdammt stolz auf mich, denn ich war mit meiner Trinkerei in bemitleidenswerter Verfassung, aber nun ist das Schlimmste überstanden. Ich hab es fast geschafft. Da draußen steht mein

Wagen, und ich hab ihn selber hergefahren. Keine kurze Fahrt. Fast hundertfünfzig Kilometer, ich fahr die Strecke jeden Morgen her und jeden Abend zurück. Ich hab meinen Führerschein wieder. Und den Verwalter, der für meine Frau arbeitete, hab ich rausgeschmissen. Den Kerl hab ich rausgefeuert. Und nicht nur das. Ich hab ihm einen Tritt in den Hintern gegeben, daß er ein oder zwei Wochen lang wohl kaum im Sitzen essen kann. Nicht, weil ich glaubte, er hätte was mit ihr. Das war es nicht. Aber er und sie hatten beide die gleiche Art, mit mir umzugehen, und die gefiel mir nicht. Direkt unter meiner Nase sprachen sie, als sei ich Luft für sie. ‚Ist es jetzt nicht Zeit für seine Medizin?' Ja, sie haben mir das betäubende Gift zugeschoben! Da hab ich mich eines Tages tot gestellt. Ich lag ausgestreckt auf dem Sofa, und sie sagte zu ihm: ‚Mir scheint, er ist vollkommen weggetreten.' Und er sagte: ‚Jesus noch mal, um halb zwei am Mittag stinkbesoffen!' Na, da richtete ich mich langsam auf. Ich war zu dieser Stunde nicht betrunken, nicht einmal halb voll. Ich erhob mich kerzengerade und ging langsam auf ihn los. Auf beide ging ich los, und ihr hättet mal sehen sollen, wie den beiden fast die Augen aus dem Kopf fielen! ‚Ja, Jesus noch mal', sagte ich, ‚um halb zwei!' Und ich packte ihn am Kragen und am Hosenbund und bugsierte ihn aus dem Hause und stieß ihn mit dem Gesicht in eine große Dreckpfütze vor den Stufen der Eingangshalle. Und wenn er nicht gestorben ist, liegt er immer noch da, und sie schreit immer noch: ‚Hör auf, Brick!' Und ich glaub, ich hab sie geschlagen, ja, ich tat's, ich hab sie geschlagen. Es gibt Momente, wo die Weiber Schläge brauchen, und dies war so ein Moment. Ich war seither nicht mehr im Haus. Ich zog in das kleine, in dem wir wohnten, ehe das große fertig wurde, auf der anderen Seite vom Bayou, den ich seit jenem Tag nicht wieder überschritten hab ...
Na ja, das ist nun vorbei. Ich hab meine Vollmacht zurückgezogen, die ich der Frau gab, hab meinen Führerschein wieder und hab dieses Grundstück gekauft und mit meinem eigenen Scheck bezahlt. Ich laß hier alles von Grund auf renovieren. Das soll ein Wohnhaus werden, so schön, wie es nur eins in der Stadt gibt, und den Rasen hier draußen laß ich zum Croquetspielen herrichten."

Dann sah er auf das Glas in seiner Hand, als bemerkte er gerade erst, daß er es immer noch hielt. Einen kleinen, schmerzlich überraschten Blick warf er darauf, als ob er sich an der Hand verletzt und gerade erst festgestellt hätte, daß er sich geschnitten hatte und blutete. Dann pflegte er wie ein erfahrener Schauspieler in einer tragischen Rolle zu seufzen und das voluminöse Glas mit großer, großer Vorsicht auf die Balustrade zu stellen, blickte noch einmal hin, ob es nicht womöglich doch herunterfiele, und ging dann sehr aufrecht und steif zur Haupttreppe und schritt ebenso gerade, aber mit noch größerer Konzentration die Stufen hinab. Wenn er am Fuß der Treppe anlangte, lachte er, als ob jemand eine komische Bemerkung gemacht hätte, dann nickte er jovial und rief den Malern noch etwas zu, zum Beispiel: „Ich will nicht gerade prophezeien, ich bin kein Wahrsager, aber ich bin felsenfest davon überzeugt, daß ich noch in diesem Sommer mit meiner Alkoholgeschichte fertig sein werde, haha, ich werd's schon schaffen! Ich hab weder vor, eine Entziehungskur zu machen noch ein Gelübde abzulegen, ich will nur zeigen, daß ich wieder ein ganzer Mann bin. Und ich mache Schritt für Schritt, so wie man Croquet spielt. Ihr kennt es ja. Erst schlägt man den Ball durchs eine Tor und dann durchs nächste. Man geht von Tor zu Tor weiter, ein ganz exaktes Spiel, das Konzentration und Genauigkeit erfordert, und daher ist es für Trinker so ausgezeichnet. Um es gut zu spielen, muß man nüchtern sein. Viel besser als Billard, wo meistens daneben gleich eine Schnapsbudike steht, und nie sieht man einen Billardspieler ohne ein Glas Alkohol auf der Tischkante oder sonstwo in seiner Nähe. Es ist auch viel besser als Golf, wo immer noch das neunzehnte Loch auf einen wartet. Für einen Trinker ist Croquet im Sommer gerade das Richtige, mag es euch auch vielleicht wie ein Kleinmädchenspiel vorkommen, aber ich sage euch, es ist ein Präzisionsspiel. Man geht von Tor zu Tor vor, bis man zum großen Endtor gelangt, und peng, getroffen, das Spiel ist aus – da wären wir! Dann und nicht eher kann man in die Vorhalle gehen und sich einen kühlen Gin genehmigen, einen kleinen oder einen großen – nanu, wo hab ich denn mein Glas gelassen! Ach ja, geben Sie es mir bitte her. Haha – danke schön."

Er nippte wie ein Vogel, verzog das Gesicht zu einer Grimasse und schüttelte den Kopf so heftig, als hätte ihm jemand kochendes Wasser ins Gesicht gegossen.
„Dies Teufelszeug!“ Er blickte ringsumher, um einen sicheren Ort zu finden, wo er das Glas abstellen konnte, und wählte ein Fleckchen Erde zwischen dem wilden Wein. Dort setzte er das Glas so vorsichtig ab, als pflanzte er ein Bäumchen, dann erhob er sich wieder zu seiner vollen Länge wie jemand, der sich eine große Last vom Herzen abgeladen hatte, dehnte die Brust und reckte die Arme. „Haha, jaja, Croquet ist ein Sommerspiel für Witwen und Trinker, haha!“
Wenn er so in der Sonne stand, wirkte er für einen Augenblick sicher und kraftvoll wie die Sonne selber; aber schon streifte ihn wieder ein kleiner Schatten der Unsicherheit und durchbrach seine vom Alkohol aufgebaute Fassade. Es war nicht mehr als der verschmitzte kleine Schatten eines Gedankens, der verschlagen wie eine Maus war, flink, dunkel und zu gerissen, um erhascht zu werden, doch, ohne daß Brick Pollitt sich bewegte, deutlich wahrgenommen werden konnte. Der immer noch schöne Mann verfiel so rasch, wie ein Riesenbaum unter einem letzten Axthieb niederdonnert, der mit sich den ganzen Himmel mit Sonne und Sternen, ganze Jahrhunderte, reißt und in Vergessenheit und Fäulnis stürzt. Ohne jede wahrnehmbare Bewegung seines Körpers vollzog sich dieser enorme Sturz. Höchstens zeigte er sich in einem schwachen Zucken, das über sein Gesicht glitt, dessen Farbe ihm den Spitznamen „Ziegelstein“ gegeben hatte, unter dem man ihn allgemein kannte. Irgend etwas huschte über dieses rotleuchtende Gesicht. Vielleicht gaben auch seine Knie ein wenig nach. Dann langsam, langsam, so wie ein Stier unsicher im Ring zurücktrottet, in den er im wilden Lauf gerade hereingestürzt war, legte er die eine Hand an den Gürtel und hob die andere zögernd zum Hinterkopf, befühlte ihn und spürte die harten Knochen wohl in der vagen Hoffnung, er könnte beim Betasten dieses Gebäudes erraten, was darin verborgen war, jene dunkle, stets erwartungsvolle Masse in einem Kalziumgehäuse, die den vertrackten Toren des bevorstehenden Sommers entgegensah . . .

II

Aus diesem oder jenem Grunde wurde Mary Louise Grey in diesem Sommer ein gut Teil des Tages aus dem Hause verbannt, und da sie von jeher ein Einzelkind mit geringer oder gar keiner Phantasie gewesen war, schien sie unfähig, sich allein zu beschäftigen, abgesehen davon, daß sie unaufhörlich ihre Mutter nachahmte. Die Nachmittage, an denen sie aus dem Hause ausgesperrt war, „weil Mutter Kopfschmerzen hatte", waren für sie eine große Qual. Am Haus liefen mehrere Galerien mit eigenen Aufgängen entlang. Sie trabte dann diese Galerien hinauf und herunter, strich ganz verloren über den Rasen, und hin und wieder ging sie den Hauptweg hinunter und setzte sich in das gläserne Gehäuse des elektrischen Autos. Dabei wechselte sie ständig ihre Gangart, einmal schritt sie gesetzt, das andere Mal lief sie, dann wieder hüpfte oder tänzelte sie trällernd daher, und ihre dicke kleine Patschhand preßte dabei stets ein Taschentuch mit einem Eisstückchen. Dieses Stück, mit dem sie ihre Mückenstiche einrieb, mußte häufig erneuert werden. Die Witwe flötete von einem Fenster im ersten Stock aus: „Lieber Eismann, vergessen Sie bitte nicht, extra ein paar Stückchen für Mary Louise dazulassen, damit sie ihre Mückenstiche einreiben kann!"

Jedesmal wenn Mary Louise gestochen wurde, stieß sie einen kleinen Schrei aus, der, ähnlich wie bei ihrer Mutter, bei geringer Lautstärke auf große Entfernung zu hören war.

„O Mutter", jammerte sie dann, „ich werd von Mücken förmlich aufgefressen!"

„Liebling", war die stereotype Antwort der Mutter, „wie schrecklich, aber du weißt, daß Mutter gar nichts daran ändern kann, sie hat die Mücken nicht erfunden und sie kann sie nicht für dich abschaffen!"

„Und wenn du mich ins Haus ließest, Mama?"

„Nein, mein Schatz, ich kann dich nicht reinlassen, jetzt nicht."

„Warum nicht, Mutter?"

„Weil Mutter furchtbare Kopfschmerzen hat."

„Ich bin auch ganz still."

„Das sagst du zwar, aber du bist es doch nicht. Mein Schatz, du mußt lernen, dich selber zu beschäftigen und mit deinem Spielen nicht von Mutter abhängig zu sein. Niemand kann sich ständig an andere Rockschöße hängen. Ich sag dir, was du tun kannst, bis Mutters Kopfschmerzen besser sind. Hol den Wagen aus der Garage. Du darfst auch ums Viertel fahren, aber nicht in die Geschäftsstraßen, und dann kannst du den Wagen in den Schatten stellen und sehr gemütlich im Wagen sitzen bleiben, bis es Mutter besser geht und sie sich anzieht und rauskommt. Und wahrscheinlich erscheint Mr. Pollitt zu einem Croquetspiel, ist das nicht wundervoll?"

„Glaubst du, daß er früh genug zum Spielen herkommt?"

„Ich hoffe es, mein Schatz. Das Croquetspiel bekommt ihm so gut."

„Oh, Croquetspielen bekommt uns allen ausgezeichnet", sagte Mary Louise, und ihre Stimme zitterte vor Verlangen allein im Gedanken daran.

Ehe Brick Pollitt kam – manchmal eine halbe Stunde vorher, als könnte Mary Louise sein Auto auf der Landstraße schon auf fünfzig Kilometer Entfernung hören –, polterte Mary Louise die Treppen von einer der Galerien herunter und begann Tore und Pfosten für das heißersehnte Spiel aufzustellen. Und während sie das tat, hopsten ihr dickes kleines Hinterteilchen, ihre kleinen Brüstchen und ihre schulterlangen Locken einmütig auf und nieder.

Ich pflegte sie von der Treppe unseres Hauses aus zu beobachten, das schräg gegenüber an der Ecke der Straße lag. Fieberhaft arbeitete sie mit der Zeit um die Wette, denn Erfahrung hatte sie gelehrt, je eher sie die Vorbereitungen zum Spiel getroffen hatte, um so größer waren die Chancen, ihre Mutter und Mr. Pollitt zum Spielen zu bewegen. Häufig war sie nicht rasch genug, oder die anderen waren zu schnell für sie. Wenn sie dann ihre schweißtreibenden Vorbereitungen beendet hatte, war die Veranda oft leer. Dann begann ihr Klagegeschrei, das in Abständen durch die einfallende Dämmerung nicht weniger häufig zu hören war als das Geräusch vorbeifahrender Autos, in denen Menschen am Abend, um Kühlung zu finden, ins Freie fuhren.

„Mama! Mama! Alles fertig zum Croquetspielen!"

Meistens trat eine lange, lange Pause ein, ehe aus dem oberen Fenster, zu dem das Kind hinaufgerufen hatte, eine

Antwort kam. Einmal aber war es anders. Fast unmittelbar, nachdem die klagende Stimme erschollen war, die den Spielbeginn herbeiflehte, ließ Mary Louises hübsche schlanke Mutter sich am Fenster blicken wie ein weißer Vogel, der in ein unerwartetes Hindernis hineinfliegt. Durch den sich teilenden Flor der Schlafzimmervorhänge sah ich ihre nackten Brüste, klein und schön, von der heftigen Bewegung des Körpers so geschüttelt, daß sie wie zwei zornige Fäuste wirkten. Sie beugte sich durch die Vorhänge hinaus, um Mary Louise nicht mit ihrer üblichen sanft ermahnenden Stimme, sondern in einem verletzenden Zornesausbruch zu antworten: „Um Gottes willen, sei endlich still, du fettes kleines Ungeheuer!"
Mary Louise war vor Schreck für eine Viertelstunde wie versteinert und ganz still. Wahrscheinlich traf sie das Wort „fett" so überwältigend, denn sie hatte mir einmal, als wir mit dem Auto um unseren Block kurvten, erzählt, ihre Mutter hätte ihr gesagt, sie wäre *nicht* fett, sondern nur rundlich, und ihre Fleischpolster wurden in zwei bis drei Jahren ganz von selber verschwinden, und dann würde sie ebenso schlank und schön wie ihre Mutter werden.
Manchmal rief Mary Louise mich dann zum Croquetspiel herüber, aber sie war mit meinem Spiel gar nicht zufrieden. Ich war so wenig trainiert und sie so sehr, aber was noch wichtiger war, ihr ging es um die Gesellschaft mit den Erwachsenen. Sie holte mich daher immer nur dann, wenn die Erwachsenen unwiderruflich im Dunkel des Hauses verschwunden waren oder wenn das Spiel abgebrochen worden war, weil Brick Pollitt absolut nicht zu bewegen war, es ernst zu nehmen. Spielte er dagegen mit Aufmerksamkeit, dann war er sogar noch besser als Mary Louise, die manchmal den ganzen Nachmittag Schläge geübt und sich auf das Spiel vorbereitet hatte. Es kamen auch Abendstunden, an denen Brick sein Glas nicht im Haus lassen mochte, sondern es mit auf den Rasen brachte; dann spielte er, immer unberechenbarer, mit einer Hand, während er in der anderen sein großes Glas hielt. Das Spielfeld wurde mitunter dann zur großen Bühne, auf der er alle die unsterblichen Possen der Clowns zum besten gab, sehr zum Ärger von Mary Louise und ihrer schlanken hübschen Mutter, die bei solchen Anlässen immer ernster und steifer wurde. Die bei-

den verließen alsbald den Spielplatz, hielten sich in einer gewissen Entfernung und mahnten sanft wie ein paar klagende Tauben: „Brick, Brick“ und „Mr. Pollitt“, in der gleichen damenhaften und vorwurfsvollen Tonart. Er sah noch nicht wie ein Mann in den mittleren Jahren aus, denn er war um die Leibesmitte herum nicht dick geworden und konnte wie ein Junge laufen und springen, auch radschlagen und auf den Händen gehen, dann wieder schnaufte und grunzte er wie ein Ringkämpfer oder benahm sich wie ein Fußballspieler und tobte um die lustig bemalten Tore und Pfosten des Croquetplatzes herum. Kraftakte und sportliche Spiele seiner Jugend schienen ihn zu verfolgen. Rauh rief er unsichtbare Kameraden und Gegner mit gedämpften Ausrufen der Herausforderung, des Ärgers, des Triumphes an, und das ständig zart gurrende Stimmchen der jungen Witwe ergab dazu eine sehr wenig passende Begleitmusik: „Brick, Brick, hör nun auf, bitte hör auf, das Kind weint schon. Man wird denken, du bist verrückt geworden.“ Denn Mary Louises Mutter war trotz der außergewöhnlichen Zweideutigkeit ihrer Situation eine Frau mit stark ausgeprägtem Sinn für Anstand. Sie wußte, warum rings auf den Veranden mit ihren Sonnendächern die Lichter gelöscht wurden und warum die Autos mit der Geschwindigkeit einer Leichenprozession am Hause vorbeischlichen, wenn Brick Pollitt auf dem Croquetrasen eine Zirkusvorstellung gab.
Spät an einem Abend, als er wieder einmal wie ein Verrückter mit einem imaginären Fußball vor dem Leib über den Rasen jagte, stolperte er über ein Tor und stürzte ins Gras. Dabei tat er so, als habe er sich schwer verletzt und könne nicht mehr aufstehen. Sein lautes Stöhnen brachte Mary Louise und ihre Mutter von ihrem Platz auf der weinberankten Veranda in Bewegung, und sie rannten auf das Spielfeld, um ihm zu helfen. Sie ergriffen ihn an beiden Armen und versuchten ihn hochzuziehen, aber mit plötzlichem schallendem Gelächter zog er die beiden auf sich herab und hielt sie dort fest, bis sie schluchzten. Endlich stand er auf, aber nur, um sein Glas mit kaltem Gin frisch zu füllen und dann auf den Rasen zurückzukehren. Es war an diesem Abend ganz besonders heiß, und Brick beschloß, sich mit dem Rasensprenger zu erfrischen und gleichzeitig

seinen Abendtrunk zu genießen. Er schleppte das Gerät mitten auf den Rasen und drehte es an. Unter den sanft rieselnden Wasserstrahlen wälzte er sich im Grase und begann, sich dabei die Kleider vom Leibe zu streifen. Er strampelte sich die weißen Schuhe und einen seiner blaßgrünen Socken ab, riß sich das wasserdurchtränkte weiße Hemd vom Leibe und die mit Grasflecken beschmutzte Leinenhose, aber vermochte sich absolut nicht von seinem Schlips zu befreien. Am Ende streckte er alle viere von sich und lag wie eine groteske Brunnenfigur in Unterwäsche, Schlips und mit einer grünen Socke am Fuß da, während der sich drehende Sprenger wispernd kühle Wasserstrahlen über ihm ausstieß. Der Drehstrahl glitzerte schwach wie Bergkristall, ein zarter Farbenschleier im Mondlicht, denn der Mond blinzelte inzwischen mit dem Ausdruck leichten Erstaunens über das Dach der kleinen Garage. Die zwei trauernden Tauben – die Witwe und ihre Tochter – gurrten aus verschiedenen Fenstern des Hauses, und man konnte ihre Stimmen nur daran unterscheiden, daß die Mutter „Brick, Brick“ seufzte und Mary Louise ihn immer noch Mr. Pollitt nannte. „Oh, Mr. Pollitt, Mutter ist so unglücklich, Mutter weint!“
Derweilen hielt Brick im Dunkeln auf dem Rasen Selbstgespräche oder unterhielt sich mit unsichtbaren Personen. Eine war seine Frau Margaret. Immer wieder sagte er: „Verzeih, Margaret, verzeih mir. Es tut mir so leid, so leid, Margaret. Verzeih, ich bin nicht gut, verzeih, Margaret, es tut mir so leid, so leid, ich bin nicht gut, verzeih, ich bin betrunken, verzeih, ich bin nicht gut, es tut mir so leid, daß es so weit gekommen ist . . .“
Später, sehr viel später, als die auffallend langsame Prozession der Autos aufgehört hatte, kam ein kleiner schwarzer Kombiwagen, welcher der Polizei gehörte, bis vor das Portal gebrummt und blieb dort eine Zeitlang stehen. Darin saß der Polizeichef in eigener Person. Er rief: „Brick, Brick“, fast ebenso sanft und milde wie vorhin Mary Louises Mutter vom unbeleuchteten Fenster aus. „Brick, Brick, alter Junge, Brick, mein Freund“, bis endlich die bewegungslose Brunnenfigur in Unterwäsche mit grüner Socke und unlösbarem Schlips unter dem rotierenden Wasserstrahl heraustaumelte, auf den Weg zuwankte und lässig und friedlich

mit dem Polizeichef zu plaudern begann unter einem nicht länger erstaunten, nun ganz groß und unbeteiligt aufgehenden gelben Augustmond. Sie lachten leise miteinander, Mr. Brick Pollitt und der Polizeichef, und am Ende öffnete sich die Tür des kleinen schwarzen Wagens, und Mr. Brick Pollitt stieg neben dem Polizeichef ein, während ein einfacher Polizist ausstieg, um die Kleider, die schlaff wie nasse Tücher waren, vom Rasen aufzusammeln. Dann fuhren sie davon, und die Sommernachtsvorstellung war aus . . .

Sie war nicht ganz vorüber für mich, der ich den ganzen Abend mit unermüdlichem Interesse zugeschaut hatte, denn mehr als eine Stunde nachdem der kleine schwarze Wagen der so überaus höflichen Polizisten fortgefahren war, sah ich Mary Louises Mutter auf den Rasen heraustreten und eine ganze Zeit lang in völlig verzweifelter Haltung da draußen stehen. Dann ging sie zur Garage hinter dem Haus und brachte den Wagen heraus. Gelassen fuhr das elektrische Auto in die Sommernacht hinein, das kaum lauter als ein Sommerinsekt brummte. Nach etwa einer weiteren Stunde – wie lang war diese Nacht – kam es zurück, und in dem gläsernen Gehäuse sah ich nicht nur die junge schlanke, hübsche Witwe, sondern einen manierlichen und friedlichen Mr. Pollitt. Sie legte einen Arm um den hochgewachsenen Mann, als sie beide die Haupttreppe hinaufschritten, und ich hörte ihn nur ein einziges Wort klar aussprechen: den Namen seiner Frau.

Mit Beginn des Herbstes, der sich vom Sommer in nichts unterschied, als daß die Dämmerung früher einfiel, wurden Brick Pollitts Besuche so überfallartig und unregelmäßig wie der Schlag eines kranken Herzens. Jener ferne Kanonenschlag um fünf Uhr kündigte nur noch an, daß zwei Damen in weißen Kleidern auf der weißen Galerie jemanden erwarteten, der sie mit täglich wachsender Wahrscheinlichkeit enttäuschen würde. Aber Mary Louise ließ sich durch Enttäuschungen nicht entmutigen, diese waren für sie noch ein fremdes Land, in dem sie noch nicht zu Hause war, sondern das sie irrfahrend und Entdeckungen machend durchzog. Nachmittag für Nachmittag holte sie den gelben langen Holzkasten aus der Garage, wo er bei dem elektrischen Auto stand, und schleppte ihn mitten auf den seidigen grünen Rasen, wo sie ihn feierlich öffnete und die Tore

in vorgeschriebener Weise zwischen den beiden lustig bemalten Pfosten aufstellte, die Beginn, Mitte und Ende des Spieles bedeuteten. Und ihre Mutter sprach mit ihr von der Galerie unter dem Sonnendach herab, als habe sich in ihrer beider Leben und ihren Plänen nichts geändert. Ihre fast gleichen Stimmen schallten im Gespräch zwischen Galerie und Rasen so hell und klar, als ob das riesige Eckgrundstück zu dieser Stunde von einer weit größeren und vollständig durchsichtigen Glasglocke umschlossen wäre, die alles, was unter ihr gesprochen wurde, aufnahm und weitertrug. Es war nicht nur so, wenn sie sich über den Rasen hinweg unterhielten, sondern selbst, wenn sie Seite an Seite in den weißen Korbstühlen auf der Galerie saßen. Bruchstücke dieser Unterhaltung wurden zu Schlagworten, die ihre Nachbarn sich mokierend wiederholten, für welche die Witwe, ihre Tochter und Mr. Brick Pollitt drei Spieler in einem sensationellen Drama gewesen waren, das sie zwei Akte lang schockiert und geärgert hatte, das aber nun, da es sich seinem Ende zuneigte, zu einer unbeabsichtigten Farce entartet war, über die sie nun lachen konnten. Leicht war es, in dem Gespräch der beiden Damen mit ihren flötenden Tönen Komik zu entdecken.
Mary Louise zum Beispiel fragte: „Wird Mr. Pollitt rechtzeitig zum Croquet hiersein?"
„Ich hoffe, mein Schatz, es bekommt ihm so sehr gut."
„Er muß aber bald kommen, sonst ist es zu dunkel, um die Tore noch zu sehen."
„Da hast du recht, mein Schatz."
„Mutter, warum wird es nun so früh dunkel?"
„Du weißt es doch, Liebling, weil die Sonne mehr nach Süden abwandert."
„Aber warum geht sie denn nach Süden?"
„Liebling, Mutter kann dir nicht die Bewegung der Himmelskörper erklären, das weißt du genausogut wie Mutter. Die sind von mysteriösen Gesetzen bestimmt, die kein Mensch auf Erden kennt oder versteht."
„Mutter, reisen wir nach dem Osten?"
„Wann, Liebling?"
„Vor Schulanfang."
„Liebling, du weißt, daß Mutter unmöglich bestimmte Pläne machen kann."

„Hoffentlich reisen wir. Ich mag hier nicht zur Schule gehen."
„Warum nicht, Liebling, hast du Angst vor den Kindern?"
„Nein, Mutter, aber sie mögen mich nicht leiden, sie ziehen mich auf."
„Wie denn?"
„Sie machen nach, wie ich spreche, und sie stolzieren vor mir her mit rausgestrecktem Bauch, und dann kichern sie."
„So sind Kinder nun einmal, und Kinder sind grausam."
„Werden sie denn nicht mehr so grausam sein, wenn sie groß sind?"
„Ja, was weiß ich! Einige werden es vermutlich bleiben und andere nicht."
„Also ich hoffe, daß wir nach dem Osten abreisen, ehe die Schule anfängt."
„Mutter kann gar keine Pläne und Versprechungen machen, Liebling."
„Nein, aber Mr. Brick Pollitt . . ."
„Liebling, sprich leiser! Damen sprechen nicht so laut."
„Ach je!"
„Was ist denn, mein Schatz?"
„Mich hat gerade eine Mücke gestochen."
„Das ist wirklich schlimm, aber kratz bitte nicht. Kratzen kann dauernde Narben auf der Haut hinterlassen."
„Ich kratze ja gar nicht, ich sauge nur dran."
„Liebling, Mutter hat dir tausendmal gesagt, daß du bei einem Mückenstich ein Stück Eis in dein Taschentuch wikkeln und damit den Stich so lange vorsichtig reiben sollst, bis die Rötung verschwunden ist."
„Das tu ich ja auch, aber mein Eisstückchen ist geschmolzen."
„Hol dir ein neues. Liebling. Du weißt, wo der Eisschrank steht!"
„Es ist kaum noch Eis drin. Du brauchst immer so viel für deine Kopfschmerzkompresse."
„Es muß noch was drin sein, Liebling."
„Das reicht nur noch für Mr. Pollitts Getränke."
„Das ist nicht deine Sache . . ."
„Er braucht es aber für seine Getränke, Mutter."
„Ja, Mutter weiß, wozu er Eis braucht, mein Liebling."

„Es ist nur noch ein ganz kleines Stückchen da, kaum noch genug für einen Mückenstich."
„Schon gut, nimm es dir nur, dafür ist es besser. Wenn Mr. Pollitt so spät wie heute abend kommt, verdient er übrigens gar nicht, daß wir Eis für ihn aufheben."
„Mutter?"
„Ja, mein Schatz."
„Ich mag Eis und Zucker gern."
„Was sagst du, Kind?"
„Ich sagte, ich mag Eis und Zucker gern!"
„Eis und Zucker, mein Schatz?"
„Ja, ich mag Eis und Zucker auf dem Grund von Mr. Pollitts Glas, wenn er es ausgetrunken hat."
„Liebling, du sollst das Eis aus dem Glas von Mr. Pollitt nicht essen."
„Warum nicht, Mutter?"
„Weil Alkohol darin enthalten ist."
„O nein, Mutter, es ist nur noch Eis und Zucker übrig, wenn Mr. Pollitt ausgetrunken hat."
„Liebling, es ist immer noch Alkohol drin."
„O nein, kein Tropfen mehr, wenn Mr. Pollitt ausgetrunken hat."
„Aber du sagst ja selbst, daß noch Zucker im Glas ist, und du weißt, Zucker resorbiert sehr stark."
„Was ist das, Mammi?"
„Zucker nimmt Alkohol an, und das ist eine wundervolle Gelegenheit, sich an ihn zu gewöhnen, und du weißt doch, mein Schatz, was für schreckliche Folgen die Liebe zum Alkohol haben kann. So was ist für einen Mann schlimm genug, für eine Frau aber ist es der Ruin. Wenn du Eis und Zucker gern ißt, sag es Mutter, und sie wird es dir zubereiten, aber laß dich niemals dabei erwischen, daß du ißt, was Mr. Pollitt in seinem Glase läßt!"
„Mama!"
„Ja, Liebling?"
„Es ist schon fast dunkel. Überall sind schon die Lichter an. Viele Menschen sind zum Fluß gefahren, um sich zu erfrischen. Können wir nicht auch mit dem Wagen fortfahren?"
„Mein Schatz, wir können nicht fahren, bevor wir nicht wissen, ob Mr. Pollitt . . ."

„Glaubst du immer noch, er kommt?"
„Mein Schatz, was weiß ich. Ist Mutter eine Prophetin?"
„Oh, jetzt hör ich den Pierce, Mammi, der Pierce kommt!"
„Wirklich? Ist es der Pierce?"
„Och nein. Nein, ist ja gar keiner, war ein Hudson Super Six. Mammi, ich sammle nun die Tore ein und spreng den Rasen, denn wenn Mr. Pollitt noch kommt, bringt er Gäste mit oder ist nicht mehr in der Lage, Croquet zu spielen, und wenn ich fertig bin, möchte ich gern ein bißchen mit dem Wagen fahren."
„Fahr ruhig im Viertel umher, aber nicht in der Innenstadt!"
„Kommst du mit, Mammi?"
„Nein, mein Schatz, ich will hier sitzen bleiben."
„Im Wagen ist es kühler."
„Das glaube ich nicht, der elektrische Wagen ist viel zu langsam, als daß man frischen Wind bekommt."
Kam Mr. Pollitt an solchen Abenden endlich doch noch, dann konnte es leicht passieren, daß er mit einer ganzen Wagenkarawane aus Memphis eintraf, und dann hatte Mrs. Grey die Gastgeberin für eine liederliche, gemischte Gesellschaft zu spielen, als habe sie diese zu Abend gebeten. Die Party blieb dann keineswegs auf die unteren Räume und die Galerien beschränkt, sondern rasant wie eine explodierende Rakete zerstob sie nach allen Seiten, überflutete beide Stockwerke, breitete sich im Garten aus und drang manchmal sogar bis in die Garage vor, wo der Wagen und der längliche Holzkasten mit dem verpackten Croquetspiel standen. Bei solchen nächtlichen Gelagen erstrahlte das weiße Haus mit seinen phantastischen Balustraden, Giebeln und Türmchen, so daß es einem jener riesigen abendlichen Vergnügungsdampfer glich, die mit weithin schallender Ragtimemusik und Gelächter von Memphis herabgeschwommen kamen. In einem bestimmten Moment entstand fast regelmäßig an solchen Abenden ein entsetzliches Durcheinander. Ein Gast brach in ein wildes Gebrüll aus, eine Frau schrie gellend auf, man hörte Glas splittern. Fast unmittelbar darauf gingen im Haus alle Lichter aus, als wäre es wirklich ein Dampfer, der unter Wasser auf eine Sandbank aufgelaufen war und sein Schicksal besiegelt sah. Aus allen Türen, von allen Balkonen und Treppen stürzten die

Gäste heraus, und ihre Abfahrt war noch stürmischer als ihre Ankunft. Ein wenig später hielt der kleine Polizeiwagen vor dem Haus. Die schlanke hübsche Witwe erschien in der Vorhalle, um den Polizeichef zu empfangen, und man konnte ihre helle, wie Glasglöckchen klingende Stimme hören: „Aber bitte, es war gar nichts Besonderes, gar nichts, es hat nur jemand zuviel getrunken und sich vorbeibenommen. Sie wissen ja, Mr. Duggan, wie diese Leute aus Memphis sind, immer ist einer dabei, der keinen Alkohol verträgt. Ich weiß, es ist schon spät, aber unser Rasenplatz ist so riesengroß – er nimmt ja den halben Block ein –, ich kann mir nicht denken, daß überhaupt jemand gemerkt hat, daß die Party noch im Gange war, wenn er nicht von Neugierde geplagt wurde!"

Dann aber mußte sich etwas ereignet haben, was völlig geräuschlos vor sich gegangen war.

Es war nicht direkt ein Todesfall, aber es hatte nahezu den äußeren Anschein eines solchen. Wenn in einem Hause jemand stirbt, herrscht dort ein oder zwei Tage lang ungewöhnliche Stille, bis das Ereignis abgeklungen ist. In diesem Zeitraum läßt die riesige durchsichtige Glasglocke, die ein Haus einzuschließen und von den benachbarten zu trennen scheint, zu den Betrachtern draußen keinen Ton heraus, ja sie macht den Eindruck, als sei sie noch dicker geworden. Schon vor fünf Monaten, als der freundliche junge Doktor an dem wild wuchernden Gewächs in seinem Schädel starb, war es so gewesen. Mehrere Tage lang blieb das Haus unnatürlich still; dann stieß ein eigenartiger grauer Wagen mit Milchglasscheiben durch die Glocke des Schweigens, und der junge Doktor war auf seltsame Weise aus dem Haus aufgetaucht. Es sah aus, als wolle er eine öffentliche Vorstellung geben, wie man sich mitten am hellichten turbulenten Tag auf einem schmalen Bett schlafen legt. Das war vor fünf Monaten gewesen. Nun aber hatten wir Anfang Oktober.

Der Sommer hatte ein sinnloses Wort ausgesprochen, und nun, nachdem es einmal gesagt war – mit oder ohne Bedeutung –, war es da, und so schwerfällig geschrieben wie die Unterschrift eines Geizigen auf einem Scheck oder wie kindliche Kreideschmierereien an einem Zaun.

Eines Nachmittags kam den Weg zum Hauptportal ein dikker und liebenswürdig lächelnder Mann herauf, den ich schon sehr oft um den Stand der zum Verkauf stehenden Gebrauchtwagen neben dem Paramountkino hatte herumstreichen shen. Er ging den Weg zum Greyschen Hause mit jener aufreizenden Nonchalance eines Mannes hinauf, der im Begriff steht, einen Raub auszuführen. Er drückte den Klingelknopf, wartete eine Zeitlang und drückte dann noch einmal. Die Tür öffnete sich einen Spalt, kaum breit genug für seine Finger, und in Sekunden war er abgefertigt und kam zurück, wobei er etwas in der Faust hielt. Es war der Schlüssel zu der Garage, in der das elektrische Auto und das Croquetspiel abgestellt waren. Dort ging der Mann hinein, zog die Schiebetüren ganz weit auf und enthüllte das elegante elektrische Auto, das stets gleich vornehm dastand wie eine Dame, die am Empfang in einer Hotelhalle ihre Handschuhe an- oder auszieht. Einen Moment lang starrte er den Wagen an, als habe ihn dessen Eleganz aus der Fassung gebracht. Dann aber stieg er ein und fuhr ihn aus der Garage heraus, und während er das schwarzpolierte Steuer hielt, lag auf seinem runden Gesicht der Ausdruck eines Erwachsenen, der ein wenig verlegen ist, weil er sich mit einem Spiel amüsiert, das eigentlich für Kinder gedacht ist. Ernsthaft lenkte er den Wagen in die breite schattige Straße, und an einem der Fenster im ersten Stock konnte man eine rasche Bewegung wahrnehmen, als wäre jemand, der herausgeschaut hatte, erschreckt worden und hätte sich hastig zurückgezogen . . .

Später, als die Greys aus der Stadt abgereist waren, sah ich das elegante eckige Gefährt, das den Anschein erweckte, als bestände es nur aus Glas und feinstem Leder, hochmütig-arrogant unter rund einem Dutzend anderer Wagen, die zum Verkauf angeboten wurden, auf einem Platz mit der Ankündigung „Erstklassige Gelegenheitskäufe“ direkt neben dem besten Kino der Stadt, und soweit ich weiß, steht es noch immer da, allerdings ist es nun sehr viel unscheinbarer geworden.

Alle Greys hatten Meridian nach einem rasch verrauschenden Sommer wieder verlassen: der junge Doktor, den jedermann von vornherein gerne gehabt hatte und von dem alle gemeint hatten, er sei mit seinen verstehenden Augen und seiner ruhigen Stimme ein Gewinn für die Stadt gewesen;

die schlanke, hübsche Frau, die niemand richtig kennengelernt hatte, außer Brick Pollitt; und das rundliche kleine Mädchen, das vielleicht eines Tages so hübsch und schlank sein würde wie seine Mutter. Sie waren im gleichen Sommer gekommen und gegangen, ja, das war wie ein Jahrmarktstreiben gewesen, das plötzlich auf einem freien Platz in einer Stadt im Süden auftaucht und den Himmel in der Nacht bei überirdischer Musik mit geheimnisvoll sich drehenden Lichtern erfüllt und ebenso rasch wieder verschwindet, und der Sommer geht ruhig weiter, als wäre das alles nie dagewesen.
Ich erinnere mich daran, daß ich Mr. Brick Pollitt nur noch einmal gesehen habe, nachdem die Greys die Stadt verlassen hatten, denn auch meine Zeit dort war abgelaufen. Es war an einem herrlichen Herbstmorgen an einem Sonnabend im Oktober. Brick war der Führerschein wieder entzogen worden wegen einiger Mißgeschicke auf der Landstraße, die ihm zugestoßen waren, weil er den Wagen nicht in der Gewalt gehabt hatte. Seine Ehefrau Margaret saß daher am Steuer des großen Tourenwagens. Brick saß nicht neben ihr, sondern im Fond und ließ sich von den stoßenden Bewegungen des Wagens nach rechts und links werfen wie ein schlecht verpacktes Paket, das irgendwo abgegeben werden sollte. Mrs. Pollitt lenkte den Wagen großartig und sicher wie ein Mann, ihre nackten Arme waren braun und muskulös wie die eines schwarzen Plantagenarbeiters. Das Segeltuchverdeck des Wagens war ganz zurückgeschlagen, und dadurch bot sich im Fond der verlegen grinsende und nickende Brick Pollitt allen Blicken dar. Er war so untadelig gekleidet und frisiert wie immer, und aus einer gewissen Entfernung wirkte er wie der Präsident einer vornehmen Studentenverbindung der Südstaaten. Sein buntgepunkteter Schlips war so fest geknüpft, wie starke, eifrige Finger nur einen Schlips für feierliche Gelegenheiten zu binden vermögen. An einer seiner großen roten Hände – er hatte einen Arm über den Wagenrand gestreckt, um die Bewegungen des Wagens auszugleichen – blitzte zweimal Gold, ein goldener Ring am Finger und ein goldenes Armband. Sein cremefarbener Rock war sorgsam zusammengefaltet und lag auf dem Sitz neben ihm, und er trug ein feines weißes Hemd, durch das seine Haut zartrot schimmerte. Er war

der schönste Mann, an den ich mich erinnern konnte, und war es wohl immer noch. Dabei verbraucht sich körperliche Schönheit von allen menschlichen Eigenschaften am raschesten, es ist, als verachte sie der Schöpfer, wer es auch sein mag, denn oft scheint sie doch nur zu dem Zwecke gemacht zu sein, um in schauerlichem Ausmaß verschandelt und mit Ketten durchs Land gezerrt zu werden.
Margaret ließ das silberne Horn an jeder Kreuzung erschallen. Sie beugte sich nach rechts und links, winkte, schwenkte einen Arm, während sie gleichzeitig Menschen in den Türen, Kaufleuten neben ihren Läden, ja, Personen, die sie nur vom Sehen kannte, fröhliche Grußworte zurief und alle mit Namen nannte, als ob sie für eine Wahl kandidiere, während hinter ihr Brick Pollitt mit nichtssagender Liebenswürdigkeit nickte und grinste. Es war das gleiche Bild, als wenn ein antiker Triumphator, etwa Cäsar oder Alexander der Große oder Hannibal, den Fürsten eines gerade unterworfenen Landes in Ketten durch die Hauptstadt führte.

1952

Rubio y Morena

Der Schriftsteller Kamrowski hatte mancherlei Bekannte, besonders, da sein Name nun in der Öffentlichkeit einen gewissen Klang anzunehmen begann. Er hatte aber auch ein paar alte Freunde, so wie man ein paar Bücher behält, die man schon mehrmals gelesen hat, ohne daß man sich von ihnen trennen mag. Dem Wesen nach war er ein einsamer Mann, nicht, weil er sich selbst genug war, sondern weil er gern nach seiner eigenen Fasson lebte. Er hatte nie glauben können, daß ihn jemand allen Ernstes gern haben könnte, und vielleicht war es auch so. Waren Frauen zärtlich zu ihm, was trotz seiner Zurückhaltung geschah, so hatte er sie im Verdacht, sie wollten ihm Sand in die Augen streuen. Er benahm sich daher nicht zwanglos, und schon im Restaurant einer Frau gegenüberzusitzen genierte ihn. Er konnte sie nicht frei anblicken und sich auf ihr fröhliches Geplauder konzentrieren. Trug sie zufällig ein Schmuckstück am Halse oder auf dem Aufschlag ihres Kostüms, so richtete er seinen Blick darauf und fixierte es dermaßen, daß sie bestimmt am Ende ihren Satz unterbrach und ihn fragte, warum er ihren Schmuck so faszinierend fände, oder sie nestelte gar das Stück ab und reichte es ihm zu näherer Betrachtung über den Tisch. Schlief er mit einer Frau, so floh oft jede Begierde seinen Leib in dem Moment, wo er seine Kleider abgelegt und sich nackt ihrem Blick ausgesetzt hatte. Fühlte er ihre Augen auf seinem Leib, beobachtend, wissend, fordernd, dann rann die Begierde davon wie Wasser, und bewegungslos wie ein Toter lag er auf dem Bett neben ihr, unzugänglich für ihre Zärtlichkeiten, vor Scham brennend, und versuchte sie gar seine Leidenschaft zu wecken, stieß er sie fast roh zurück. Gab sie es aber auf und wandte sie sich von seinem Körper ab, der zu keiner

Antwort bereit war, und war eingeschlafen, dann erwärmte er sich langsam vor Sehnsucht und ohne Scham, näherte sich der Frau am Ende, stöhnend vor Verlangen, das größer geworden war als seine anfängliche Furcht vor ihr, weckte sie und nahm sie mit der lieblosen, brutalen Hast eines Tieres.

Auf solche Liebesbezeigungen reagieren Frauen mit wenig Verständnis. Dieser Art fehlte jede Zartheit sowohl vorher als nachher, denn die frigide Verlegenheit anfangs und der Ekel am Ende machten ihn roh, hart und fast stumm.

Er war sich klar darüber, daß er mit Frauen nicht umzugehen verstand, und daher waren seine Beziehungen zu ihnen beiläufig und flüchtig. Es bestand bei ihm so etwas wie seelische Impotenz, und er war tief beschämt darüber. Da er sie nicht erklärbar fand, hatte er auch nie darüber gesprochen. So blieb er, von seiner Arbeit abgesehen, einsam und unzufrieden. Mit jedermann war er gleich liebenswürdig, einfach weil er das am bequemsten fand, aber er vergaß fast alle gesellschaftlichen Verpflichtungen, und wenn er sich unter der Arbeit doch einmal zufällig darauf besann, seufzte er wohl – aber nicht einmal aus vollem Herzen – und arbeitete weiter, ohne auch nur anzurufen oder zu sagen: „Verzeihen Sie bitte, aber ich habe noch zu tun." Sein Arbeitseifer war manchmal geradezu absurd, denn er war nicht einmal ein besonders guter Autor. In der Tat war er in seinem Schreiben so ungeschickt wie im Umgang mit Frauen. Es ging ihm dabei wie im Bett, er stürzte sich voller Furcht blindlings und fieberhaft in das Abenteuer, als sei er von der Furcht gejagt, nicht vollenden zu können, was er begonnen hatte.

Vielleicht ist man erstaunt, sich am Anfang der Erzählung so unerfreulich klinischen Details gegenüberzusehen. Es geschieht nur, um die Beziehungen, von welchen die Geschichte berichten wird, verständlich zu machen, nämlich das recht eigenartige Verhältnis zwischen dem Schriftsteller Kamrowski und einem mexikanischen Mädchen Amada, das in der mexikanischen Grenzstadt Laredo in einem Sommer während des Krieges begann, als Kamrowski von einer Reise durch das Innere Mexikos zurückkam.

Sein verdachterregend fremdartiger Name, sein Aussehen und eine nervöse Spracheigentümlichkeit, die den Ein-

druck erwecken konnte, er spräche mit einem fremdländischen Akzent, hatten bewirkt, daß Zoll- und Einwanderungsbehörden Kamrowski nicht sofort weiterreisen ließen. Man hatte seine Papiere beschlagnahmt, um sie von Experten prüfen zu lassen, und solange diese Untersuchungen liefen, war Kamrowski gezwungen, in Laredo zu bleiben. Er hatte sich im Texas Star Hotel ein Zimmer genommen. Jene Nacht, die er dort verbrachte, war ungeheuer heiß. Er lag auf dem sehr großen unebenen Bett und rauchte Zigaretten. Wegen der großen Hitze lag er bei offenem Fenster und offener Tür nackt da, weil er damit hoffte, einen Luftzug auf seinen Leib zu lenken. Sein Zimmer war, abgesehen von dem Lichtfleck der Zigarette, tiefdunkel, und der Hotelflur war auch nahezu ganz unbeleuchtet. Gegen drei Uhr morgens erschien jemand in der Tür, der so groß war, daß er ihn für einen Mann hielt. Kamrowski sagte nichts und rauchte weiter, während ihn die Gestalt anzustarren schien. Über das Betragen der Gäste im Texas Star Hotel hatte er mancherlei reden hören, und daher war er nicht überrascht, als die Tür ganz aufgestoßen wurde, die Gestalt eintrat und sich seinem Bett näherte. Erst als der fremde Kopf sich über ihn neigte und schweres schwarzes Haar über seinen nackten Leib fiel, begriff er, daß die Gestalt eine Frau war. Nein, sagte er, aber der Eindringling achtete nicht darauf. So gab er nach, und bald darauf genoß er es, ja, war am Ende hingerissen. Die Nacht war ein solcher Erfolg, daß er das Mädchen am Morgen mitnahm. Er fragte nicht, und sie fragte nicht. Sie zogen einfach gemeinsam weiter, und es war offenbar auch ganz gleich, wohin die Reise ging . . .
Ein paar Monate zogen Kamrowski und das mexikanische Mädchen Amada durch die Südstaaten in einer Klapperkiste, die wirkte, als würde sie nur von Spucke und Gebeten zusammengehalten. Meist saß das Mädchen stumm neben ihm, und er hing seinen eigenen Gedanken nach. Er hatte nicht die leiseste Idee, woran sie dachte, und es interessierte ihn auch nicht. Nur einmal fiel ihm auf, wie sie sich umdrehte, als sie die Hauptstraße einer kleinen Stadt im Staate Louisiana entlangfuhren. Er wandte sich um und sah nach, was ihr Interesse erregt haben mochte: Ein grellfarbig angezogenes Negermädchen stand an einer Straßenecke mitten unter schlecht angezogenen weißen Männern.

Amada lächelte schwach und nickte. „Puta“, sagte sie, nichts weiter. Noch lange, nachdem die Straßenecke aus ihrer Sicht entschwunden war, lag jenes leichte Lächeln des Wiedererkennens auf ihrem Gesicht, und da sie selten lächelte, blieb das Erlebnis in seinem Gedächtnis haften.
Kameradschaft war Kamrowski weder vertraut, noch fiel sie ihm leicht, nicht einmal unter Männern. Zum erstenmal lebte er ständig mit einer Frau zusammen, und mit Zufriedenheit stellte er fest, man konnte ihre Gegenwart vergessen und sie doch unbewußt als eine Annehmlichkeit genießen wie Schlaf oder Wärme. Hin und wieder überfiel ihn noch ein leichtes Erstaunen, denn die plötzliche Gemeinsamkeit, die zufällige Verbindung zweier so verschiedenartiger Lebenswege kam ihm doch etwas unwahrscheinlich vor. Dann wunderte er sich selbst darüber, daß er sie mitgenommen hatte, fand keine Erklärung dafür, bedauerte es aber auch nicht. Er hatte anfangs nicht einmal gemerkt, wie komisch sie aussah. Andere sahen es und öffneten ihm die Augen dafür. Hielten sie an einer Tankstelle oder betraten sie am Abend ein Restaurant, so sah er manchmal, wie Fremde sie mit amüsierter Überraschung betrachteten, dann sah auch er sie an und war über die Seltsamkeit ihrer Erscheinung ebenso erheitert und erstaunt. Sie war groß und schmalschultrig, und fast alles Fleisch ihres Leibes hatte sich auf ihren Hüften abgelagert, die so ausladend waren wie die Kruppe eines Pferdes. Ihre Hände waren so groß wie die eines Mannes, aber nicht geschickt. Sie bewegte sich zu nervös, und ihr Schritt klang wie Hufschlag. Immerzu stolperte sie über irgend etwas oder stieß sich, das lag an ihrer Größe und ihren linkischen Bewegungen. Einmal verfing sich ihr Jackenärmel in der Tür des Autos, als diese zugeschlagen wurde. Anstatt ruhig die Tür zu öffnen und den Ärmel zu befreien, stieß sie kleine Schreckensschreie aus und riß an dem Ärmel, bis der Stoff nachgab und ein Stück abriß. Ihr ganzer Körper war darauf in einem Aufruhr wie nach einer schweren Anstrengung, und während des Abendessens im Hotelrestaurant hob sie immer wieder den Ärmel auf und betrachtete ihn stirnrunzelnd, fassungslos und staunend, als begriffe sie nicht, wie das passieren konnte. Dann sah sie ihn forschend mit leicht schräggeneigtem Kopf an, als wollte sie ihn fragen, ob er wohl ver-

stehe, was mit dem Ärmel vorgegangen sei. Als sie nach dem Abendessen auf ihr Zimmer gegangen waren, nahm sie eine Schere und schnitt ein Stück des Ärmels fein säuberlich ab, um wieder eine gerade Kante zu erhalten. Er machte sie darauf aufmerksam, daß dadurch beide Ärmel verschieden lang würden. Da lachte sie und hielt die Jacke gegen das Licht. Nun sah sie die Ungleichheit selber und lachte aufs neue. Am Ende warf sie die Jacke in den Papierkorb und legte sich mit einer Filmillustrierten ins Bett. Rasch blätterte sie das Magazin durch, bis sie auf das Bild eines jungen männlichen Stars an einem Strand stieß. Sie blätterte nicht weiter und nahm die Zeitschrift dicht vor die Augen. Wohl eine halbe Stunde starrte sie das Bild mit offenem Munde an, während Kamrowski zufrieden auf seinem Bett neben ihr lag und sie vor dem Einschlafen nur halb wahrnahm, und so friedlich, wie er gleich schlafen würde, umarmte er sie auch.
Kamrowski gewann Amada zunehmend lieb. Unglücklicherweise konnte er über dergleichen noch weniger klar sprechen, als er darüber zu schreiben vermocht hätte. Die Zärtlichkeit, die er für das Mädchen empfand, vermochte er ihr nicht zu zeigen. Er war nicht der Mann, der auch nur sagen konnte, ich liebe dich. Die Worte kamen ihm nicht über die Lippen, nicht einmal in den intimsten Nachtstunden. Nur mit Körper und Händen konnte er sich ausdrücken. In ihrem kindlichen Gemüt mußte das Mädchen ihn völlig unbegreiflich finden. Sie konnte beim besten Willen nicht glauben, daß er sie liebe, aber sie konnte ebensowenig ergründen, warum er mit ihr zusammenlebte, wenn er sie nicht liebte. Kamrowski hat nie erfahren, ob sie sich alles das selbst klarmachte oder wenigstens zu erklären versuchte oder ob sie so unbekümmert war, wie es den Anschein hatte, und gar nicht nach Gründen für die Erscheinungen fragte, sondern einfach das Dasein hinnahm, so wie es ihr geschah. Nein. Nie sollte er es durchschauen. Die dunkle Gestalt im Türrahmen des Hotels, die er ja zunächst sogar für einen Mann gehalten hatte, trat nicht ans Licht. Sie blieb im Schatten. *Morena.* Manchmal, wenn sie zärtlich war, nannte sie ihn *Rubio,* das heißt der Blonde. Dann antwortete er wohl *Morena,* was die Dunkle bedeutet. *Morena.* Das war und blieb sie für ihn, etwas Dunkles, dunkelhäutig, dunkel-

haarig, dunkeläugig. Aber das Geheimnis kann man ebenso lieben wie den wissenden Geist, und es war kaum zweifelhaft, daß Kamrowski das Mädchen liebte.
Dennoch zeigten sich gewisse Veränderungen, nachdem sie noch kein Jahr zusammengelebt hatten, denn mag man es auch für keinen sehr langen Zeitraum halten, so hatte in Kamrowskis Leben keine Beziehung so lange gedauert. Dieser Wandel hatte verschiedene Gründe, aber vielleicht war der wirkliche keiner der offensichtlichen. Der eine war, daß die Gegenwart von Frauen Kamrowski nun nicht mehr völlig durcheinanderbrachte. Die nervöse Blockierung, die wir anfangs beschrieben haben, war dank der mühelosen Vereinigung mit Amada so vollständig beseitigt, daß seine Begierde nach einem ausgedehnten Spielfeld suchte. Weibliche Wesensart entmannte ihn nicht mehr. Das simple halbindianische Mädchen hatte seine männliche Überlegenheit wiederhergestellt. Im Herzen wußte er das und war dankbar dafür, aber nicht immer erwidert man ein Geschenk mit offen gezeigter Dankbarkeit. Er vergalt es ihr sehr schlecht. In dem Winter, den sie in einer Stadt des Südens verbrachten, begann er zum erstenmal im Leben in Gesellschaft zu gehen. Er war nämlich seit kurzem so etwas wie eine Berühmtheit, und man schenkte ihm viel Beachtung. Er vermochte nun wohl den Schmuck am Halse einer Frau zu ignorieren, und einen weiblichen Augenaufschlag konnte er, ohne zu versteinern, wenigstens dann und wann erwidern. Es war ihm jetzt auch möglich, mit einer Frau intime Beziehungen aufzunehmen, bevor sie eingeschlafen war.
Ja, Kamrowski knüpfte in jenem Winter andere Beziehungen zu Frauen an, die länger als einen Abend währten; vor allem befreundete er sich mit einer jungen Frau, die auch Schriftstellerin war und zur Intelligenz der Stadt gehörte. Auch sie hatte einen Defekt. Sie trug Haftschalen, die sie vor dem Schlafengehen abzunehmen pflegte, und Kamrowski mußte sie daran erinnern, diese nicht auf den Nachttisch, sondern in die Schublade zu tun. Das war aber nur eine unwichtige Einzelheit einer Affäre, die glatt verlief. Er war mit Ida häufiger zusammen als mit Amada, und wenn diese sich jetzt im Bett ihm zuwandte, drehte er sich oft genug ab und tat, als schlafe er. Er hörte dann, wie sie neben ihm leise weinte. Fragend glitt ihre Hand dann an seinem

Körper entlang, und einmal ergriff er diese und stieß sie roh zurück. Darauf verließ sie das Bett. Nun stand auch er auf, ging in die Küche und trank dort aus einem Krug Eiswasser. Er hörte, wie sie ihre Sachen packte, wie schon so manches Mal vorher. Der Boden ihres Militärschrankkoffers war mit zufälligen Reiseerinnerungen bedeckt, zum Beispiel Speisekarten, Bildern von Filmschauspielern, aus Magazinen herausgerissen, und Postkarten von allen Orten, die sie auf ihren Reisen berührt hatten. Manchmal kam sie bei solchem Packen in die Küche stolziert, hielt einen Gegenstand hoch, etwa ein Handtuch, das sie aus einem Hotelbadezimmer hatte mitgehen lassen, und fragte, gehört das dir oder mir? Er zuckte mit den Schultern. Sie warf ihm dann einen vernichtenden Blick zu, kehrte ins Schlafzimmer zurück und packte weiter. Er wußte, daß sie am Morgen alles wieder auspacken würde bis zu den Speise- und Postkarten, die sie an den Spiegel steckte oder auf das Kaminsims stellte, denn ohne ihn konnte sie nirgendwo hin, und niemand anders war da, mit dem sie hätte gehen können. Er wollte kein Mitleid mit ihr haben. Er fand sich selber zu großartig, als daß er auch nur den Schimmer von Reue allzu lange auf seinem Gewissen geduldet hätte, und zu seiner eigenen Entlastung sagte er sich bei solchen Szenen: Sie war nur eine Hure in einem drittklassigen Hotel, als ich sie kennenlernte. Warum ist sie nicht zufrieden? Ich scher mich den Teufel darum!
Und doch war er erleichtert, fand er sie, wenn er sein Eiswasser ausgetrunken hatte, nicht mehr beim Packen, sondern im Bett. Dann nahm er sie zärtlicher als in den ganzen Wochen davor.
Nach einem solchen Vorfall bemerkte er eines Morgens zum erstenmal, daß sie ihn bestahl. Danach fand er morgens, wenn er seine Kleider anzog, daß in seinen Taschen Geld fehlte. Anfangs nahm sie nur Silbergeld, aber als die Einnahmen aus seinem Roman stiegen, wuchsen auch die Summen ihrer Diebereien. Erst nahm sie Dollarscheine, dann Fünf- und schließlich Zehndollarnoten auf einmal. Kamrowski mußte es ihr schließlich sagen. Sie heulte erbärmlich und leugnete nichts. Eine Woche lang war daraufhin Ruhe. Dann ging es wieder los, erst mit Silbergeld und dann mit immer größeren Geldscheinen. Er versuchte ihre

Diebstähle zu vereiteln, indem er alles Geld aus seinen Taschen nahm und es irgendwo im Zimmer versteckte. Aber nun wachte er in der Nacht davon auf, daß sie leise und systematisch das Zimmer absuchte. Was suchst du, rief er. Streichhölzer, antwortete sie. Am Ende ließ er sie gewähren. Er hatte nur noch kleine Summen bei sich und ließ sie stehlen, was sie wollte. Was sie mit dem Geld tat, blieb für ihn ein Geheimnis. Offensichtlich kaufte sie sich nichts davon, aber es schien auch nicht in ihren Händen zu bleiben. Was fing sie nur damit an? Sie hatte alles, was sie brauchte oder sich zu wünschen schien. Vielleicht zahlte sie ihm auf diese Weise seine fortgesetzte Untreue heim.
Gegen Ende des Winters – sie wohnten immer noch in der großen Stadt des Südens – zeigte es sich, daß Amada krank war. Sie sprach nicht über ihr Leiden, aber oft stand sie in der Nacht auf und brannte in einer roten Glasschale eine geweihte Kerze an. Sie kauerte sich daneben hin, murmelte auf spanisch Gebete und preßte eine Hand in die Seite, wo sie ein bestimmter Schmerz quälen mußte. Sie wurde wild, wenn er aufstand oder Fragen stellte, und sie benahm sich, als litte sie an einem entehrenden Geheimnis. Kümmere dich um deinen eigenen Kram, fuhr sie ihn an, wenn er fragte: „Was ist los?" Nach Stunden wurde er wieder wach, wenn sie mit einem Seufzer der Erleichterung ins Bett kroch, woraus er entnahm, daß der Anfall vorüber war. Mitleidig drehte er sich langsam zu ihr um und drückte sie so sanft wie möglich an sich, damit er ihr nicht neue Schmerzen bereitete. Zum Arzt wollte sie nicht gehen. Sie behauptete, sie sei vor Jahren beim Arzt gewesen, und er habe gesagt, sie habe das gleiche Nierenleiden wie ihr Vater, und man könne nichts dagegen tun, als es zu vergessen. Ist ja ganz egal, sagte sie. Ich versuche halt, es zu vergessen.
Sie machte wohldurchdachte Versuche, ihre Anfälle, die bald häufiger und ernster wurden, zu verbergen, denn sie fürchtete wohl, daß ihre Krankheit ihn anekeln und er sie ganz verstoßen würde. Sie schlich sich so verstohlen aus dem Bett, daß sie allein fünf bis zehn Minuten brauchte, um sich von den Bettdecken zu befreien und den Stuhl in der Ecke zu erreichen. Und wenn sie die Gebetskerze entzündet hatte, neigte sie sich darüber und verbarg die Flamme in ihren hohlen Händen. Kamrowski war es klar,

daß die Entzündung in ihrem Körper, was immer es auch sein mochte, von einem chronischen Stadium in ein akutes übergegangen war. Er hätte sich wahrscheinlich intensiver mit ihr beschäftigt, wenn er nicht gerade einen neuen Roman begonnen hätte. Das Mädchen Amada existierte jetzt für ihn nur noch am Rande. Mittelpunkt war sein Schreiben, und alles, was nicht damit zusammenhing, nahm er nur noch undeutlich wie im Halbschatten einer fernen Lichtquelle wahr. Tag und Stunde waren ihm gleichgültig. Er überhörte die Türklingel und das Telefon. Er aß unregelmäßig und schlief in seinen Kleidern, manchmal in seinem Arbeitsstuhl. Sein Haar wuchs wie bei einem Einsiedler, ein Bart umwucherte sein Gesicht. Wahnsinn leuchtete aus seinen Augen, und sein sonst glattes Gesicht wurde eingefallen und hohlwangig. Seine Hände zitterten. Er hatte Herzanfälle und hustete wie ein Schwindsüchtiger, so daß er mitunter meinte, er werde bald sterben, worauf er sein wahnwitziges Arbeitstempo nur noch mehr steigerte.
Später konnte er sich an alles nicht mehr klar erinnern, was sich in dieser fieberhaften Schaffensperiode zwischen ihm und dem Mädchen Amada zugetragen hatte. Er schlief nicht mehr mit ihr, überhaupt mit niemandem, und nur nebelhaft nahm er ihre Gegenwart im Zimmer wahr. Er gab ihr Befehle, als sei sie ein Dienstbote, und sie gehorchte mit ängstlicher Miene rasch und wortlos. Mach mir Kaffee, konnte er sie plötzlich anbellen. Spiel die Platte noch einmal, wobei er mit dem Daumen auf das Grammophon wies. Sie war für ihn nichts als ein Geschöpf, das seine Anweisungen ausführte.
In dieser Zeit hatte sie aufgehört, ihn zu bestehlen. Fast den ganzen Tag saß sie am andern Ende des weiträumigen Vorderzimmers, in dem er arbeitete. Solange sie dort blieb, lenkte sie ihn nicht von seiner Arbeit ab. Kam sie aber unaufgefordert in seine Zimmerhälfte oder fragte ihn gar etwas, dann schrie er sie wütend an oder warf sogar ein Buch nach ihr. Sie wurde sehr still. Ging sie in die Küche oder ins Bad, dann setzte sie langsam und verstohlen einen Fuß vor den anderen und starrte ihn dabei an, um sich zu vergewissern, daß er nichts dagegen habe. Ebenso wie sein Gesicht hatte sich auch ihres verändert. Ihr Pferdegesicht war noch knochiger als vorher und erschreckend fahl ge-

worden. Ihre Augen glänzten, als ob sie in ein hell erleuchtetes Zimmer sahen. Ihr Gang war von seltsamer Würde, was wohl mit den Schmerzen zusammenhängen mochte, die jede Bewegung ihr verursachte. Sie preßte nun ständig eine Hand auf die schmerzende Seite und hielt sich übertrieben gerade, wobei sie jeder Versuchung widerstand, ihre Schmerzen durch eine gekrümmte Haltung zu mildern. Alle diese Einzelheiten konnte er damals nicht richtig bemerkt haben, wenigstens nicht mit vollem Bewußtsein, in der Erinnerung drängten sie sich ihm aber sehr lebhaft auf. Erst hinterher machte er sich auch darüber Sorgen, wie sie sich diese unglückseligen Veränderungen ihres gemeinsamen Lebens ausgelegt haben mochte. Sie mußte angenommen haben, daß seine ganze Zuneigung für sie vergangen sei und er ihre Gesellschaft nur noch aus Mitleid ertrage: Sie stahl in der Nacht sein Geld nicht mehr, einen Monat lang saß sie in einer Ecke und beobachtete ihn mit dem dumpfen, verlangenden Blick eines leidenden Tieres, dann und wann wagte sie durchs Zimmer zu gehen; schien er sich von seiner Arbeit auszuruhen, trat sie neben ihn und ließ ihre Finger fragend über seinen Leib gleiten, ob er sie wohl begehre, doch da sie die Ablehnung spürte, zog sie sich schweigend wieder in ihre Ecke zurück.
Ganz plötzlich verließ sie ihn dann. Er hatte eine Nacht bei seiner neuen blonden Geliebten verbracht und mußte bei der Rückkehr feststellen, daß Amada ihren Militärkoffer gepackt und aus der Wohnung geschafft hatte. Diesmal also war es grimmiger Ernst. Er unternahm keinen Versuch, sie wiederzufinden, denn er war überzeugt, daß sie notgedrungen und aus freien Stücken zurückkehren würde. Etwas anderes konnte er sich einfach nicht vorstellen. Die Tage vergingen, aber sie erschien nicht wieder, nicht einmal eine Nachricht kam von ihr. Er war sich über seine eigenen Empfindungen nicht im klaren. Zunächst bildete er sich ein, er sei in gewisser Weise erleichtert, weil sein Leben sich vereinfachte und der schwache, schwermütig stimmende Geruch von Krankheit, der in der letzten Zeit über ihrem Bett gehangen hatte, fort war. Außerdem war ja immer noch das neue Buch da, das ihn zwar nun, wo die erste Niederschrift fertig war, ein bißchen aus seinen Fängen ließ. Aber immer noch war er wie ein Paranoiker allergisch

gegen jeglichen Alltag. Zu den Zeiten, wo seine Arbeitskraft versiegte, wenn Mutlosigkeit ihn überfiel oder Nachdenken Unterbrechungen erforderten, trieb er sich auf den Straßen herum und folgte immer neuen, fremden Frauen. Er übersättigte sich an ihnen und erweiterte seine Erfahrungen bis zu dem Augenblick, wo ihn Ekel vor sich selber und der Zirkusschaukel seiner Gier packte, auf der er sich seit Amadas Flucht sinnlos selbst hin und her gestoßen hatte. Ein für alle Male wollte er davon nichts mehr wissen.

Rund fünf Monate nach der Trennung schritt eines Nachts Amadas Bild mit Trompetenschall durch die mitternächtlichen Wände seines Zimmers. Gleich einer flammenden Erscheinung stand es am Fußende seines Bettes, ganz von innen her leuchtend wie ein Röntgenbild. Er sah Amadas langes weißes Knochengerüst vor sich, und mit einem lauten Schrei fuhr er aus dem schweißnassen Bett auf und saß kerzengerade da. Dann fiel er auf sein Gesicht und weinte fassungslos, bis der Morgen anbrach. Mit dem ersten Lichtstrahl, ehe noch volles Tageslicht durchs Fenster fiel, war er auf den Beinen, packte seinen Koffer und bereitete sich auf eine Reise nach Laredo vor, um das verlorene Mädchen wiederzufinden und es in die leere Kammer seines Herzens zurückzuholen. Ohne jedes Nachdenken setzte er voraus, daß sie in Laredo sei, denn dort hatte er sie ja auch gefunden.

Er hatte sich nicht getäuscht. Sie war vor fünf Monaten nach Laredo, aber nicht ins Texas Star Hotel, wo er sie kennengelernt hatte, zurückgekehrt. Der Hoteldirektor behauptete, nichts von ihr zu wissen, aber der mexikanische Hotelportier sagte ihm, er fände sie bei ihrer Familie in einem Vorort der Stadt in einem Haus ohne Nummer, in einer Straße ohne Namen, am Fuße eines steilen Hügels, auf dem eine Eisfabrik stände.

Als Kamrowski mit Hilfe dieser Beschreibung an die Tür des grauen Holzhauses kam – es war eine verwahrloste Hütte, die am Rande eines grauen, staubigen, steilen, unregelmäßigen Pfades stand –, strömten alle Frauen der Familie herbei, schnatterten aufgeregt miteinander, musterten ihn mit gierigen Blicken von Kopf bis Fuß, betrachteten ihn teils lächelnd, teils mürrisch und benahmen sich wie eine

Meute wilder Hunde. Fast hysterisch schienen sie sich darüber zu streiten, ob sie den Fremden empfangen sollten oder nicht. Er brannte so heftig darauf, das verlorene Mädchen wiederzusehen, daß er kein Wort von den wenigen spanischen Brocken, die er kannte, herausbrachte. Alles, was er zu sagen vermochte und immer lauter rief, war: Amada. Auf einmal hörte man aus einem Anbau des Hauses eine laute, rauhe Stimme wie das Krähen eines Hahnes. Sie klang ein wenig ärgerlich, aber sie rief ihn bei dem Kosenamen, mit dem sie ihn gerne angeredet hatte, Rubio, was der Blonde heißt. Mit beiden Armen schob er die Weiber beiseite, fegte an ihnen vorbei, dorthin, von wo der ungestüme Ruf erklungen war, warf sich gegen die windschiefe Tür und stürzte in einen völlig dunklen Raum, in dem nur eine geweihte Kerze in einem roten gläsernen Gefäß brannte. Dorthin blickte er und sah Amada auf einem Strohsack auf der blanken Erde liegen.
Es war unmöglich, sie in dem fensterlosen Raum, einer Art Vorratskammer, beim Licht einer einzigen Kerze genau zu erkennen, zumal er aus dem grellen Licht eines Wüstensonnenunterganges eingetreten war. Nach und nach gewahrte er, daß sie ein Männerunterhemd trug und wie groß ihre Hände und wie spitz ihre Ellbogen geworden, jetzt, da die Arme so abgemagert waren. Ihr Kopf wirkte nun fast so groß wie der eines Pferdes, und das wohlbekannte, dicke Haar hing wie eine Mähne über den mageren Hals und die knochigen Schultern herab. Seine erste Regung war sowohl Wut als auch Mitleid. Was soll das bedeuten, was machst du hier? rief er zornig aus. Scher dich um deinen eigenen Kram, bellte sie ihm entgegen, als seien sie keinen Augenblick voneinander getrennt gewesen. Er bezwang seinen Zorn über ihre Familie, deren Streit hinter der Tür, die er zugeschlagen hatte, in schrillsten Tönen fortgesetzt wurde. Er hockte sich neben dem Strohsack nieder und faßte ihre Hand. Sie zuckte vor seinem Griff zurück, aber nicht heftig genug, um sich von ihm zu lösen. Sie bemühte sich offensichtlich, frischer zu wirken, als sie war, denn sie ließ sich nicht ganz auf den Strohsack zurückfallen, wobei er sah, welche Anstrengung es sie kostete, sich auf den Ellbogen zu stützen. Sie gestattete sich auch nicht, leise zu sprechen, sondern behielt den lauten, rauhen, hohen Ton bei. Unver-

wandt sah sie in sein Gesicht, das sie mit Spannung zu ergründen suchte, ohne aber direkt seinen Blick zu erwidern; vielmehr starrte sie auf Nase oder Mund. In ihren Augen war eine große Verwirrung zu lesen, Überraschung darüber, daß er hier war, daß er gekommen war, sie zu sehen. Mehrmals fragte sie, was machst du in Laredo? Und seine Antwort, ich kam zu dir, schien sie nicht zu befriedigen. Schließlich beugte er sich über sie, berührte ihre Schulter und sagte, du sollst dich wieder hinlegen. Sie sah ihn grimmig an. Ich fühle mich so ganz wohl, sagte sie. Ihre dunklen Augen wirkten nun unwahrscheinlich groß, denn alles Licht, das von der rubinroten Glasschale ausging, war in ihnen eingefangen und drang als mächtiger Strahl in sein Herz. Und dieses Organ wurde gleich dem Monde aller Schatten beraubt, ja, in seinem gnadenlosen Licht bot es den Anblick völliger Unfruchtbarkeit, so wie die Mondlandschaft zu einer harten, flachen Scheibe mit geborgtem Licht wird, wenn sie der Sonne volles Licht trifft. Er konnte das nicht ertragen. Er sprang von ihrem Strohsack auf, wühlte in seinen Taschen und holte eine Handvoll Geldscheine heraus. Nimm sie, stieß er heiser hervor, und versuchte, sie ihr in die Hand zu drücken. Ich will dein Geld nicht, antwortete sie. Nach einer kurzen Weile murmelte sie, gib es denen da. Sie machte mit dem Kopf eine Bewegung zur Tür, hinter der die Familie geräuschvoll Essen vorbereitete. Er hatte das Gefühl, völlig besiegt zu sein. Sie seufzte und sah auf seine Hände. Zitternd hob sie die Arme und streckte sie nach ihm aus. Rubio, flüsterte sie, das Wort, das blond heißt. Müde glitt prüfend eine ihrer Hände an seinem Körper herab, ob er sie begehre, und als sie spürte, wie fern er ihr war, lächelte sie traurig und schloß die Augen. Sie schien einzuschlafen, da beugte er sich über sie und küßte sie zart auf den Mund. Morena, flüsterte er, was die Dunkle heißt. Augenblicklich umschlangen ihn lange, knochige Arme zu einer Umarmung, die ihm die Luft nahm. Schmerzhaft preßte sie ihre beiden Gesichter aneinander, und ihre indianischen Backenknochen zerdrückten fast seine zartere Haut. Heiße Tränen und der Druck der mageren Arme durchbohrten endgültig die harte Schale seines Ichs, die noch nie aufgebrochen worden war, und er war erlöst. Er war aus dem engen, aber anscheinend hellen und bequemen Gehäuse seines bewußten Ichs in einen Raum entlassen, welcher der Annehmlichkeit von Grenzen entbehrt. Er betrat eine Sphäre verwirrender Dunkelheit und Unendlichkeit, die dennoch nicht schwarz ist, weil Licht in Wirklichkeit die dunklere Seite des Weltraumes ist. Hier war er noch nicht zu Hause, empfand unerträgliche Furcht und wich zurück.

Er wich zurück von den dürren Armen Amadas. Morgen früh werde ich wiederkommen, sagte er, als er sich vom Strohsack erhob und sich in den kleinen Raum zurücktastete, in dem er sich sicher fühlte ...

Als er am nächsten Morgen wiederkam, wurde er in ganz anderer Weise empfangen. Über dem Haus lag eine gewisse Spannung, die er sich nicht erklären konnte. Alle Frauen schienen ihre besten Kleider anzuhaben. Er vermutete, daß es mit dem Geld zusammenhinge, das er im Zimmer der Kranken gelassen hatte. Er versuchte dorthin zu gelangen, aber eine alte Frau hielt ihn am Arm zurück und wies auf eine andere, die ihn in das Wohnzimmer führte. Er war erstaunt, als er merkte, daß man Amada hierherverlegt hatte. Weil er die Sprache nicht verstand, hatte er zunächst nicht begriffen, daß Amada in der Nacht gestorben war, ja, es wurde ihm erst klar, als er ihre Hand, die fast so dunkel war wie die einer Negerin, ergriff und sie kalt und steif fand. Man hatte sie in Weiß gekleidet, in ein reines weißes Leinennachthemd, das vor Stärke glänzte, und als er ihre Hand fallen ließ, trat die ältere Frau vor und tat sie behutsam wieder auf Amadas flachen Busen, wo sie vorher gelegen hatte.

Der Geruch der Krankheit war verschwunden oder vielleicht auch im Duft der Wachskerzen ertrunken, denn unzählige Kerzen waren in das Zimmer gebracht worden und standen in Rubingläsern auf den Fenstersimsen. Sonnenblenden waren gegen die Mittagsglut des flachen Wüstenlandes heruntergelassen, aber das alte Gewebe hatte viele kleine Löcher, die das Licht durchließen, und so wirkte jede einzelne Blende wie ein grüner Himmelsstreifen mit leuchtenden Sternen darauf. Die versammelte Trauergesellschaft bestand zur Mehrzahl aus Kindern der Nachbarschaft, die kleineren waren ganz nackt, die größeren trugen graue Lumpen. Ein kleines Mädchen hielt eine selbstverfertigte Puppe, die roh aus Holz geschnitzt und bemalt war und eine groteske Ähnlichkeit mit einem Kleinkind hatte. Hartes, schwarzes Haar war auf dem Kopf befestigt. In gewisser Weise war sie eine Abbildung des toten Mädchens. Unfähig, länger das echte Gesicht mit seinem fast unerträglichen Ausdruck von Geheimnis anzusehen, stahl sich Kamrowski an die Seite des halbnackten Kindes, streckte eine Hand vorsichtig und ängstlich nach der Puppe aus und berührte deren hartes schwarzes Haar mit einem Finger. Das Kind setzte sich schwach zur Wehr und zog die Puppe fester an sich. Kamrowski zitterte vor Erregung, denn er stand unter dem Zwang, die Puppe zu berühren: Das Kind durfte sich mit seinem kostbaren Besitz nicht entfernen! Daher streichelte er mit einer Hand den Kopf des Kindes, während er mit der andern wieder das vertraute, harte Haar berührte. Aber wieder drängte das Kind fort und entzog sich seiner Liebkosung, während es ihn mit großen mißtrauischen braunen Augen ansah.

Derweil fand unter den Frauen eine flüsternde Beratung statt, die immer lauter und aufgeregter wurde, bis schließlich die Großmutter mit plötzlicher Entschlossenheit aus der Frauengruppe auf Kamrowski zutrat und ihn auf englisch anschrie, wo ist Amadas Geld, wo ist ihr Geld?

Er starrte die alte Frau fassungslos an. Welches Geld? Wild fauchend hielt sie ihm eine Handvoll gelber Scheine hin. Er sah darauf nieder. Es schien sich um Telegramme zu handeln. Ja, richtig, Geldanweisungen waren es, und sie kamen aus jenen Städten, in denen er mit Amada gelebt hatte. Und die Summen waren jene, die Amada ihm nachts aus seinen Taschen gestohlen hatte.

Verwirrt sah sich Kamrowski nach einem Fluchtweg um. Wie ein Rudel Wölfe schlossen ihn die Frauen ein und heulten alle durcheinander. Er eilte auf die Tür zu, neben der er undeutlich das kleine Mädchen mit der Puppe wahrnahm. Und in einem plötzlichen Antrieb entriß er dem Kind die Puppe und rannte an ihm vorbei in den staubigen Glanz der Straße hinaus. So schnell er konnte, lief er den unregelmäßigen, steilen, schmutzigen Weg hinauf, während das jammernde Kind ihm folgte. Er hatte nur den einen Gedanken, das groteske Spielzeug des Kindes fest an sich zu drücken, bis er irgendwo allein sei und weinen könne.

1948

Das Tomatenbeet

Meine Hotelwirtin, Olga Kedrowa, hat mir eine Schale voll reifer Tomaten geschenkt, Tomaten von dem Beet, neben dem sie an den herrlichen weißblauen Nachmittagen Kaliforniens liegt und sich sonnt. Diese Tomaten sind so groß wie meine Faust, ihre Farbe ist blutrot, und sie fühlen sich so fest an wie die Brustmuskeln eines jungen Schwimmers.

Ich sagte: „Du lieber Gott, Olga, ich brauche ja einen Monat, um so viele Tomaten aufzuessen", aber sie sagte: „Seien Sie doch nicht töricht, die essen Sie weg wie Weintrauben", und ich aß sie auch beinahe wie Weintrauben. Es ist jetzt fünf Uhr an diesem wiederauferstandenen Tag des Sommers 1943, einem Tag, von dem ich im Präsens erzähle, obwohl er zehn Jahre zurückliegt. Jetzt sind nur noch zwei der großen reifen Tomaten in der blaßblauen Porzellanschale übrig, aber sie haben ihre Süßigkeit bewahrt, und ihr Stolz ist ungebrochen, denn ihr Herz ist nicht in der Schale, die ihr Grab ist, sondern in dem Beet, neben dem Olga liegt, und dieses Beet scheint unerschöpflich zu sein. Das Herz der Tomaten bleibt da draußen in der Sonne und dem Lehmboden und in der blutsverwandten Nähe der großen Olga Kedrowa. Den ganzen Nachmittag liegt Olga neben dem Beet auf einer ramponierten Matratze, einer Veteranin aus einem von Olgas Hotelzimmern.

Dieser wiederauferstandene Tag ist ein Sonnabend, und den ganzen Nachmittag sind junge Liebespaare durch die Straßen von Santa Monica gezogen, auf der Suche nach Zimmern, in denen sie sich lieben können. Jeder Junge in Uniform trägt eine kleine Reißverschlußtasche und hält den von der Sonne rot oder golden gefärbten Arm eines hübschen Mädchens, und es ist, als bewegten sie sich in einem

Bassin mit durchsichtigem Wasser. Das Mädchen wartet am Fuß der Treppe, die der Junge eilig hinaufsteigt; zuerst gespannt, dann angstvoll, dann verzweifelt, denn Santa Monica ist in diesem Sommer 1943 buchstäblich überflutet von legalen und illegalen Pärchen. Die Pärchen nehmen kein Ende, und sie sind unermüdlich in ihrer Suche. Bis Sonnenuntergang und noch lange danach, noch bis zwei oder drei Uhr morgens steigt der Junge eilig Treppen hinauf, und das Mädchen wartet unten, und manchmal tut sie verschämt so, als höre sie nicht das unanständige Wort, das er nach jeder Enttäuschung vor sich hin murmelt, und manchmal sagt sie es an seiner Stelle, wenn er wieder verbissen seinen Arm unter ihren schiebt. Noch in der Morgendämmerung werden sie suchen und beten und fluchen, und ihre Körper werden mehr vor aufgestautem Verlangen schmerzen als vor Müdigkeit.

In der Morgendämmerung kommt es zu schrecklichen Trennungen. Das fügsame Mädchen verliert schließlich den Glauben oder die Geduld; sie reißt sich heftig von der Hand los, die ihren Arm quetscht, und stürzt schluchzend in ein Nachtcafé, um nach einem Taxi zu telefonieren. Draußen lauert der Junge, starrt ingrimmig durch Nebel und Fenster, und seine jetzt leere Faust öffnet und schließt sich um sich selber. Das Mädchen sitzt zwischen zwei fremden Männern, beugt sich schluchzend und schniefend über eine Tasse Kaffee, und vielleicht geht sie nach einer Minute wieder hinaus, um ihm zu verzeihen, und liegt ohne jede Hoffnung auf etwas Intimleben in seinen Armen; oder vielleicht ist sie auch erbarmungslos und wartet auf das Taxi, das sie für immer aus seinem Leben tragen soll, und tut so, als sähe sie ihn nicht durch das beschlagene Fenster, bis er schließlich betrunken fortgeht, um nach mehr Schnaps zu suchen, und sich ab und zu umdreht und auf die heiße gelbe Fensterscheibe starrt, die sie vor seiner Wut geschützt hat. Immer wieder murmelt er ein ganz verflucht unanständiges Wort vor sich hin, das einen Teil ihres Frauenkörpers bezeichnet, während er über die Autospuren hinweg in den Palisades Park stolpert, unter Königspalmen entlang, die so hoch sind wie fünfstöckige Häuser, und über brausender weißer Brandung hinein in den Nebel. Lange Lichtbleistifte gleiten immer noch am Himmel hin und her und suchen nach feindlichen Flugzeugen, die nie herüberkommen, und es scheint, als bewege sich sonst nichts. Aber man kann nie wissen. Sogar zu dieser weißen Stunde kann der Junge etwas finden, das besser ist als nichts, bevor ihn die Grüne Minna einsammelt oder er an einem Ort wie Elks' Lodge auf eins jener nur für Militärangehörige bestimmten Feldbetten fällt.

Olga weiß das alles, aber was kann sie schon dagegen tun? Ganz allein mehr Zimmer bauen? Wenn man Olga ansieht, könnte man fast glauben, daß sie dazu imstande wäre. Sie gehört zu der Sorte Frauen, deren Gewicht nicht in Pfunden, sondern in Zentnern angegeben werden sollte, denn sie sieht aus wie eine massive primitive Skulptur. Sie stammt aus dem mittleren Osten Europas. Sie hat den „Daily Worker" abonniert, und ab und zu schiebt sie ein Exemplar unter meiner Tür durch, in dem sie bestimmte Abschnitte mit Rotstift angestrichen hat. Hoffnungsvoll leiht sie mir immer wieder Werke von Engels und Veblen und Marx, die ich respektvoll eine Weile behalte und ihr dann mit einem vagen Kommentar zurückgebe, durch den sie sich nicht im mindesten täuschen läßt. Sie hat mich jetzt als einen hoffnungslos unbekehrbaren Prostituierten der Kapitalistenklasse eingestuft, aber sie nennt mich mit stets gleichbleibender guter Laune „Tennie" oder „Willjams", und was sie selber betrifft, so gibt es überhaupt nichts, was sie mir nicht erzählt, und was mich betrifft, so gibt es nichts, von dem sie nicht erwartet, daß ich es ihr erzähle ...

Als ich im späten Frühling das erste Mal hierherkam mit der Absicht, eine Weile zu bleiben, und sich bei unserem Gespräch herausstellte, daß ich Drehbücher für Metro-Goldwyn-Mayer schrieb, sagte sie: „Haha, euch Filmfritzen kenne ich!" Sie sagt solche Sachen mit dem Ausdruck freundlicher Komplizenschaft, und auf Grund einer noch immer in meinem Wesen liegenden Zurückhaltung war ich zunächst geneigt, so zu tun, als verstünde ich diesen Ausdruck nicht. Aber im Lauf des Sommers gab ich meine Zurückhaltung auf, und augenblicklich haben wir, glaube ich, keinerlei Geheimnisse voreinander. Manchmal geht sie mitten in der Unterhaltung in mein Badezimmer und setzt das Gespräch von dort aus fort, während die Tür weit offensteht und ich sie in voller Lebensgröße thronen sehe; und sie blickt mich dabei mit den klaren, aufrichtigen Augen eines Kindes an, das noch nicht gelernt hat, daß einige Dinge nicht für die Öffentlichkeit bestimmt sind.

Dies ist ein Haus voller Betten, und ich hege den starken Verdacht, daß Olga in all diesen Betten gelegen hat. Diese großen, altmodischen Bettstellen aus Messing oder weißlakkiertem Eisen sind wie die Tasten eines Konzertflügels, über die sie in einer Art ständigem Arpeggio leichtherziger intimer Beziehungen hinwegfegt, und wenn ich mir ihren Gatten ansehe, kann ich ihr deswegen keine großen Vorwürfe machen. Es ist sentimental, anzunehmen, daß alle kranken Menschen unser Mitgefühl verdienen. Ernie ist krank, aber ich vermag ihn deshalb nicht zu bedauern. Er ist ein magerer, mürrischer Mann, dessen chronische Darmbeschwerden vor acht Jahren als Krebs diagnostiziert wurden, doch gegenwärtig ist sein Gesundheitszustand weder viel schlechter noch viel besser als damals, zum Zeitpunkt der Diagnose, und diese Tatsache bestärkt die Hotelbesitzerin in ihrer Verachtung aller Meinungen, die nicht von „der Partei“ kommen.

Ernie erledigt die Frauenarbeit, die in dem Wohnhotel anfällt, während sich Olga auf den hohen Stufen der Vordertreppe oder auf der Matratze hinter dem Haus neben dem Tomatenbeet voll Sonne saugt. Von der Vordertreppe aus kann ihr lebhafter, aber niemals erstaunter Blick die ganze traumhafte Szenerie des Strandes von Santa Monica umfassen, von dem im Stil von „Vom Winde verweht“ erbauten Landhaus des ehemaligen Filmstars Molly Delancey im Norden bis zu der ebenso idiotischen, aber etwas fröhlicheren Konstruktion der Berg-und-Tal-Bahn in Venice, Kalifornien.

Weil mir die Vorstellung Spaß macht, kommt es mir irgendwie so vor, als sei dies Hotel die durch Zauberei hierher versetzte Sommerpension an der Krimküste, in der Tschechows melancholischer Schriftsteller Trigorin zuerst die Bekanntschaft von Madame Arkadina machte und in der sie ihr erstes Wochenende zusammen verbrachten, traurig und weise, umgeben vom leisen Rauschen des Meeres, zwei Liebende in mittleren Jahren, die die Lichter löschen, bevor sie sich zusammen entkleiden, die einander, auf Berge von kühlen Kissen gelagert, Theaterstücke vorlesen und zuweilen entdecken, daß sie nichts weiter brauchen als den Druck einer Hand vor dem Einschlafen, um zu wissen, daß sie beieinander liegen.

Das Palisades Hotel ist ein großer, weißgestrichener Holzbau mit langen Balkons und Giebeln und viel freiem Platz ringsherum. Es erhebt sich unmittelbar über einem städtischen Spielplatz, der als „Muskelstrand" bekannt ist. Hier trainieren am Nachmittag Akrobaten und andere Artisten, große, kraftvolle, um ihre Schönheit wissende Männer, die ihre gewichtslosen Mädchen und zierlicheren männlichen Partner mit einer Art zärtlicher Unbewußtheit unter dem grellen Glanz und der Betriebsamkeit unseres Kriegshimmels herumschleudern.

Während ich zu Hause arbeite – ich habe vom Studio sechs Wochen unbezahlten Urlaub erhalten, eine Strafe für Kompromißlosigkeit, die darauf schließen läßt, daß meine Anstellung dort nur von kurzer Dauer sein wird, und die mich zwingt, eifrig an meinem Stück zu schreiben –, ist es ein Trost für mich, ab und zu einen Blick auf die Große Olga zu werfen, wie sie träumend auf der Vordertreppe sitzt oder sich hinter dem Hotel auf der alten Matratze rekelt.

Es macht mir Spaß, mir vorzustellen, wie die Matratze dorthin gelangt ist . . .

Ich denke, es war so:

An einem dieser wie Diamanten strahlenden Frühsommermorgen erscheint die Große Olga in einem Zimmer im ersten Stock. An dem Wochenende, das gerade vorüber ist, haben hier ein Soldat und sein Mädchen gewohnt. Gelassen vor sich hin brummend, betrachtet Olga die von Zigaretten herrührenden Brandflecken und schnuppert an den Gläsern, die auf dem Nachttisch stehen. Ein- oder zweimal runzelt sie leicht die Stirn, eine Andeutung von etwas, das zu schwach ist, um als Ekel definiert zu werden, hebt die unter das Bett geworfenen gebrauchten Präservative auf, zählt sie und murmelt: „Mein Gott!", während sie sie in die Toilette fallen läßt, und dann kommt sie aus dem Badezimmer zurück, ohne daß sie sich auch nur die Mühe gemacht hätte, sich im Waschbecken die Hände zu waschen. Der Junge und das Mädchen haben sich offensichtlich amüsiert, und Olga ist nicht die Frau, ihnen ihren Spaß zu mißgönnen, und was die kleinen Schäden betrifft, die Betten und

Tische im Sturm der Leidenschaft erlitten haben, so nimmt sie sie mit philosophischem Gleichmut hin. Eines Tages wird einer ihrer Mieter mit einer brennenden Zigarette in der Hand im Bett einschlafen oder ohnmächtig werden, und ihr Sommerhotel wird abbrennen. Sie weiß, daß dies eines Tages geschehen wird, aber bis dahin – nun, warum sich jetzt schon deswegen Sorgen machen.

Sie geht zum Bett zurück und zieht mit einem Ruck die zerknautschten Laken von der Matratze.

„Mein Gott", ruft sie, „die Matratze ist ja in einem Zustand!"

„Schlecht?" sagt Ernie.

„Vollkommen kaputt", sagt sie zu ihm.

„Schweine", sagt Ernie.

Aber Olga ist keineswegs unglücklich.

„Schweine, Schweine, Schweine", sagt Ernie fast quiekend vor Abscheu, aber Olga sagt: „Ach, halt den Mund! Ein Bett ist dazu da, um sich darin zu lieben, warum regst du dich also auf?"

Darauf verstummt Ernie, aber er kocht innerlich und kriegt nicht genug Luft.

„Ernie", sagt Olga, „du nimmst dieses Ende der Matratze."

Sie hebt das andere Ende hoch.

„Wohin damit?" fragt Ernie.

Der kleine Mann geht rückwärts auf die Tür zu, aber Olga hat etwas anderes vor. Sie gibt der Matratze einen nachdrücklichen Schubs zur Balkontür hin. „So lang", sagt sie kurz angebunden, und Ernie, der ihr nur noch selten eine Frage zu stellen wagt, folgt ihr, während sein Ende der Matratze auf dem Teppich schleift. Sie stößt die Drahttür auf und tritt mit einem freudigen Aufatmen in den Morgen hinaus, der sich über den Ozean und den Strand breitet. Der weiße Glockenturm des Zentrums von Santa Monica sieht aus dem Nebel hervor, und alles funkelt. Olga beschnüffelt diesen Morgen wie ein Hund, lächelt ihn an, als stehe sie in heimlichem Einvernehmen mit ihm, und ruft: „Hier lang!"

Die Matratze wird zur Schmalseite des Balkons geschleift, und Ernie weiß immer noch nicht, was sie vorhat.

„Jetzt laß los", sagt Olga.

Ernie läßt sein Ende fallen und taumelt zurück an die weiße Holzwand mit den bogenförmigen Verzierungen. Er ist erledigt und außer Atem, er sieht Feuerräder am Himmel. Aber Olga lacht leise in sich hinein. Während ihn die Feuerräder blendeten, ist es Olga auf irgendeine Weise gelungen, beide Enden der Matratze mit ihren Armen zu umfassen und sie zu einem großen Zylinder zusammenzurollen. Hmmm, sagt sie zu sich. Es macht ihr Vergnügen, die Matratze an ihrem Körper zu fühlen; sie frohlockt über das Gewicht, das auf ihr lastet. Sie steht da und umschlingt das große, schwerfällige Ding mit ihren Armen und stützt es mit ihren Schenkeln. Es lehnt sich gegen sie, ein massiger, erschöpfter Liebhaber, ein Liebhaber, den sie auf den Rükken gedrückt, für den sie die Beine gespreizt, den sie bearbeitet und glorreich überdauert hat. Sie lehnt sich zurück, während das Gewicht der Matratze erschöpft auf ihr ruht, und sie lacht in sich hinein und atmet tief, jetzt, da sie fühlt, daß ihre Kraft nicht mehr bezweifelt wird. In ihr sind noch fünfzehn, zwanzig, fünfundzwanzig Jahre volles, unverdünntes Leben, mehr als genug, um sie ruhig und gelassen zu machen. Die Zeit ist für sie kein Problem. Während sie die Matratze umarmt, denkt sie an einen Ringer namens Tiger, der den ganzen Sommer lang kommt und geht, erinnert sich an einen Seemann namens Ed, der sich Freiheiten mit ihr herausgenommen hat, denkt an einen Marinesergeanten, der in einem Waisenhaus in Kansas aufgewachsen ist und der sie Mama nennt, fühlt, wie das Gewicht all dieser Männer leicht auf ihr ruht wie das Gewicht eines Vogels mit verschiedenen eiligen Flügeln, der gerade lange genug bleibt, um sie zu befriedigen, und nicht einen Augenblick länger. Und so hält sie die große Matratze fest und spürt genußvoll ihr Gewicht auf ihrem Körper. Ah, sagt sie zu sich, ah, hmmm ...

Sie sieht Königspalmen und den weißen Glockenturm des Zentrums von Santa Monica, und vielleicht sagt sie zu sich: Ach, ich glaube, zum Mittagessen genehmige ich mir an der italienischen Bude auf dem Muskelstrand ein heißes Schaschlyk und ein kaltes Bier, und ich werde sehen, ob Tiger da ist, und wenn er nicht da ist, steige ich in den Fünfuhrbus nach Los Angeles und tue mir einen guten Film an, und danach gehe ich in die Olivera Street und esse ein paar Tamales mit Chili und trinke zwei oder drei Flaschen Carta Blanca, und dann fahre ich mit dem Neunuhrbus wieder zurück zum Strand. Das wird sich nach Sonnenuntergang abspielen, und drei Meilen ostwärts vom Strand wird wegen der kriegsmäßigen Verdunkelung das Licht im Bus ausgeschaltet, und Olga hat sich hinten in der letzten Reihe einen guten Sitznachbarn ausgesucht, einen Seemann, der zwei Dienstzeiten hinter sich hat und weiß, was anliegt, und wenn das Licht ausgeht, öffnen sich ihre Knie, und seine öffnen sich ebenfalls, und während sie fahren, schwirren in der Dämmerung die spinnwebenfeinen Flügel des Eros. Olga stößt ihren Seemann leicht an, wenn der Bus vor der Ecke Wilshire und Ocean Street seine Geschwindigkeit verlangsamt. Sie steigen dort aus und wandern Hand in Hand hinein in die summenden Schatten des Palisades Park, den Olga auswendig kennt wie ein Lieblingsbuch, das man niemals über bekommt. Überall auf diesem fabelhaft hohen Felsenriff stehen unter Königspalmen und über dem Pazifik Sommerhäuschen und Gitterlauben mit Bänken, wo soeben geschlossene Bekanntschaften üppige Blüten treiben.

All dies, all diese Vorstellungen, die zu lebhaft sind, um eines Gedankens zu bedürfen, sind in ihren Nerven, als sie das Gewicht der Matratze zwischen ihren Brüsten und Schenkeln spürt, und jetzt ist sie willens, das ganze Ausmaß ihrer Kraft zu zeigen. Sie schlingt die Arme noch fester um den weich-harten massigen Körper und hebt die Matratze bis zur Höhe ihrer Schultern.

„Paß auf, mein Gott", sagt Ernie, „du hebst dir noch einen Bruch!"

„Aber nicht ich", sagt Olga. „Ich hebe mir keinen Bruch! Haha, sieh her!" befiehlt sie.

Ihre schwarzen Augen blitzen, als sie ihre Muskeln spielen läßt.

„Achtung, fertig, los!"

„Allmächtiger Gott", sagt Ernie ziemlich atemlos und nicht sehr überzeugt, als die Matratze über das Balkongeländer segelt, ja buchstäblich segelt, hinaus in die funkelnde Morgenluft. Fontänen zarter Baumwollfasern stieben in dem Augenblick, da die ramponierte Matratze auf die Erde plumpst, aus mindestens tausend Rissen in ihrem Bezug.

„Hmmm", sagt Olga.
Die Tat ist glorreich vollbracht. Sie umfaßt das Balkongeländer mit ihren Händen, die noch niemals etwas gepackt haben, das sie nicht hätten zermalmen können, wenn sie gewollt hätten. Die großen Messingringe an ihren Ohren klirren törichten, aber stürmischen Applaus, und Ernie denkt wieder, was er schon sehr oft gedacht hat, seit der Tod so gedankenlos einen langsam wachsenden Keim in seinen Körper pflanzte: Wie ist es möglich, daß ich je mit dieser Frau geschlafen habe, auch wenn es schon eine Ewigkeit her ist!
Mit dem Instinkt eines Tieres, das immer wittert, was hinter ihm vorgeht, weiß Olga, was ihr invalider Gatte empfindet, wenn sie ihre Kraft zur Schau stellt, und der Rücken, den sie ihm zukehrt, ist weder freundlich noch feindselig. Und wenn er heute nacht einen Krampf in den Eingeweiden hat, bei dem er sich vor Schmerzen krümmt, hilft sie ihm ins Badezimmer und sitzt mit einer Zigarette und einem Hollywood-Filmmagazin gähnend auf dem Rand der Badewanne, während er auf der Toilette schwitzt und stöhnt. Sie sagt gutgelaunt ein paarmal „Puh!" und wedelt mit der Zigarette, um den Gestank seiner Qual zu vertreiben, und manchmal streckt sie die Hand aus und legt sie ihm auf die Stirn. Und wenn er blutet und zusammenbricht, wie es zuweilen geschieht, hebt sie ihn auf und trägt ihn zurück ins Bett und schläft ein, während seine heißen Finger zwischen ihren zucken, und sie tut das alles, als ob Gott es ihr befohlen hätte. Es gibt zwei Gründe dafür: Er ist ein boshaftes, krankes kleines Ungeheuer, das sich einst mit ihr gepaart hat und das sie längst verlassen und vergessen hätte, wäre nicht die jetzt unglaubwürdige Tatsache, daß sie zwei Kinder von ihm hat – eine Tochter, die als „Chefsekretärin bei einem großen Tier von Warner" angestellt ist (sie wohnt ständig bei ihm, weil er ein Säufer ist und sie immerfort ein Auge auf ihn haben muß), und diesen hier, „Mein Gott, sehen Sie ihn doch an". Die vergrößerte farbige Momentaufnahme eines vor Nässe glänzenden goldenen Jünglings an irgendeinem unbekannten Strand, der an einen Urwald grenzt. Er macht seine Nacktheit anständig, indem er sich einen üppigen Busch roter Blumen vor die Leistengegend hält. Olga hebt das Foto hoch und verpaßt ihm fünf Küsse, so schnell

wie Maschinengewehrfeuer, und auf dem Glas bleiben Lippenstiftflecken zurück, so leuchtend wie die Blüten, mit denen der grienende Junge sein Geschlecht bedeckt.
Das also sind die Tatsachen, die sie hinter sich in Ernie fühlt, und dennoch werfen sie keinen Schatten auf den gegenwärtigen Augenblick. Sie tut, was sie gewöhnlich tut, und Trost und Befriedigung sind in ihren Gedanken, als sie auf den ausgestreckten Matratzenkörper hinunterblickt. Ihre Augen saugen seine Möglichkeiten ein. Die Matratze hatte eine gute Vergangenheit. Olga wäre die letzte, zu leugnen, daß sie gut war. Die Matratze hat unter vielen Sommern der Unzucht in Olgas Sommerhotel gelegen. Aber sie soll auch eine gute Zukunft haben. Sie soll an Nachmittagen der Muße unter Olga und unter dem wundervollen Schaukelpferdwetter Südkaliforniens liegen.
Und genau das hat die ausgediente Matratze in den letzten paar Sommern getan. Regen und Sonne haben auf sie eingewirkt, und die Elemente, denen es nicht gelungen ist, sie aufzulösen und in sich einzusaugen, haben ihr ihre eigenen Eigenschaften verliehen. Die Matratze ist jetzt nichts als Weichheit und Duft nach Meer und Erde, und sie liegt immer noch neben dem üppige Frucht tragenden Beet, dessen Tomaten mich an ein Pack Spielkarten mit grünen Rückseiten erinnern, das nur noch Karo und Herz enthält.
(Wie hoch reizt du? fragt die Herzkönigin. Aber das ist Olga, und Olga reizt *ewig*!)
An Nachmittagen der Muße liegt sie draußen auf dieser überreifen Matratze, und ihr langsam atmender Körper ruht, von der Sonne erhitzt, entspannt in so etwas wie einem einteiligen Sarong, einem Kleidungsstück, in dem sich ein Hollywood-Pin-up-Girl wohl kaum zu zeigen wagen würde. Freckles, der Cockerspaniel, hat sein Kinn auf ihren Bauch gelegt. Er sieht aus wie ein Pudding aus Buttertoffee mit Schlagsahne obendrauf. Und diese beiden trägen Geschöpfe richten hin und wieder ihre Aufmerksamkeit auf das, was in Olgas Sommerhotel vor sich geht. Die Streitereien, die Musik, das Jammern, mit dem eine schlechte Nachricht empfangen wird, das fröhliche Geschrei, alles, was geschieht, ist bekannt und wird hingenommen. Ohne auch nur soviel wie Verachtung zu empfinden, verfolgen ihre Blicke das Tun des Gatten, der sich mit einem Mieter

wegen einer zerbrochenen Fensterscheibe oder Sand in einer Badewanne oder nassen Fußspuren auf den Treppen herumzankt. Niemand achtet groß auf den armen kleinen Ernie. Die Ernies dieser Welt werden eben so behandelt. Sie rennen mit dem Kopf gegen die Mauer ihres Zorns, bis ihr ausgedörrtes kleines Gehirn in Stücke gesprungen ist. Da geht er jetzt, ich kann ihn von diesem Fenster aus sehen, stapft den langen Balkon im oberen Stock des vorspringenden Hinterflügels entlang, mit Bettwäsche, die gelüftet werden muß, mit Laken, auf denen sich junge Körper vergnügt haben, die er deswegen haßt. Ernie behandelt jeden mit der höflichen Wut des impotenten Hahnreis, und alle behandeln Ernie mit solcher Gleichgültigkeit, daß er sich wie ein Kreisel um sich selber dreht, bis die Drehungen langsamer werden und er schließlich stehenbleibt. Manchmal gehen sie, während er sich beschwert, einfach an ihm vorbei und lassen das Salzwasser des Ozeans auf die Treppenstufen tropfen, so daß Ernie sich auf Hände und Knie niederlassen und es aufwischen muß. Schweine, Schweine nennt er sie, und natürlich hat er recht, aber seine Wut erstreckt sich ausnahmslos auf alle und ist daher nicht nützlich. Auch Olga kann wütend werden, aber sie hebt sich ihre Wut für das echte böse Tier auf, das sie an seinem Aussehen, seinem Ton und seinem Geruch erkennt, und obwohl sie keinen Namen für dieses Tier hat, weiß sie, daß es das böse Tier der Verlogenheit in uns ist, das gemeine Lügen erzählt. Durch kleinere Gegner läßt sich Olga nicht verwirren und aus der Ruhe bringen. Vielleicht sind alle Gegner kleiner als Olga, denn sie ist beinahe so groß wie die Nachmittage, unter denen sie liegt.
Und so ist der Lauf der Dinge, und niemand hält ihn auf.
Das wunderbare Schaukelpferdwetter Kaliforniens schaukelt hin und her über unseren Köpfen und über den Balkonen von Olgas Sommerhotel. Es schaukelt hin und her über den Akrobaten und ihren feingliedrigen Partnern, über den jungen Kadetten in der Fliegerschule, über dem Ozean, der das strahlende Leuchten des Augenblicks auffängt, über der Mole in Venice, über der Berg-und-Tal-Bahn und über den riesigen Strandvillen der erfolgreichsten ausgehaltenen Frauen der Welt – nicht nur über diesen Leuten und allem, was ihnen gehört, sondern über allem, was in der Gemein-

schaft des Daseins allen gehört. Es hat den ganzen Sommer über mir hin und her geschaukelt, über mir und den Nachmittagen, die ich an diesem grün-weiß karierten Tisch inmitten der gelben Kleisterflut einer Varietévorstellung verbrachte. Es hat über Siegen und Niederlagen geschaukelt, es hat sie alle zugedeckt, hat die Wunden wie die Freuden aufgesaugt und keinen Unterschied gemacht. Denn nichts ist so ritterlich wie dieses Pferd. Das riesige blaue Schaukelpferdwetter Südkaliforniens schaukelt hin und schaukelt her, und alle Zeichen deuten vorwärts. Die Pleureusen seines Kopfschmucks sind rauchblau, solche, die der Himmel nicht festhalten kann und deshalb mit großartiger Geste losläßt ...

Und jetzt habe ich wieder einen dieser Nachmittage hinter mich gebracht, also schiebe ich den Stuhl vom Tisch zurück, der über und über mit Papierkram bedeckt ist, recke mein verkrampftes Rückgrat, bis es kracht, und reibe mit den Fingern leicht über eine dumpf schmerzende Stelle in meiner Brust, und dabei denke ich, was für eine billige kleine Verpackung man uns da gegeben hat, um darin zu leben, eine Art elastische Maschine, die nicht lange zu halten braucht, die jedoch irgendwo einen geheimnisvollen Bewohner beherbergt, der ihr Dasein kennt und beschreibt. Wer ist er, und was führt er im Schilde? Beschatte ihn, zapfe seine Leitungen an, überprüfe seine nächsten Freunde, wenn er welche hat, denn es muß ein verborgener Sinn darin liegen, daß er gekommen ist, um hier zu verweilen und die ganze Zeit so gespannt aus den Fenstern zu sehen ...

Jetzt blicke ich aus dem Fenster zu Olga hin, die sich den ganzen lebenslangen Nachmittag auf diesem unanständigen Witz von einer Matratze gesonnt hat, während sie mit Muße altert und das Leben mit der Zunge eines weiblichen Bullen aufleckt. Der Ringer Tiger hat das Zimmer neben mir gemietet, und deshalb schaut sie hierher, wartet gelassen darauf, daß ein purpurroter Seidenmantel durch die Vorhänge seines Fensters leuchtet und ihr seine Rückkehr vom Strand anzeigt, und bevor er noch den Mantel an den Türhaken gehängt hat, wird sich die Tür so lautlos wie ein Augenlid öffnen und wieder schließen, und Olga wird von ihrer Matratze neben dem Tomatenbeet verschwunden sein. Einmal hat der Cockerspaniel die Unverschämtheit besessen, vor Tigers Tür zu schnüffeln und zu bellen, und er wurde hineingelassen und sogleich durch das Hinterfenster wieder hinausgeworfen, und ein andermal hörte ich Tiger murmeln: Großer Gott, du alte fette Kuh; aber nur ein paar Augenblicke später drangen Geräusche durch die Wand, die mich an die Bekenntnisse eines sterbenden Walrosses denken ließen.

Und so ist der Lauf der Dinge, und niemand hält ihn auf.

Die Vergänglichkeit ihrer äußeren Hülle hat auf Olga keinen Schatten geworfen, den sie nicht lachend abschütteln könnte. Ich betrachte sie jetzt, bevor Tiger vom Muskelstrand zurückkehrt, und wenn bisher kein Gedanke, kein Wissen in der proteushaften Gallertwelt von Hirn und Nerven Gestalt angenommen hat, wenn ich die Geduld aufbringe, noch ein paar Augenblicke länger zu warten, springt diese Hotelbesitzerin, die Picasso gemalt haben könnte, vielleicht von ihrer Matratze auf und kommt in mein Zimmer gelaufen mit einer milchblauen Pozellanschale voll von Gründen und Erklärungen für alles, was besteht.

1954

Der Wein

Den Körper der Frau spürte er neben sich, sogar noch im Schlaf, mit der gleichen undeutlichen und gedankenlosen Empfindung, die Pflanzen für das Sonnenlicht haben: war er fort – hatte sie das Bett verlassen –, verspürte er das gleiche blinde, gestaltlose Verlangen, das Pflanzen empfinden mußten, wenn ihnen die Wärme fehlte. Während sie schliefen, war eine Verbindung zwischen ihren Leibern hergestellt, an die er sich immer mehr gewöhnt hatte. Im Winter besaß sein Körper nicht genug Wärme, und er mußte sich immer ein wenig von ihr borgen – es bestand stets ein Kontakt zwischen ihnen, seine Knie stießen in ihre Beuge, oder sein Arm lag wie eine Weinranke um ihre Schultern. Und selbst wenn die Nächte, wie jetzt im Spätsommer, ungewöhnlich heiß waren, mußte Hand oder Fuß mit ihr eine Verbindung halten. Das brauchte er, um sich geborgen zu fühlen. War die Verbindung unterbrochen, so war die Wohltat des tiefen Schlafes vorbei, auch wenn er nicht erwachte, und er warf sich unruhig hin und her und murmelte manchmal dabei ihren Namen – Rachel – Rachel. War sie noch im Zimmer, kam sie wohl noch einmal wieder ins Bett zurück. Sie vorübergehend entbehrt zu haben entwickelte in ihm eine schläfrige Begierde, und er nahm sie, fast wie ein Kind die Mutterbrust suchte, mit blindem, instinktivem, tastendem Besitzergreifen im Halbschlaf, so wie Pflanzen sich im Sonnenlicht mit jener süßen, bewußtlosen Dankbarkeit dehnen, die lebende Materie für das hat, was ihr Dasein erhält.

Auch heute schlief er schon eine Weile unruhig, nachdem Rachel aufgestanden war. Ein wachsendes, unbefriedigtes Begehren vertrieb allmählich seinen Schlaf. Er schlug die Augen auf. Über ihm dehnte sich die Decke mit einem

Netz feiner silberheller Risse und brauner Flecke, das an Rohrbrüche in den oben gelegenen Mieträumen erinnerte. Die große Fensteröffnung verwehrte dem harten Morgenglanz den Eintritt nicht, es war, als starre jemand unverschämt herein, dessen Verachtung ihm bekannt war, ohne daß er sich ihr zu entziehen vermochte.
Er schloß die Augen und machte ein schmollendes Gesicht.
„Jesus, mir ist, als hätt ich den ganzen Mund voll Federn!"
Rachel sagte nichts.
Er drehte sich um und sah, daß ihr Bett leer war. Die Dekken waren säuberlich zusammengelegt und das Kopfkissen glattgestrichen, es sah so aus, als habe sie in der Nacht überhaupt nicht hier geschlafen. Ja, einen Augenblick überlegte er ganz benommen, ob es so war. Natürlich war sie dagewesen, sein Körper, der, während er schlief, wie ein belichteter Film aufgenommen hatte, gab ihm die süße endlose Geschichte ihrer Anwesenheit neben ihm wieder. Und nun fiel ihm auch ein, daß sie sich ruhelos hin und her geworfen hatte, bis er sich beklagt hatte: „Rachel, warum liegst du denn nicht still?", und ihre Antwort: „O mein Gott!" und daß er sie gefragt hatte: „Was ist los?", worauf sie nichts mehr gesagt hatte – er war dann wieder eingeschlafen.
„Rachel!"
Die ganze Leere des Raumes spürte er, da nichts antwortete als das gleichgültige Summen einer großen Bremse, deren Flügel vor dem blanken Kupferschirm blau aufblitzten, wie wenn seine Frau in ein Insekt verwandelt worden wäre.
Über diese phantastische Vorstellung leicht grinsend, stützte er sich auf den Ellbogen und blinzelte.
Die mutwillige Stimmung junger Jahre brach manchmal in kleinen Scherzen, die sie miteinander trieben, wieder durch, deshalb bildete er sich ein, sie habe sich versteckt, um ihn zu necken. Aber in dem ganzen kleinen Appartement, das aus einem Zimmer bestand, gab es kein Fleckchen, wo sich selbst eine so zierliche Person wie Rachel hätte verbergen können; die Schranktür stand offen, und auch die Kochnische war vom Bett aus ganz zu übersehen.
Schnaufend beugte er sich hinunter und sah unter dem Klappbett die blaßblauen Strumpfbänder, die er verloren

hatte, aber nicht seine Frau. Zögernd und mit halbem Herzen machte er sich mit allerlei kleinen Bewegungen daran, das Bett zu verlassen, und trat an das eine Fenster des Zimmers, unter dessen bogenartigem Vorbau die Welt wieder einen heraufziehenden heißen Tag präsentierte. Die schmale Straße in Greenwich Village war leer, man hätte meinen können, daß eine Pest über Nacht die ganze Bevölkerung ausgerottet habe. Nein, da war ja jemand, eine Frau trat aus einem Nebenweg, ja, aber nicht Rachel. Er folgte ihr mit den Blicken, wie sie geziert zu dem Kolonialwarenladen trippelte, in dessen Fenster sich ein Chaos von blitzblanken Reklame- und Preisschildchen befand. Es war sehr gut möglich, daß Rachel mit einer leeren Milchflasche in einer Papiertüte dorthin gegangen war – wieviel Kleingeld hatte sie unter der Porzellanfigur auf dem Schreibtisch fortgenommen? Rasch sah er nach und rief sich ins Gedächtnis, wieviel gestern abend noch dort gewesen war. Es fehlte ein Vierteldollar. Ein Telefongespräch? Eine Stadtbahnfahrkarte? . . .

Unsicher kicherte er vor sich hin: denn nun gab es nichts mehr zu tun, womit sich der gefürchtete Blick in den Spiegel aufschieben ließ. In seinem zerdrückten roten Pyjama mit weißen Biesen begab er sich ängstlich zu dem seifenverspritzten Spiegel über dem Ausguß, um wie jeden Morgen sein Aussehen kritisch zu prüfen. In seiner Jugend war er ein wirklich schöner Mann gewesen, das Ideal eines Jünglings, und auch mit dreiundvierzig hatte er die angenehme Vorstellung, ganz attraktiv auszusehen, zumal er den mittleren Jahren nicht mehr als zehn Pfund Gewichtszunahme gestattet hatte. Ach, aber das Haar! Angeblich sollte es mit vierzig aufhören auszufallen, und wenn man es bis dahin durchgebracht hatte, sollte es bleiben. Was war daran Wahres? Er neigte den Kopf so weit nach vorn, daß er sich gerade noch im Spiegel sehen konnte. Die Glatze wurde täglich deutlicher, ja, sie blühte wie eine Rose. Na schön. Man sagte andererseits, daß dünnes Haar ein Zeichen überlegener männlicher Kraft sei. Das mochte stimmen; es kostete ihn nichts, daran zu glauben.

Automatisch begann er seinen Kopf mit allen zehn Fingern im Kreise herum zu massieren, zählte bis sechzig und hörte atemlos mit einem Seufzer der Erleichterung auf.

Das wäre überstanden – er trat wieder ans Fenster. Er kam

gerade zurecht, um die alte Jungfer, die den Kolonialwarenladen betreten hatte, wieder herauskommen zu sehen. Sie drückte ein Paket fest an ihren flachen Busen, als habe sie Angst, jemand könne sie berauben. Ist dir nicht aufgefallen, fragte er sich selber, wie fest ängstliche Menschen Gegenstände an sich drücken, zum Beispiel einen Hut, wenn sie im Vorzimmer auf einen Manager warten? Puh! Gestern, als er McClintics Büro verlassen hatte, war sein Panama so eingebeult, daß er frisch gepreßt werden mußte! Ach, da fiel ihm ein, was er heute morgen tun wollte. Edie Van Cleve anrufen und sie nach der Rolle in dem Stück „Veilchen sind blau“ für die Tournee fragen. Er nahm Kleingeld und ging im Bademantel runter. „Sie haben Ihre Sache gut gemacht“, sagte sie ihm, „aber Mr. Davidson ist der Ansicht, daß Sie für die Rolle eine Idee zu jung sind.“ Auf dem Rückweg die Treppe hinauf schlug sein Herz heftig. Solches Herzklopfen kam ab und an. Der Arzt hatte ihm gesagt, es läge nichts Organisches vor, keine krankhafte Veränderung des Herzens. Er hatte gesagt: „Nähmen wir es heraus und betrachteten wir es uns, dann würden Sie sehen, daß es ein ganz normales Herz ist, nur ein wenig vergrößert, das kommt von Ihrem anstrengenden Leben.“ Diese Bemerkung sollte beruhigender wirken, als sie es für Donald war. Was hieß anstrengendes Leben? Er hatte sich bei der Arbeit und im Theater nie übernommen. Proben mochten anstrengen, aber er hatte sich immer wohl dabei gefühlt. Erst in den letzten zwei oder drei Jahren mit den langen Zeiten unfreiwilliger Untätigkeit war es mit seiner Gesundheit nicht mehr so rosig gewesen.

Schritte auf dem Flur – Rachel? Nein, sie gingen weiter nach oben . . .

Er begann auf sie zu fluchen, im Scherz, als könne sie es hören, dabei sah er das gerahmte Bild des Glühwürmchen-Balletts an, auf dem Mädchen in schimmernden kurzen Röckchen eine komplizierte Figur tanzten. Sie hatten winzige Taschenlampen in Händen, die im rosigen Dämmerlicht der Bühne aufblinkten und erloschen. Ganz am Schluß der Reihe tanzte Rachel, eine Idee schlanker, rascher und anmutiger als die anderen. Sein Auftritt war darauf gefolgt. Er hatte die Stichworte zu liefern in einem ordinären Dialog mit einem Komiker, der inzwischen an einem Herzlei-

den gestorben war. Tommy Watson. Puh. Da stand Tommys Bild. Ganz nett, und gar nicht vorzustellen, wie er jetzt aussah. Und da war ja auch sein eigenes Foto mit Strohhut und Fliege. Nicht viel älter, als jetzt sein Sohn sein würde. Aber Rachel und er hatten keine Kinder. Etwa zehn Jahre waren sie der Möglichkeit ängstlich aus dem Wege gegangen. Dann war vor zwei, drei Jahren Rachel im Sommer in eine trübe Stimmung verfallen, aus der er sie nicht zu reißen vermochte. Sie spielten damals auf einer Sommerbühne. Man hatte Rachel damals auf einmal ihr Alter angesehen, und der Theatermanager hatte gemeint: „Wir können Sie leider nicht mehr auf die Rolle der Naiven zurechtmachen, und wir haben für alle Charakterrollen sowieso die passenden Damen." Das war ein *schrecklicher* Moment gewesen, und Rachel lief mehrere Tage herum, als sei sie nicht ganz bei Verstand. Dann hatte sie eines Abends gesagt: „Ich wünsche mir ein Baby." Er widersprach ein wenig, aber sie blieb fest. „Wir wollen ein Baby haben." Sie benutzten keine Verhütungsmittel mehr und warteten ein halbes Jahr. Als sich immer noch nichts ereignete, gingen sie zum Arzt. Beide wurden gründlich untersucht, und am Schluß sprach der Arzt mit Rachel. Donald wartete nervös draußen. Als sie rauskam, sah sie ihn so merkwürdig an.
„Was hat er gesagt?"
„Er sagte, wir können keine Kinder haben."
„Ist bei dir was nicht in Ordnung, Liebling?"
„Bei mir schon. Er sagte, *du seist steril* . . ."
Das gab Donald einen furchtbaren Schlag, und als Mann war er an der empfindlichsten Stelle getroffen. Durch große schmeichelhafte Beachtung, die er in seiner Jugend erfahren hatte, war seine sexuelle Eitelkeit aufgebläht, ohne je wieder das normale Maß zu finden.
Auf dem Heimweg vom Arzt war er knallrot angelaufen und ganz schweigsam geworden. Am Ende sagte er scheu: „Rachel?"
„Ja?"
„Sag niemand was davon."
„Sei doch nicht so töricht, Donald. Das ist doch kein Grund, sich zu schämen. Und warum sollte ich es an die große Glocke hängen?"
„Ich meinte nur . . ."

Ihre Beziehungen hatten sich durch ihre Entdeckung aber doch verändert. Sie lachten zwar, wenn sie daran dachten, welche Umstände sie die ganzen Jahre gemacht hatten, um etwas zu verhindern, was gar nicht hätte eintreten können. Aber der Scherz ging auf Donalds Kosten und war aus diesem Grunde schwer zu ertragen. Eine Zeitlang war das psychische Trauma so groß, daß es ihn Mühe kostete, mit Rachel zu schlafen, aber Rachel hatte mehr Einsicht als er. Sie eroberte ihn zart zurück, und allmählich vergaß er die Erniedrigung, und alles war wieder, wie es vorher gewesen war. Donald neigte nicht dazu, alte Wunden offenzuhalten, und sollte Rachel noch über ihrem Mißgeschick brüten, so war ihr doch äußerlich nichts davon anzumerken. Donald bekam eine recht gute Rolle in einem Stück, das neun Monate in New York auf dem Spielplan war, und sie sparten etwas Geld. Als sie mit dem Stück in die Provinz gingen, scheiterte es in Chicago an Claudia Cassidys unbestechlicher Gerechtigkeit. Das war außer einigen kleinen Fernsehrollen Donalds letztes Engagement gewesen.
Donald hatte einmal irgendwo gelesen, daß man depressive Gefühle am besten bekämpfe, indem man ungewöhnliche Sorgfalt auf seine äußere Erscheinung verwende. „Vertreib deine Sorgen durch gepflegtes Äußeres!“ Das war der verheißungsvolle Titel jener Zeitungsweisheit gewesen. Er entsann sich, den Artikel Rachel zu einer Zeit vorgelesen zu haben, als sie sich ihrem Kummer ganz hingegeben hatte. Der Aufsatz war zwar an weibliche Leser gerichtet, aber nichts an dem Thema sprach dagegen, seine Ratschläge auf einen jugendlich wirkenden Mann in den mittleren Jahren anzuwenden, der mehr als üblich Wert darauf legte, eine gute Figur zu machen. Er nahm daher Rachels Manikürkasten hervor und reinigte, feilte und polierte seine Nägel, puderte seinen rundlichen Körper mit Fliederpuder, spritzte sich Eau de Cologne unter die Arme, legte saubere, leicht rosa getönte Nylonshorts an und holte aus einer Hülle einen schneeweißen Leinenanzug, den er jahrelang für bedeutungsvolle Tage, die nie eingetreten waren, geschont hatte.
„Ich kenne keinen Mann, dem weiße Anzüge so gut stehen wie dir“, hatte ihm doch einmal jemand gesagt. Aber das war in einem anderen Land, und die Dirne war tot. Als er

sich unterwegs in den vor Hitze flimmernden Straßen überraschend in ganzer Größe in einem der Spiegel sah, die zwischen zwei Schaufenstern hängen wie Belag zwischen zwei Stullen, entdeckte er, daß ein gewisser allzu strammer Sitz, für den er im Geiste die Waschanstalt mit ihrem Stärken verantwortlich gemacht hatte, unabweisbar die Folge seines erweiterten Umfangs war. Er versuchte es mit geöffneter Jacke, und das war auch viel angenehmer, aber im nächsten Spiegel mußte er feststellen, daß die gestärkte Jacke hinter ihm nun so herumwehte, daß er wie ein Zwerghahn aussah, der im Schmuck seines schneeweißen Federkleides die Straße entlangstolzierte. Das genügte, um alles ungeschehen zu machen, was er unternommen hatte, um „seine Sorgen durch gepflegtes Äußeres zu vertreiben".
Und wie er an diesem strahlenden Vormittag nun so ziellos durch eine Menge strich, in der jeder eine Verabredung zu haben schien und auf ein Ziel zustrebte, bemerkte er, daß niemand ihn beachtete. Das war ihm bisher nie aufgefallen, und er versuchte nun mit Vorsatz den Blick anderer Leute im entgegenkommenden Strom auf sich zu ziehen. Er verlangsamte den Schritt und starrte aufdringlich in die vor ihm auftauchenden Gesichter, nicht nur in die von hübschen Mädchen, die zu ihrem Mittagessen trippelten, sondern auch in die von Frauen seines Alters, und mit wachsendem Unbehagen, das fast an eine Panik grenzte, mißglückte es ihm, ihre Aufmerksamkeit auch nur länger als eine Sekunde zu erregen. Ja, ein Mädchen lachte im Vorbeigehen auf, was nicht unbedingt auf ihn gemünzt sein mußte, aber auf wen denn sonst? Es ging allein . . .
Nach dieser Entdeckung trat er in einen Drugstore und bestellte ein kohlensaures Getränk, das er im gleichen Augenblick, da es der Kellner vor ihn stellte, in einem Zug herunterstürzte. Ah, schon löste sich sein Unwohlsein, und sein reizbares Herz schien nun gleichmäßiger zu schlagen als vorher auf der Straße. Die Stadt ist voller Menschen, so tröstete er sich, die nur mit sich selber reden und vor sich hin lachen, die nur sich selbst als Mittelpunkt erleben und daher nur sich ganz allein im Spiegel sehen können. Und wenn mich auf dem Bürgersteig nicht einmal mehr die Fremden anstarren wie früher, noch vor ein, zwei Jahren, dann heißt das nur – heißt nur – ja, was? Er vergaß seine

Überlegung zu beenden, denn der Barhocker neben ihm wurde von einem jungen Mädchen besetzt, das er für eine Sekretärin hielt, die mittags hier ihre Coca-Cola trank; vielleicht lebte sie diät, um nicht noch dicker zu werden, natürlich, ihre Fülle quoll ein wenig über den metallenen Rand des Hockers wie der Hut eines Pilzes. Ja, murmelte er sich ermunternd zu, als er ihre Augen im gegenüberliegenden Spiegel traf, und während er mit den Fingerknöcheln seiner rechten Hand sanft mit ihrer linken Hinterbacke in Berührung kam, gab er ihr einige ganz leichte Schläge. Ihre Augen sah er im Spiegel blinzeln, aber sie trank ihre Coca-Cola weiter, ohne ihn anzulächeln oder sich nach ihm umzudrehen. Ihr Blinzeln und ihre unveränderte Haltung gaben keinen Aufschluß, und er versuchte es noch einmal.
Das Mädchen wandte sich wieder nicht um, ja, ihr Gesichtsausdruck veränderte sich nicht, aber sie begann mit leiser, rascher Stimme zu sprechen, und ihre Worte überfielen ihn wie ein stechender Insektenschwarm.
Er zog es vor, nicht zu verstehen, was sie sagte, sprang so rasch auf, daß ihn schwindelte, und stürzte aus dem Lokal.
Er tröstete sich mit der Beobachtung oder versuchte es wenigstens, das ganze Village wimmele neuerdings von männerfeindlichen Frauen. Er merkte nicht, wo er hinging, es war die Richtung zum Washington Square.
Bum!
Er blieb stehen.
Er stand vor dem Whitney-Museum ... Bum, bum, bum, bum, bum machte sein verbrauchtes Herz! Wovon verbraucht? „Berufliche Überlastung", sagte der Doktor.
Bum, bum, bum ... An der Vorderseite des Museums klebte ein lustiges, buntes Plakat, das eine Ausstellung gegenstandsloser Malerei anpries ...
Rachel ...
Vielleicht hatte sie irgendwo im Zimmer eine kleine Nachricht hinterlassen, daß sie fortgefahren sei, um den Tag bei einer Freundin zu verbringen, vielleicht bei Jane Austin, die mehr zur Stadt hin, am Columbus Circle, wohnte und die mit ihnen beiden gleich gut stand. Schön ...
Zwei Jugendliche, ein Junge und ein Mädchen, die zu den langhaarigen Halbstarken des Village gehörten, tauchten

neben ihm auf und betrachteten ebenfalls das Plakat. Er trat rücksichtsvoll etwas beiseite und hörte sich ihre Bemerkungen mit an. Er verstand den Namen Mondrian, den er schon einmal gehört hatte, aber das Bild sagte ihm auch dann nicht mehr als ein Streifen Linoleum in einer hellen sauberen Küche. Es gab eine ganze Welt, zu der er keinen Zugang hatte, aber trotz seiner Eitelkeit war er so bescheiden, sich nie über eine Begeisterung lustig zu machen, die er als Außenseiter nicht verstand. Er stand da und lauschte voller Achtung auf die Bemerkungen der jungen Leute, und da – Gott helf mir! – muß doch die verdammte Kohlensäure mit einem so lauten Rülpser hochkommen, daß die beiden sich umdrehten und sich vor Lachen ausschütteten.
Obwohl er sich von seiner leichten Benommenheit noch nicht ganz erholt hatte, mußte er schleunigst weitergehen ...
Am Square angekommen, nahm er einen Bus in Richtung Fifth Avenue, um Jane Austin zu besuchen. Der Bus hatte kein Oberdeck. Benommen und unbestimmt empfand er, daß es wohl schon sehr lange her war, daß auf dieser Linie Busse mit Oberdeck verkehrten; es fiel ihm absolut nicht mehr ein, ob es so war oder nicht. – Seine Gedanken schweiften ab und verloren sich ins uferlose.

Jane war zu Hause. Sie hatte um ihren recht großen Kopf ein Handtuch geschlungen, und als sie ihm die Tür öffnete, sah sie ihn überrascht an. Ihr Gruß war komisch genug, sie sagte: „Du hast mir gerade gefehlt!“, und obwohl das vielleicht eine Anspielung auf seinen weißen Leinenanzug und den mit Meermädchen geschmückten blaßblauen und weißen Seidenschlips bedeuten konnte, war das nicht gerade eine so liebenswürdige und warmherzige Begrüßung, wie sie sich ein Besucher wünscht.
„Ist Rachel hier?“ fiel er mit der Tür ins Haus.
„Wieso? Nein. Sollte sie denn hier sein?“
„Na ja, ich nahm es an ...“
„Ich habe weder dich noch Rachel seit der Party im Juni gesehen.“
Er fand, sie war ein bißchen gar zu kurz angebunden, und sie entschuldigte sich auch nicht einmal für ihre Aufmachung. Offensichtlich hatte sie an diesem Morgen nicht an

einer Depression gelitten, wenn aber doch, dann schien sie zu „Vertreib deine Sorgen durch gepflegtes Äußeres" kein Vertrauen zu haben, aber um der Wahrheit die Ehre zu geben, sie machte wenigstens den Versuch, in das Durcheinander etwas Ordnung zu bringen, das von einer ziemlich großen Party am Abend vorher stammen mußte, zu welcher Donald und Rachel aus irgendwelchen Gründen nicht eingeladen worden waren. Aber New York ist eine Stadt, in der jeder einfach zu viele Bekannte hat . . .
Er wartete eine Weile, daß Jane sagen würde: setz dich doch, aber als sie es nicht tat, folgte er ihr beiläufig und machte es sich auf dem Sofa bequem.
Er dachte über jene Party im vorigen Monat nach und überlegte, ob da der Schlüssel zu Janes verändertem Verhalten liegen könne. Man hatte sich dabei zum großen Teil unterschiedslos liederlich aufgeführt in einer Weise, an der Rachel nie teilnahm, während er es manchmal tat, aber nicht ernsthafter, als wenn ein ausgewachsener Mann mit einer Kinderschar Baseball spielte. Rachel war mit einem Ehepaar frühzeitig nach Hause gegangen, während er noch dageblieben war. Nun fiel ihm ein, daß er und Jane und noch jemand schließlich im Schlafzimmer gelandet waren, und dort hatte ein recht buntes Treiben geherrscht, in dessen Verlauf irgendwer auf irgend jemanden böse geworden war und Krach geschlagen hatte. Er konnte sich aber nicht mehr daran erinnern, worum es ging und wie es endete, er wußte nur noch, daß er bald darauf das Haus verlassen hatte und bis zum Kehraus in eine Bar gegangen war. Vielleicht war diese Auseinandersetzung ernsthafter gewesen, als sie ihm vorkam. Dann war es verständlich, warum Jane so kühl war.
„Rachel ist verschwunden", sagte er.
„Wann?"
„Heute morgen."
„So?"
Jane zeigte nicht das geringste Interesse. Die Luft im Zimmer war stickig und schal von Hitze, Alkoholdünsten und abgestandenem Zigarettenrauch. Er wartete darauf, daß Jane ihm etwas zu trinken anbot. Er entdeckte eine Flasche Whisky, in der noch mehrere Fingerbreit waren. Aber Jane blieb unzugänglich. Sie lehnte sich auf den Griff des Staubsaugers und starrte nachdenklich und leicht abwesend vor

sich hin. Sie lebte ganz allein in ihrer unangenehm hellen Wohnung. Donald konnte sich nie vorstellen, wie Menschen allein lebten. Für ihn war es unfaßbarer als ein Leben auf dem Mond. Wie standen sie am Morgen auf? Wie wußten sie, wann Essenszeit war? Wo und wie konnten sie überhaupt Entschlüsse zu den vielen kleinen Problemen des Alltags fassen? Kam man von einem einsamen Spaziergang durch die Stadt allein nach Hause, wie ertrug man es, wenn nicht jemand da war, dem man all die kleinen Dinge erzählen konnte, von denen man dann erfüllt war? Wenn man das ernsthaft zu Ende dachte, lohnte es sich denn zu leben außer für das alles umschließende und beschützende innige Vertrautsein in einer Ehe? Und doch wurden viele Frauen gleich Jane damit fertig. Auch Männer lebten ja schließlich allein, aber nicht er. Für ihn war das unvorstellbar, allein ins Bett zu gehen, auf der einen Seite die Wand, auf der anderen Seite ein leerer Platz, nur die eigene Wärme, kein Körper, der einen berührt, solches Alleinsein war einfach unanständig! Kein Wunder, daß Menschen, die so obszön einsam lebten, in nüchternem Zustand Dinge taten, die man selber höchstens im Rausch beging . . .
Er sah Jane an und empfand ein wenig Mitleid mit ihr, obwohl sie heute nicht sehr nett zu ihm war.
Wahrscheinlich fühlte sie sich vernachlässigt. Er hätte sie anrufen oder ihr, nach jenem trüben Treiben in jener Nacht im Schlafzimmer, andere Aufmerksamkeiten erweisen müssen.
Plötzlich traf sein Ohr wieder das summende Geräusch des Staubsaugers.
„Jane!"
„Entschuldige mich einen Augenblick. Ich erwarte Besuch und muß vorher noch ein bißchen aufräumen."
Sie warf ihm ein rasches hartes Lächeln zu, während sie den Teufelsapparat über den Boden bewegte. Der Geruch im Zimmer wurde immer ekelerregender. Er nahm die Beine hoch und streckte sich der Länge lang auf dem Sofa aus.
Er war nicht gewillt, diese schlechte Behandlung einfach hinzunehmen!
„Jane – *Jane*!"
Sie stellte den Staubsauger ab.
„Was *hast* du denn?"

„Ich fühl mich einsam."
„Wirklich?"
„Jane, fühlst du dich auch manchmal einsam?"
„Nie."
„Warum wirst du nicht seßhaft?"
„Was meinst du damit?"
„Heirate doch!"
„Pah!"
Sie wollte den Staubsauger wieder anstellen, aber er nahm ihn ihr weg und legte sein Kinn auf den Griff.
Sie stützte ihre Hände in die Hüften und sah ihn dermaßen unfreundlich an, daß er sich fast fürchtete.
„Was meinst du, wo Rachel ist?"
„Bedrückt es dich?"
„O nein", lachte er, „ich bin nicht optimistisch genug zu glauben, daß sie endgültig davongegangen ist."
Jane lachte nicht und sah nicht einmal zu ihm hin.
Sie schob den Staubsauger in einen Schrank und begann die Seidenkissen aufzuschütteln, ja, sie zog sogar an dem, auf welchem er lag.
Das ging zu weit! Er packte sie an beiden Schultern, zog sie auf sich herab und preßte seinen Mund auf den ihren. Er versuchte, ihre zusammengepreßten Lippen zu trennen, und fuhr gleichzeitig mit einer Hand ihren Rücken entlang. Im gleichen Augenblick aber spürte er einen gewaltigen Schlag an der Schläfe. Er war wie benommen, rote Funken tanzten vor seinen Augen, und sein Magen krampfte sich. Er beugte sich über den Rand des Sofas hinab, und etwas von dem kohlensauren Getränk, das er im Drugstore zu sich genommen hatte, kam ihm wieder hoch, und er spie es in das unpassende Gefäß seiner Hände.
Benommen wischte er es mit dem Taschentuch ab.
„Womit hast du mich geschlagen?"
Die Frage war unnötig. Auf dem Boden lagen Scherben einer blauen Vase, die er vorher mit einigen Sonnenblumen darin gesehen hatte.
„Du hättest mich damit umbringen können", sagte er traurig zu ihr. Sie stand keuchend über ihm und sah ihn mit unverhohlenem Widerwillen an.
„Du bist ja widerlich", sagte sie. „Bitte, geh jetzt."

Das Zimmer hatte sich in seiner Abwesenheit nicht verändert, nur schien die Sonne jetzt durch ein anderes Fenster herein. Die Beleuchtung war eine andere. Während seines unglücklichen Spazierganges durch die Stadt hatte das Licht den Kreis eines Lebens durchlaufen, von leidenschaftlicher Kraft bis zur Erschöpfung. Nun blendete es nicht mehr und wirkte auch nicht mehr so herausfordernd, es warf nur noch einen goldenen matten Strahl durchs Fenster... Auch die Bremse war an dieses Fenster geflogen und merklich ermüdet. Im Schein des Lichtes glänzten ihre zarten Flügel noch immer wie blaue Flämmchen, aber ihre wilden Kopfsprünge gegen die Jalousie waren nun von Ruhepausen unterbrochen, die anzudeuten schienen, daß Versagen nicht mehr außerhalb des Bereichs der Möglichkeiten lag. Donald ging sofort durchs Zimmer, verstellte vorsichtig die Jalousien und ließ die Fliege hinaus. Diese sinnlose Handlung beging er ohne Überlegung, so wie er Kindern oder Katzen Tore öffnete. Er war ein gutherziger Mensch. Es war etwas Sanftes und Passives in seinem Wesen, was es ihm unmöglich machte, gleichgültig an den Problemen kleinerer und schwächerer Lebewesen, als er selbst eins war, vorbeizugehen. Er stand eine Weile am Fenster. Woran erinnerte ihn dieser Augenblick? O ja, mein Gott, an eine ganz frühe Rolle bei seinem ersten Engagement. Er hatte einen jugendlichen Bergarbeiter zu spielen, der bei einem Grubeneinsturz getötet wurde. Das alte Scheusal Florence Kerwin spielte seine Mutter. In der letzten Szene trat sie langsam an ein Fenster, das mit gelber Gelatine bespannt war, und hatte mit zitternder Stimme geflüstert: „Alle Sonnenuntergänge sind Erinnerungen." Dann wurde bis fünf gezählt, und der Vorhang fiel langsam. Aber schon ehe der Vorhang ganz geschlossen war, knallten die Sitze hoch, und der zaghafte Applaus ertrank im Geschlurf der Schritte. Die komische kleine alte Jungfer aus Alabama, die das Stück geschrieben hatte, stand atemlos neben ihm in der Kulisse, als die alte Florence Kerwin abtrat.
Die Schauspielerin starrte die beiden an und schrie: „Das Stück ist ein Turkey*!"

* Truthahn ist zugleich in Amerika der Bühnenfachausdruck für einen vollständigen Durchfall. (Anmerkung des Übersetzers)

Die alte Jungfer wandte sich an den in der Nähe stehenden Theaterdirektor und fragte ihn, ohne zu begreifen:
„Was ist ein Turkey?"
„Ein Vogel mit Federn!" wurde sie belehrt.
Donald hatte ihr den Arm um die Schulter gelegt, da sie in Tränen ausbrach, in jene Tränen, in welchen sich stets die Unschuld badet, wenn sie vertrauensvoll in die schimmernde Scheinwelt des Broadway hineinschlittert, und über die bebenden Schultern der Miss Charlotte Soundso, von der nie jemand wieder irgend etwas vernahm, sah er, wie der kleine Theaterdirektor mit kalter Wut an der Tafel das Schildchen „Abgesetzt" anheftete.

Nun begann Donald sich nach der Mitteilung umzusehen, die Rachel irgendwo hinterlassen haben mußte, um ihre lange Abwesenheit zu erklären. Er sah an jedem nur denkbaren Ort nach, wo vernünftigerweise eine liegen konnte, selbst unter dem Bett und dem Ofen, falls sie auf den Fußboden geweht sei. Schließlich sah er auch in Rachels Kleiderschrank nach. Und da bekam er an diesem Nachmittag den zweiten Schlag, der ihm fast den Schädel spaltete. Alle ihre Kleider waren fort. Auch ihr Koffer fehlte. Alles war weg bis auf ein paar leere Kleiderbügel.
Rachel wird nicht wiederkommen!
Mit tränenblinden Augen ging er zu der Wand, wo trotz Rachels Protest ihr Bild als Glühwürmchen hing. Auf ihren Lippen lag ein fröhliches künstliches Lächeln, wie es zum Showgeschäft gehört, das Flitterröckchen war hochgehoben, und man sah die nackten Oberschenkel. Unter dem glatten Chiffon war ihre Brust sichtbar, niemand hatte eine so schöne Brust wie Rachel. Heute noch, aber nun ...
In Sekunden mußte sich der Vorhang über der letzten Szene senken, und sie konnten zum Essen gehen und dann nach Hause ins Bett. Im Hotelzimmer fiel dann der Vorhang zu einem Anfang statt zu einem Ende. O Gott, was hatten diese ersten Nächte für ein Glück bedeutet. Das ließ sich nicht einmal in Musik ausdrücken. War es nicht ganz natürlich, daß man damals eitel wurde? Es war wirklich nicht verwunderlich, in jener Zeit übermütig zu werden, denn beide waren sie jung, liebenswert und versanken mit so wahnsinniger Hingabe, daß sich Mund, Hände und Arme

erst, wenn das Tageslicht durchs Fenster schimmerte, wieder losließen. Dann pflegten sie, ohne geschlafen zu haben, zum Frühstück fortzugehen, Rachel ohne Strümpfe, er ohne Socken oder Schlips, und sie stürzten sich hungrig wie Wölfe über Schüsseln mit heißem Porridge und Schinken und Eiern und auf viele Tassen süßen, heißen Kaffee. Worüber sprachen sie? Es sah nicht so aus, als ob sie sich überhaupt unterhalten hätten. An Gespräche erinnerte er sich nicht. Das ganze Leben bestand aus Verlangen und Erfüllung dieses Verlangens. Nach dem Frühstück waren sie sich beim Entkleiden behilflich, einer streifte dem andern behutsam die Schuhe ab, und sie fielen in die Betten, und wie ein Kind ein paar Stoffpuppen hinwirft, lagen sie quer übereinander in den komischsten Stellungen da. Im Zimmer war es zu hell zum Schlafen, aber nicht hell genug, sie länger wach zu halten . . .

O Rachel, wo warst du hingegangen?

Keine andere Zuflucht war denkbar als Schlaf. Daher ging er zu Bett. Automatisch streifte er die Kleider ab. Unter der Decke zog er die Knie an und krümmte sich wie ein Embryo zusammen. Er biß in ihr Kopfkissen und ließ den Tränen freien Lauf.

Rachel, Rachel! O Rachel!

Da hörte er auf einmal ihren Schritt.

Hereinstürzen, in Tränen ausbrechen und ihn anrufen, das alles geschah auf einmal. Ehe er sich aufzurichten vermochte, lag sie auf ihm, hatte die Decken weggerissen und ertränkte sein Gesicht in heißen Tränen. Ihre Backenknochen waren schrecklich hart. An ihren Armen war so wenig Fleisch, daß sie nur Haut und Knochen waren, und sie umschlangen ihn so fest, daß er kaum atmen konnte.

„O Rachel“, schluchzte er, und sie stöhnte: „Donald, Donald.“

Der Name der geliebten Person ist mehr als nur ein Wort. Nach einer Weile, als ihr Schluchzen ein wenig nachließ, hielt er ihren glühenden Kopf in seinem Arm und erzählte ihr die Litanei seiner Leiden. Er berichtete von seinen Mißgeschicken, den heutigen und den voraussichtlichen von morgen. Er sprach von seiner Krankheit, seinem Herzklopfen und der Wahrscheinlichkeit seines baldigen Todes. Er sagte, seine Schönheit sei dahin und seine Zeit vorüber.

Und er habe die Rolle nicht bekommen, mit der er gerechnet habe. Fremde hätten ihn auf der Straße ausgelacht, und Jane hätte ihn mißverstanden und ihm eine blaue Vase an den Kopf geschlagen, es hätte sein Tod sein können. Und Rachel, die kaum geringere Sorgen hatte als er, sprach kein Wort von ihnen, sondern drückte nur ihre Lippen an seinen Hals und sagte zu allem, was er ihr erzählte, mit unendlicher Sanftmut: „Ich weiß, ich weiß."

1954

Mamas altes Haus

Als Mr. Jimmy Krenning in die Küche kam, um seinen Morgenkaffee zu trinken, schien die grelle Mittagssonne in den Raum. Er trug nichts weiter als die Shorts, in denen er geschlafen hatte, und weil er während des Sommers soviel Gewicht verloren hatte, hielten sie sich nur unsicher auf seinen schmalen Hüften und seinem flachen Bauch. Anfangs war das farbige Mädchen, das in der letzten Zeit die Stelle ihrer bettlägerigen Mutter bei den Krennings übernommen hatte, ebenso gekränkt wie peinlich berührt von seiner Gewohnheit, in ihrer Gegenwart so herumzulaufen, als wäre sie kein junges Mädchen, ja überhaupt kein menschliches Wesen – eher ein Hund, der ihm apportierte. Sie war ein schüchternes hübsches Ding und mit mehr Lebensart erzogen worden als die meisten weißen Mädchen in der Stadt Macon im Staat Georgia. Zuerst glaubte sie, er benähme sich vor ihr so unanständig, weil sie farbig sei. Da hatte es sie noch gekränkt. Jetzt begriff sie allmählich, daß Mr. Jimmy sich genauso vor einem weißen Mädchen oder vor jedem beliebigen Menschen jedweder Rasse, jeden Alters und jeden Bildungsgrades aufgeführt haben würde, daß ihm wirklich ganz und gar unbewußt war, ob sich jemand in der Küche befand, wenn er zu seinem Kaffee herunterkam, ja, daß es schon eher verwunderlich war, wenn er sie anlächelte oder mit ihr sprach. Daß Mr. Jimmy so war, lag an seinen Nächten. Diese Nächte ließen ihn so benommen zurück wie den einzigen Überlebenden eines Flugzeugabsturzes, und seit Brinda das begriffen hatte, war sie auch nicht mehr beleidigt, wenn auch noch immer peinlich berührt. Sie wandte ihren Blick sorgfältig von ihm ab, was allerdings sehr schwierig war, denn er saß auf der Kante des Küchentisches, genau im Strahl der Mittagssonne, der durch die Tür fiel, und trank seinen Kaffee nicht aus der Tasse, die sie ihm hingestellt hatte, sondern direkt aus der Glaskugel der Kaffeemaschine.

Sie fragte ihn, ob der Kaffee auch heiß genug sei. Sie hatte ihn vom Herd genommen, als sie Mr. Jimmy vor einer halben Stunde aus dem Bett steigen hörte. Doch der war an diesem Morgen so unaufmerksam, daß er meinte, sie habe vom Wetter gesprochen, und sagte infolgedessen: „Ja, du lieber Gott, diese Hitze schlägt einem auf die Eier."

Eine solche Ausdrucksweise, so hatte Brindas Mama ihrer Tochter empfohlen, sollte sie am besten ganz überhören. Er denke sich nichts dabei, hatte die Mutter ihr erklärt. „Er gibt bloß damit an, wahrscheinlich weil er zuviel getrunken hat, und am besten kriegt man ihn zum Schweigen, wenn man so tut, als ob man es gar nicht hört. Wenn ich wieder zu den Krennings gehe, werde ich dem Jungen schon Bescheid stoßen."

Brindas Mama erwartete immer noch – oder sie tat jedenfalls so –, in ihre Stellung bei den Krennings zurückzukehren, aber Brinda wußte genau, daß ihre Mutter im Sterben lag. Seltsamerweise waren Brindas Mama und Mr. Jimmys Mama genau in demselben Sommer todkrank geworden: Mr. Jimmys Mama an einem Schlaganfall und Brindas Mama an einem Leberschaden, der nun in ein Stadium getreten war, in dem sie kaum hoffen durfte, noch einmal aus dem Bett aufzustehen. Immerhin hatte es Brindas Mama noch etwas besser als Mr. Jimmys Mama, die oben in ihrem großen alten Messingbett lag, ohne ein Wort sprechen oder eine Bewegung machen zu können, so daß man nicht wußte, ob sie bei Bewußtsein war oder nicht – und das nun schon seit der ersten Juniwoche, also seit drei vollen Monaten. Und wenngleich Brindas Mama nicht wußte, daß ihr Ende nahe war, so wußte sie doch, daß für Mrs. Krenning das letzte Stündlein geschlagen hatte, und sie tat ihr sehr leid; jeden Abend fragte sie Brinda, ob Mrs. Krenning tagsüber irgendwie zu Bewußtsein gekommen war. Manchmal gab es Kleinigkeiten zu berichten, an dem einen oder anderen Tage hatten ihre Augen etwas lebhafter gewirkt als sonst, und einige Male hatte es so ausgesehen, als versuchte sie zu sprechen. Sie mußte von Brinda oder von der Krankenschwester gefüttert werden; an manchen Tagen stieß sie den Löffel mit den Zähnen weg, an anderen wieder nahm sie ihn an und schluckte ungefähr die Hälfte herunter, ehe sie den weichen Brei über die eingefallenen grauen Backen rinnen ließ. Brinda kochte auch für Mr. Jimmy, sie machte ihm sein Mittag- und sein Abendessen, aber er aß nur sehr selten. Sie sagte ihrer Mama, es sei eine Verschwendung von Zeit und Lebensmitteln, für ihn zu kochen, aber die Mutter verlangte von ihr, trotzdem weiterzumachen und immer im Eßzimmer den Tisch für ihn zu decken, einerlei, ob er herunterkam oder nicht, wenn sie auf den Gong schlug. Neuerdings machte Brinda nur noch kalte Gerichte, z. B. dünne Sandwiches, die sie in Folie einwickeln und für ihn im Eisschrank bereitlegen konnte. Der Eisschrank war dann bis an den Rand mit Mr. Jimmys ungegessenen Mahlzeiten angefüllt, volle Schüsselchen und Untertassen standen übereinander, bis sie eines Morgens feststellen konnte, daß während der Nacht der ganze Vorrat zusammengeschmolzen war, als hätte eine Schar hungriger Gäste den Eisschrank geplündert und den Küchentisch voll unordentlicher Überreste zurückgelassen. Brinda wußte dann, daß genau das auch passiert war: daß Mr. Jimmy am Abend zuvor eine ganze Gesellschaft mit nach Hause gebracht hatte und daß diese Leute über den Eisschrank hergefallen waren und alles aufgefressen hatten, was Mr. Jimmy die ganze Zeit über verschmäht hatte. Aber Brinda hatte aufgehört, ihrer Mama zu erzählen, wie es im Haushalt der Krennings zuging, weil ihre Mama eines Tages aus dem Bett gekrochen und herübergekommen war, um Mr. Jimmy den Kopf zu waschen. Doch als sie ankam, war sie zu schwach und atemlos, um zu sprechen. Alles, was sie fertigbrachte, war, ihn anzusehen und den Kopf zu schütteln, während ihr die Tränen herunterliefen; und sie konnte auch nicht die Treppe hinaufsteigen und Mrs. Krenning besuchen. So mußte Jimmy sie am Arm zu seinem Auto führen und nach Hause bringen. Im Wagen japste sie wie ein alter Hund und konnte nur sagen: „Ach, Mr. Jimmy, warum sind Sie so?"

An diesem Morgen wartete Brinda so lange draußen, bis Mr. Jimmy seinen Morgenkaffee getrunken hatte. Manchmal trat er danach blinzelnd und zwinkernd durch die Hintertür hinaus und ging zu seinem „Studio" hinüber, einem kleinen weißgekalkten Gebäude mit Oberlicht, das außer ihm niemand betrat. Es hatte keine Fenster, durch die man hätte hineinschauen können, aber einmal hatte er, als er in die Stadt gefahren war, die Tür offenstehen lassen, und Brinda war hinausgegangen, um sie zuzumachen. Da hatte sie eine Szene des Schreckens und der Gewalt erblickt, als ob vorher ein Sturm oder ein böser Geist dort getobt hätte, nun aber völlige Stille herrschte – nur eine Fliege hörte man summen –, als sei der Sturm oder der böse Geist, der unter dem riesigen blauen Auge des Oberlichts alles zertrümmert und auf den Kopf gestellt hatte, nunmehr abgekämpft zusammengesunken oder gestorben. Brinda hatte schon überlegt, ob sie nicht hineingehen und versuchen sollte, alles aufzuräumen, aber es lag irgend etwas Widernatürliches in dieser Unordnung, etwas Bedrohliches für den Eintretenden, und infolgedessen schloß sie nur die Tür und wandte sich der beruhigenden Aufgabe zu, drinnen im Haus die Betten zu machen. Es war immer mehr als ein Bett zu machen, ungerechnet Mrs. Krennings Bett, das von der Nachtschwester gemacht wurde, die ihrerseits die schmutzigen Laken für Brinda zum Waschen in den Flur hing. Seit Brinda die Stellung ihrer Mama übernommen hatte, waren schon fünf Nachtschwestern einander gefolgt; alle waren sie mit der gleichen Beschwerde weggegangen, daß die Nächte in diesem Hause einfach nicht auszuhalten seien. Inzwischen war ein männlicher Pfleger für die Nacht angenommen worden, ein abstoßend ordinärer junger Mann mit roten Haaren und zwei Armen wie Schinken, die von hellblondem Flaum bedeckt waren. Brinda war über diese Neueinstellung so entrüstet, daß sie ihrer Mama erst gar nicht davon erzählte. Sie fürchtete sich, in das obere Stockwerk hinaufzugehen, ehe um elf Uhr die Tagesschwester gekommen war. Als sie einmal nach oben gehen mußte, um Mr. Jimmy wegen eines Ferngesprächs aus New York zu wecken, hatte ihr der Pfleger auf der Hintertreppe kauernd den Weg verlegt, sie angegrinst und ihr die Zunge herausgestreckt. Sie sagte: „Entschuldigen Sie bitte" und versuchte, sich an ihm vorbeizuschieben, aber er hatte nach ihr gegriffen und sie mit seinem Arm, der wie ein lebendig gewordener roter Schinken war, zurückgeholt, während er mit der anderen Hand grob ihre Brüste und ihren Bauch betatschte, so daß sie schrie und schrie, bis Mr. Jimmy und der

Gast, den er diese Nacht bei sich hatte, nackt aus seinem Schlafzimmer herausgestürzt kamen und der Pfleger sie loslassen mußte, mit der Ausrede, er hätte ja nur Spaß gemacht. Er nannte Mr. Jimmy „Schnucki" und Mrs. Krenning „Gutes altes Stück" und füllte das Krankenzimmer mit Bonbonpapier und leeren Flaschen und bunten Comics an; seit er seinen Dienst angetreten hatte, meinte Brinda, wenn sie des Morgens mit den weichen Eiern heraufkam, in den Augen der gelähmten Frau einen wahren Schrei des Entsetzens entdecken zu können.

An diesem Morgen war es nicht Jimmy, sondern der Pfleger, der blinzelnd und zwinkernd auf die kleine Veranda vor der Küche hinausstolperte. „Komm rein, Schneewittchen", rief er, „Schnucki will was von dir!"

Brinda hatte gerade ein paar von Mrs. Krennings frischgewaschenen Laken auf den Hof hinausgebracht und ihre Arbeit, die schweren, nassen Laken über die Wäscheleine zu hängen, so lange wie möglich ausgedehnt, damit der Pfleger schon fortgegangen war, wenn sie ins Haus zurückkam, aber er hatte an diesem Morgen getrödelt, es war eine ganze Stunde später, als er jetzt nach ihr rief. Brinda kam in die Küche zurück und fand Mr. Jimmy noch immer dort sitzend vor, nur daß er von Kaffee zu Whisky übergegangen war und nicht mehr auf der Tischkante, sondern auf einem Küchenstuhl saß.

„Miss Brinda", sagte er und blinzelte und zwinkerte sie an, als blicke er direkt in die Mittagssonne, „dieses Miststück von einem Pfleger erzählt mir gerade, daß Mama hinüber ist ..."

Brinda begann, wie sie da vor Mr. Jimmy stand, ganz automatisch, aber doch ehrlich bekümmert zu weinen. Er nahm ihre Hand sanft in die seine, und dann machte Brinda, zu ihrer eigenen schamvollen Bestürzung, einen Schritt auf ihn zu und umfing seine nackten weißen Schultern mit ihren Armen, schloß sie wie ein armes verlaufenes Kind in ihre bloßen honigfarbenen Arme ein, und sein Kopf sank auf ihre Schulter, stützte sich für einen Augenblick ganz leicht darauf, worauf Miss Brinda zu ihrer noch größeren Bestürzung merkte, wie ihre Hand nach seinem Hinterkopf mit den kurzgeschnittenen Haaren griff und ihn fester heranzog, als wollte sie ihre Schulter schmerzhaft dagegenreiben. Er ließ dies für ein oder zwei Augenblicke geschehen, sagte nichts und rührte sich nicht, bevor er sie sanft mit beiden Händen an ihrer Taille zurückschob. „Miss Brinda, Sie sollten jetzt hinaufgehen und das Zimmer ein bißchen aufräumen, ehe die Leute Mama holen kommen ..."

Brinda wartete am Fuß der Treppe, bis sie ganz sicher sein konnte, daß der Pfleger nicht mehr oben war, dann ging sie hinauf und in Mrs. Krennings Schlafzimmer hinein. Mit einem einzigen Blick stellte sie fest, daß die alte Dame tatsächlich gestorben war. Sie holte Luft und machte sich schleunigst daran, die klebrigen Bonbonpapiere, Flaschen und schokoladebeschmierten Comics einzusammeln, den ganzen Müll, in dessen Mitte die arme Mrs. Krenning, noch immer sprachlos und unfähig zu weinen, aus dieser Welt geglitten war. Dann lief Brinda wieder in die Küche hinunter und hörte sich lauter Anordnungen an Mr. Jimmy erteilen.

„Mr. Jimmy, gehen Sie hinauf und duschen Sie sich kalt und rasieren Sie sich, ziehen Sie sich was Sauberes, Weißes an, denn Ihre Mama ist gestorben!"

Mr. Jimmy grunzte so etwas wie Zustimmung, holte tief Atem und ging nach oben, während Brinda mit dem Beerdigungsinstitut für Weiße telefonierte, dessen Nummer sie auf Geheiß ihrer Mutter auf der letzten Seite von Mr. Jimmys schwarzem Büchlein mit Telefonnummern notiert hatte. Während sie im Erdgeschoß telefonierte, konnte sie Mr. Jimmys Stimme im Obergeschoß hören, wie er sehr leise und ohne alle Aufregung mit jemandem über das Vorgefallene sprach, und bald darauf läutete es mehrmals an der Vordertür, und verschiedene junge Freunde von Mr. Jimmy trafen ein, alle anscheinend nüchtern und mit ungewöhnlich leiser Stimme sprechend. Brinda setzte ihren schlichten und sauberen weißen Hut auf und lief nach Hause zu ihrer Mama. Sie ahnte schon, daß ihre Mama eine neue Anstrengung machen würde, aufzustehen und herüberzukommen, und diesmal schien es ihr durch den Anlaß auch gerechtfertigt. Sie hatte sich nicht getäuscht: ihre Mama weinte erst ein bißchen, dann sagte sie: „Hilf mir beim Aufstehen, Brinda, ich muß rübergehen und aufpassen, daß alles richtig gemacht wird."

Diesmal schien sie viel kräftiger und bestimmter, obgleich die Anstrengung des Aufstehens womöglich noch größer war. Brinda besorgte ein Taxi. Als sie ihrer Mama um die Taille griff, konnte sie spüren, wie dünn die sterbenskranke alte Frau geworden war, nur noch Haut und Knochen, aber sie ging mit ruhigem und sicherem Schritt bis zum Taxi und setzte sich ganz gerade hinein. Schnell waren sie bei dem großen, schon etwas schäbigen Stuckhaus der Krennings angekommen, wo es jetzt von Mr. Jimmys Freunden wimmelte, unter die sich nur zwei oder drei ältere Leute gemischt hatten, die in letzter Zeit oder früher schon zu Mrs. Krennings engerem Freundeskreis gehört hatten. Die Stimmung im Haus war so gedämpft, wie es dem Anlaß entsprach, die Gardinen waren überall zugezogen, und alle machten eine höflich-mitfühlende Miene, keiner legte es auf eine Schau an, alle bewahrten die bei Todesfällen übliche Haltung. Es war eine ganze Anzahl junger Leute vom benachbarten Luftwaffenstützpunkt herübergekommen, aber auch die benahmen sich sehr ordentlich, sprachen leise und bewegten sich mit dem erforderlichen Anstand. Alle hatten gefüllte Gläser in der Hand, blieben aber sämtlich nüchtern und verharrten in völligem Schweigen, als die Männer vom Beerdigungsinstitut die alte Mrs. Krenning, zugedeckt auf einer Bahre, die Treppe hinunter und zum Haus hinaus trugen – nur ein Mädchen schluchzte plötzlich laut, sprang auf und klammerte sich an Mr. Jimmys Schulter, ihren Gefühlsausbruch sichtlich genießend.
Mr. Jimmys Ausdruck von Ungerührtheit verließ ihn genau in dem Augenblick, in dem sich die Tür hinter den Männern schloß, die seine Mutter aus dem Haus getragen hatten.
„Okay, jetzt ist sie weg! Und jetzt werde ich euch was von meiner Mama erzählen. Sie war so hart wie meine Faust!"
„Oh, Jimmy, nicht doch!" rief das schluchzende Mädchen, aber er schob sie beiseite und schlug mit der Faust auf das Beistelltischchen an seiner Seite, daß sein Glas hinuntersprang. „Sie war härter als meine Faust hier auf diesem Tisch! Und sie hat mich nicht ein einziges Mal in meinem ganzen Leben aus den Klauen gelassen! Sie war so hart wie meine Faust, sie war noch härter als meine verfluchte Faust hier auf diesem Tisch, und das ist die volle Wahrheit! Aber

jetzt ist sie aus dem Haus und kommt nie mehr zurück, also gehört das Haus jetzt mir. Früher habe ich ihr gehört, so wie ihr das Haus gehört hat, und sie war so hart wie meine Faust und so fest wie meine Faust, sie saß auf ihrem verdammten Geld wie eine alte Henne auf ihrem Porzellanei, sie war so fest und hart wie meine Faust. Ein einziges Mal bin ich ausgerissen, ein einziges Mal in meinem Leben bin ich ihren Klauen entkommen, das war, als ein alter Schwuler mich mit nach New York genommen hat, dem ich dann über wurde und der mich auf die Straße geworfen hat, im vollen Sinn des Wortes, Junge, Junge!
Soll ich euch mal was erzählen? Sogar als ich damals wiederkam, kriegte ich noch immer keinen Hausschlüssel, ich habe niemals einen Schlüssel zu diesem Haus besessen. Erst nach ihrem Schlaganfall habe ich meinen eigenen Hausschlüssel gehabt!
Nach dem Abendbrot schloß sie immer ab, und wenn ich ausgegangen war, dann saß sie hier auf diesem Stuhl und wartete auf mich. Und wollt ihr wissen, wovon sie ihren Schlaganfall bekommen hat? Eines Nachts, wie ich nach Hause gekommen bin, sah ich sie durchs Fenster hier sitzen und auf mich warten, um mir die Haustür aufzumachen, sobald ich an der verdammten Vordertürklingel klingelte. Aber nein, ich habe nicht geklingelt, ich habe die verfluchte Tür mit dem Fuß eingetreten. Ich trat die Tür ein, und sie stieß einen Schrei aus wie ein Schwein, das geschlachtet wird. Und als ich hereinkam, durch die eingetretene Tür, da lag sie gelähmt hier auf dem Boden im Wohnzimmer und sagte nie wieder mehr ein Wort. So hat die alte Frau ihren Schlaganfall bekommen. Und nun schaut mal alle her! Schaut mal, was ich hier in meiner Tasche trage! Jeden einzelnen verdammten Schlüssel zu Mamas altem Haus!"
Dabei holte er aus seiner Hosentasche ein dickes Schlüsselbund an einem Messingring mit zwei roten Würfeln heraus, hob es in die Höhe und ließ es klirren. Doch dann unterbrach ihn eine sanfte Stimme: „Mr. Jimmy!"
Das war Brindas Mama, die im dunklen Nebenzimmer saß. Er nickte leicht mit dem Kopf, sein Ausbruch war so jäh beendet, wie er gekommen war. Er warf die Schlüssel in die Luft, fing sie wieder auf, verstaute sie in seiner Tasche und

fiel auf einen Stuhl – wie es schien, alles in einem Zuge. Und genau in dem Augenblick, glücklicherweise nicht früher, trafen der Pfarrer und seine Frau vor der Tür ein, und im Wohnzimmer breitete sich wieder Wohlanständigkeit aus, als hätte sie sich während Jimmys Ausbruch nur hinauf zur Decke verzogen und nun wieder gänzlich unbeschädigt auf die Versammlung herabgesenkt.

Brinda war verblüfft, welche Kräfte ihre Mama entwickelte. Wie durch ein Wunder schienen sie der alten Frau wieder zuzuströmen. Sie machte sich daran, in der Küche eine große Platte mit dünnen Sandwiches herzurichten und in der Maschine zweimal hintereinander Kaffee zu bereiten, den sie in die große Silberkanne goß; sie deckte den Tisch im Eßzimmer so fein wie für eine Party, denn sie wußte ja, wo alles stand, was am hübschesten aussah, die beste Tischwäsche und das beste Besteck, der fünfarmige Leuchter, ja sogar die Fingerschalen und die Spitzenservietten.

Mr. Jimmy blieb im Wohnzimmer und trank weiter seinen Whisky bis spät in den Nachmittag hinein, ohne das kalte Büfett zu beachten, das Brindas Mama für die Kondolenzbesucher hergerichtet hatte. Nur der Pfarrer und ein paar alte Damen kamen kurz herein und aßen eine Kleinigkeit. Bei Sonnenuntergang zerstreute sich die Gesellschaft, und Mr. Jimmy ging fort. Brindas Mama legte sich auf ein Feldbett im Souterrain, sie preßte ihre Hand gegen die Stelle, wo sie Schmerzen hatte, aber ihr Gesicht, das nur ein wenig dunkler als Brindas war, sah beherrscht und feierlich aus. Brinda setzte sich für eine Weile zu ihr, und sie sprachen über dieses und jenes, während das Tageslicht hinter den kleinen hochgelegenen Fenstern des Souterrains allmählich verblaßte.

Als ihr Gespräch versickerte und die Dunkelheit hereingebrochen war, hörten sie Mr. Jimmy nach Hause kommen. Brindas Mama, die eingeschlafen schien, schlug ihre dunklen Augen auf, räusperte sich und forderte Brinda auf, die immer noch neben ihr saß, zu Mr. Jimmy hinaufzugehen und ihn zu bitten, zu ihr herunterzukommen; sie wolle mit ihm sprechen, ehe sie beide nach Hause fuhren.

Brinda überbrachte Mr. Jimmy diese Botschaft, der darauf sagte: „Bring deine Mama nach oben, und dann werde ich euch zusammen im Auto zurückfahren."

Die Kräfte von Brindas Mama waren jetzt wieder ganz dahin, und es kostete große Mühe, sie aus dem Souterrain heraufzubringen. Sie setzte sich keuchend an den Küchentisch, während Mr. Jimmy sich oben im Badezimmer duschte. Mehrmals fiel ihr Kopf nach vorn, und Brinda mußte zupacken, um sie auf dem Stuhl zu halten. Aber als Mr. Jimmy herunterkam, raffte sie sich auf und stand von ihrem Stuhl auf. Schweigend fuhren sie durch die Stadt hinüber ins Negerviertel, und erst kurz bevor Mr. Jimmy an ihrem Haus angekommen war, richtete Brindas Mama das Wort an ihn:
„Mr. Jimmy, was in Gottes Namen ist mit Ihnen los? Was ist das für ein Leben, das Sie jetzt hier führen?"
Er antwortete ihr ganz freundlich: „Hm, Sie wissen doch, ich habe in New York nicht gut getan . . ."
„Das stimmt", sagte Brindas Mama traurig. „Sie sind mit lauter schlechten Menschen zusammengekommen und haben ihre schlechten Sitten angenommen . . . Und wie kommt es, daß Sie Ihre Malerei ganz aufgegeben haben?"
Brinda schrak zusammen, als ihre Mama diese Frage stellte, denn eines Morgens, kurz nachdem sie die Stelle ihrer Mama bei den Krennings übernommen hatte, hatte sie Mr. Jimmy beim Kaffee-Einschenken gefragt: „Mr. Jimmy, meine Mama fragt mich immer, ob Sie nach dem Frühstück in Ihrem Studio arbeiten, und wenn ich ihr dann sage, nein, regt es sie so auf, daß ich ihr jetzt lieber sage, Sie tun es doch; aber ich lüge meine Mutter nicht gern an, weil ich glaube, sie merkt es, wenn ich schwindele . . ."
An jenem Morgen war Mr. Jimmy ein einziges Mal unfreundlich zu Brinda gewesen, nicht bloß unfreundlich, sondern zornig. Er hatte die Kaffeemaschine genommen und gegen die Wand gefeuert, so daß in der Küche noch lange die braune Stelle zu sehen war, wo die Glaskugel mit dem Kaffee zerplatzt war. Er hatte dem Ding noch ein unanständiges Wort hinterhergeschickt, dann hatte er sein Gesicht in seinen zitternden Händen vergraben.
Also erwartete Brinda auch jetzt, daß auf die kühne Frage ihrer Mama irgend etwas Furchtbares passieren würde, aber Mr. Jimmy tat weiter nichts, als bei Rot über die nächste Kreuzung zu fahren.
„Sie haben eben eine rote Ampel überfahren", sagte Brindas

Mama, und Mr. Jimmy antwortete: „Tatsächlich? Macht nichts."
Es war eine ganz hübsche Strecke von den Krennings bis zu dem Haus von Brinda und ihrer Mama; ein paar Querstraßen weiter verlangsamte Mr. Jimmy noch einmal die Fahrt, und das Gespräch nahm seinen Fortgang.
„Wenn ich es nicht weiß, wer soll es dann wissen?" sagte Mr. Jimmy.
„Wenn Sie aufhören zu arbeiten", sagte Brindas Mama, „können Sie doch nicht einfach nichts tun. Sie müssen doch irgend etwas tun, oder?"
„Ich tue ja was", sagte Mr. Jimmy.
„Was denn?"
„Also, passen Sie auf, abends ungefähr um diese Zeit fahre ich hinaus in Richtung Flughafen und noch ein bißchen darüber hinaus, dann drehe ich um und fahre wieder zurück, und auf der Straße in die Stadt zurück komme ich dann an jungen Fliegern vorbei, die im Wagen mitgenommen werden wollen. Von denen suche ich mir einen aus, den ich mitnehme, zu mir nach Hause, da trinken wir dann und sprechen miteinander über einander und trinken noch einen, und nach einer Weile werden wir vielleicht Freunde oder auch nicht, je nachdem. Das tue ich also augenblicklich, sehen Sie ..."
Er ließ den Wagen vor dem Haus ausrollen, hielt genau vor dem Gartenweg zur Veranda und sog mit einem tiefen Seufzer die Luft ein; dann ließ er das Steuerrad los und den Kopf nach rückwärts fallen, als habe er sich den Hals gebrochen.
Brindas Mama seufzte ebenfalls, und ihr Kopf fiel nicht nur hintenüber auf das Sitzpolster, sondern rutschte auch ein bißchen zur Seite. Sie sahen wie zwei Menschen mit gebrochenem Genick aus, und Brinda saß mit der verständnislosen Geduld eines Hundes einfach da und wartete ab, daß sie beide wieder zum Leben erwachen würden.
Endlich seufzte Mr. Jimmy ein zweites Mal, wieder tief die Luft einholend, und schob sich schwerfällig aus dem Wagen, dann kam er herum und öffnete den Wagenschlag wie für zwei weiße Damen.
Er half Brindas Mama nicht nur aus dem Wagen heraus, sondern führte sie mit fester Hand den ganzen Weg bis zur

Veranda. Wenn er es nicht getan hätte, wäre sie vielleicht hingefallen, aber Brinda konnte spüren, daß es um mehr ging als die notwendige physische Unterstützung, die eine Person einer andern bei der Überwindung einer kurzen Strecke leistet, und als sie zusammen die Türschwelle erreicht hatten, blieb Mr. Jimmy immer noch da. Er sog wieder mit dem gleichen tiefen Seufzer die Luft ein, wie schon zweimal zuvor, und es entstand eine längere Pause, die Brinda peinlich und beklemmend fand, während sie ihrer Mama oder Mr. Jimmy gar nichts auszumachen schien. Es war, als ob sie es schon gewohnt wären oder es immer erwartet hätten. So standen sie auf der obersten Stufe zur Veranda, und es schien ungewiß, ob sie sich in diesem Augenblick voneinander trennen oder noch für beliebig lange Zeit zusammenbleiben würden.

Sie wirkten wie zwei Menschen, die sich gestritten und dann doch miteinander verständigt haben, nicht infolge irgendeiner Abmachung zwischen ihnen, sondern in der wechselseitigen Erkenntnis einer traurigen, aber unentrinnbaren Tatsache, die sie selbst in der Enttäuschung, ihren Streit nicht bereinigen zu können, einander nähergebracht hatte.

Brindas Mama sagte: „Setzen Sie sich noch ein bißchen zu uns, Mr. Jimmy." Und Mr. Jimmy setzte sich.

Die zwei Stühle auf der vorderen Veranda waren Schaukelstühle. Brinda setzte sich auf die Treppenstufen. Mr. Jimmy schaukelte hin und her, aber ihre Mama saß ganz still.

Nach einer Weile sagte Brindas Mama: „Und was, Mr. Jimmy, werden Sie jetzt tun?"

„Ich habe keine Pläne, ich mache einfach so weiter, einfach so weiter."

„Und wie lange wollen Sie das tun?"

„Solange ich kann, bis irgendwas dazwischenkommt, vermutlich."

Brindas Mama nickte und schwieg dann, als ob sie innerlich ausrechnete, wie lange Zeit das wohl dauern würde. Das Schweigen hielt so lange an, daß sie inzwischen gut und gerne zu einer Antwort auf diese Frage hätte kommen können. Dann stand sie auf und sagte: „Ich werde jetzt sterben", genauso ruhig, als ob sie nur gesagt hätte, sie würde jetzt in das dunkle Haus hineingehen. Mr. Jimmy stand auf,

als hätte sich eine weiße Dame erhoben, und hielt ihr die Außentür auf, während sie die Innentür aufschloß.
Brinda wollte ihr nachgehen, aber ihre Mama stellte sich ihr in den Weg.
„Du bleibst bei den Krennings, du gehst heute abend noch zurück und räumst alles auf, und ihr beiden bleibt dort zusammen und kümmert euch um einander. Und Brinda, laß die weißen Jungens nicht an dich heran. Wenn du sie kommen hörst, geh ins Souterrain und schließ dich ein und bleibe unten, bis der Morgen kommt und Mr. Jimmy nach dir ruft, dann kannst du hinaufgehen und ihn fragen, was er haben möchte."
Dann wandte sie sich zu Mr. Jimmy und sagte: „Ich habe immer geglaubt, daß ein weißer Junge wie Sie mit einer Chance auf die Welt kommt."
Dann machte sie die Tür hinter sich zu und schloß ab. Brinda konnte es kaum glauben, daß ihre Mama sie einfach ausgeschlossen hatte, aber so war es. Sie wäre ohne jeden Sinn und Verstand vor der verschlossenen Tür stehengeblieben, hätte Mr. Jimmy sie nicht beim Arm genommen und zu seinem Wagen geführt. Er machte den hinteren Wagenschlag für sie auf, als sei sie eine weiße Dame. Sie stieg ein, und auf der Fahrt zurück zu den Krennings überfuhr Mr. Jimmy unbekümmert jedes Stopplicht, als sei er farbenblind. Er fuhr geradenwegs und schnell nach Hause, und als sie bei den Krennings ankamen, bemerkte Brinda, daß im unteren Stockwerk auf dem Flur ein sanftes Licht brannte; es schien zu sagen, was bisher den ganzen Tag über noch niemand so deutlich ausgesprochen hatte, nämlich daß Gott genau wie andere Leute zwei Hände hat, eine zum Schlagen und eine zum Streicheln.

1964

Oma

Meine Großmutter pflegte stille, aber tiefsitzende Neigungen zu Orten und Menschen zu fassen, und sie wäre sehr glücklich gewesen, wenn sie für immer und ewig in einem Pfarrhaus hätte wohnen bleiben können, sobald einmal ihr Schlafzimmer zitronengelb tapeziert und die weißen Gardinen darin aufgehängt worden wären und sich ein paar Violin- und Klavierschüler eingestellt hätten. Aber mein Großvater träumte unentwegt von Bewegung und Wechsel, ein Traum, aus dem er auch heute, im sechsundneunzigsten Frühling seines Lebens, noch nicht aufgewacht ist.

Obwohl er mit einem lebenden Gedicht verheiratet war und das auch gewußt haben muß, waren die einzigen Vorwürfe, die er gegen seine Frau erhob, daß sie die Poesie nicht zu schätzen wisse und keinen Humor habe. „Als wir noch jung waren", sagte er, „las ich ihr oft abendelang Gedichte vor, aber sie schlief ein, während ich las" – was mich manchmal daran zweifeln ließ, ob ihre Neigung zur Seßhaftigkeit und seine Unrast tatsächlich der einzige Unterschied zwischen ihnen war. Mein Großvater ist immer noch, was er zweifellos zu allen Zeiten war: ein ungewöhnlich kindisch-eigensüchtiger Mensch. Er ist sanft und liebevoll, aber auf unverbesserliche Weise darauf versessen, seinen eigenen Impulsen zu folgen, welcher Art auch immer sie sein mögen; und erst in den letzten zwei oder drei Jahren ihres gemeinsamen Lebens begann meine Großmutter dagegen aufzubegehren. Da hatte sie einen Grund, den sie ihm freilich nicht erklären konnte – sie fühlte den Tod nahen, dem sie zwar nicht entrinnen konnte, der aber ein Anlaß war, auf dem Bleiben zu bestehen, wenn ihr Mann fortziehen wollte.

Als sie ihn heiratete, hatte sie nicht damit gerechnet, daß er eines Tages das geistliche Amt wählen würde. Damals war er Lehrer gewesen und machte in diesem Beruf seine Sache gut. Er war Lehrer mit Leib und Seele, und bald nach ihrer Hochzeit wurde er Leiter einer privaten Mädchenschule in Ost-Tennessee, an der meine Großmutter Musik unterrichtete. Einmal hatte sie nicht weniger als fünfzig Violin- und Klavierschüler zugleich. Ihrer beider Einkommen machte sie für damalige Begriffe ziemlich wohlhabend. Doch plötzlich eröffnete er ihr, er habe sich entschlossen, in den Kirchendienst einzutreten, und von da an bis zu ihrem Ende verlernte meine Großmutter, was ein Leben ohne Entbehrung ist. Während dieser langen Zeitspanne sollte der charmant-selbstsüchtige Herr Pfarrer mit Damen der Episkopalischen Kirche durch Europa reisen, sich mit den feinsten kirchlichen Gewändern aus New York und London ausstaffieren, im Sommer nach Chautauqua gehen und in Sewanee an Kursen teilnehmen; während meine Großmutter unterdessen ihre Zähne einbüßte, weil sie den Zahnarzt sparte, ihre Brillen bei Woolworth kaufte, noch als Sechzigjährige Kleider trug, die aus den Überresten ihres Brautstaats gefertigt waren, und alle Krankheiten ignorierte, um Arztkosten zu vermeiden. Sie fuhr achtzehn Stunden lang mit dem Personenzug, wann immer die Sommerferien oder irgendeine Krise im Haushalt ihrer Tochter sie nach St. Louis riefen, machte all ihre Hausarbeit und die große Wäsche allein, hatte manchmal zwei oder drei Untermieter, erteilte Geigenunterricht und Klavierunterricht, schneiderte für meine Mutter, als meine Mutter noch eine junge Dame war, und später für meine Schwester, nahm tätigen Anteil an allen Frauenvereinen und Hilfsorganisationen, hörte sich fünfundfünfzig Jahre hindurch still und geduldig den Klatsch und das Geschwätz der Damen aus der Gemeinde an, lächelte freundlich, aber nicht zu breit, um ihre Zahnlücken nicht zu zeigen, sprach leise und sanft, lachte manchmal wie ein schüchternes Mädchen, obwohl mein Großvater oft behauptete, daß sie einen Witz nicht erkennen würde, wenn sie mitten auf der Straße darüber stolperte, sparte und knauserte das ganze Jahr hindurch – und das alles ohne einen Dienstboten, nur um einmal im Jahr die beschwerliche Reise nach St. Louis unternehmen und ihre einzige

Tochter, meine Mutter, sowie ihre drei Enkel, also mich, meine Schwester und unseren kleinen Bruder, besuchen zu können. Sie kam immer mit einer beträchtlichen Summe Geldes, die sie in ihr Korsett eingenäht hatte. Ich weiß nicht, wieviel es war, aber wahrscheinlich doch einige hundert Dollar – wobei man wissen muß, daß das Gehalt meines Großvaters niemals hundertfünfzig Dollar monatlich überschritt.
Wir nannten sie „Oma". Ihr Besuch bedeutete Fünfcentstücke für Eis, Vierteldollars für Kino, Picknicks im Forest Park. Es bedeutete das weiche und fröhliche Lachen, ein richtiges Mädchenlachen zwischen unserer Mutter und ihrer Mutter, Stimmen, die ganze Tonleiter hinauf und hinab wie Fingerübungen auf dem Klavier. Es bedeutete die Rückkehr der Anmut aus dem Exil im Süden, es bedeutete die Versöhnung des Lebenszorns meines verzweifelnden Vaters mit einer Welt, die er, der Unglückliche, nie seinen Kindern weitervermitteln konnte, außer wenn die Gegenwart meiner Großmutter in der winzig kleinen Stadtwohnung eine seltsam unirdische Friedensstimmung über alle brachte, die darin eingepfercht waren.
Und so war es all die Jahre hindurch, nahezu ohne jede Veränderung, bis wir größer wurden. Oma war alles, was wir in unserem Leben vom lieben Gott wußten. Und das in ihr Korsett eingenähte Geld war die Vorsehung!
Meine Großmutter hat niemals wirklich ein Korsett gebraucht, und warum sie eins trug, kann ich nicht sagen. Sie war immer groß und schlank und hatte die aufrechte, einfache Haltung einer Königin oder einer Bäuerin. Ihre Familie war deutscher Herkunft – ihr Mädchenname lautete Rosina Maria Francesca Otte. Ihre Eltern waren von Hamburg nach Amerika ausgewandert, ich nehme an, irgendwann in der ersten Hälfte des vorigen Jahrhunderts. Sie waren Lutheraner, doch meine Großmutter wurde in einem katholischen Stift und am Konservatorium von Cincinnati ausgebildet. Ich habe ihren Vater nie zu Gesicht bekommen, auf Bildern sieht er aus wie Bismarck. An ihre Mutter erinnere ich mich kaum, ich weiß nur noch, daß sie eine lebhafte kleine alte Dame war. Was meinen Urgroßvater betrifft, so erinnere ich mich nur, daß er angeblich verschmähte, Salat zu essen, weil er meinte, Grünzeug sei für die Kühe da, und daß er

nach Amerika ausgewandert war, um sich dem Militärdienst zu entziehen. Er machte sein Glück als Kaufmann, verlor dann aber alles wieder. Der letzte Rest seines Geldes wurde für eine Farm in Ost-Tennessee angelegt, die im Leben meiner Großmutter eine fast legendäre Bedeutung hatte.
Meine Großmutter Rose war eins von vier Kindern, die nach der Verarmung der Familie auseinandergeweht wurden wie fallende Blätter im Herbst. Einer ihrer beiden Brüder verschwand, man hörte niemals wieder von ihm; der andere, Clemens, lebt noch in Mobile, Alabama, und muß an die neunzig Jahre alt sein. Die Schwester meiner Großmutter, Estelle, heiratete zweimal, zuerst einen jungen Mann namens Preston Faller, der jung starb, und dann einen älteren Mann, Ralston, einen Richter, dem die zweifelhafte Auszeichnung zuteil geworden war, bei dem berühmten Scopes-Prozeß, dem sogenannten Affen-Prozeß in Dayton, Tennessee, den Vorsitz zu führen. Ein- oder zweimal, während des Sommers, nahm Oma uns mit nach South Pittsburgh, Tennessee, um „die Ralstons" zu besuchen – der Name verbindet sich mir mit Honig, der in einem Faß auf der Küchenveranda aufbewahrt wurde, mit heißer, auf die Kiefernnadeln niederbrennender Sonne und der Wildheit und Schönheit des Neffen meiner Großmutter, des jungen Preston Faller, wie er sich pfeifend für einen Ball anzog – in einem Zimmer, das in meiner Erinnerung nur ein glitzerndes Messingbett enthielt, die Tapeten hatten ein Rosenmuster, und jenseits der offenen Tür färbte sich die Dämmerung violett.
Aber ich war erst ein siebenjähriger Junge, und ganz deutlich erinnere ich mich nur an den Honig in dem Faß auf der Veranda und an die Wassermelonen, die im Quellwasser gekühlt wurden, und das vorzügliche Brunnenwasser, das nach Eisen schmeckte, und an die unvergleichlichen Morgen. Ich erinnere mich, daß Preston Faller jr. mit dem Auto seines Stiefvaters unerlaubterweise in andere Städte fuhr und dort übernachtete, und ich erinnere mich auch, daß er mich einmal auf einen Rummel mitnahm und daß da jemand Akkordeon spielte und daß die Tasten und Knöpfe des Akkordeons wie Diamanten, Smaragde und Rubinen aussahen, die in Perlmutt eingelegt sind. Preston Faller jr. lebt jetzt in Seattle, es geht ihm gut, er hat uns Fotos seines

Hauses und seines Cadillac geschickt. Wenn ich daran denke, was für ein Tunichtgut er war! Aber er war der Sohn der Schwester meiner Großmutter – wie die Zeit verfliegt! –, und er ist jetzt schon über fünfzig . . .
Ich habe schon die Farm erwähnt, auf die sich die Eltern meiner Großmutter nach ihrem Bankrott zurückgezogen hatten. Genaugenommen waren es nur ungefähr zweihundert Morgen felsigen, hügeligen Bodens – oder meinetwegen auch drei- oder vierhundert –, aber die Erbschaft wurde zwischen den beiden Schwestern, meiner Großmutter und Estelle, und dem einzigen als lebend bekannten Bruder Clemens aufgeteilt. Estelle starb früh an Asthma und einer Überdosis Morphium, die ihr ein konfuser Landarzt verordnet hatte, und infolgedessen gehörte die legendäre Farm meiner Großmutter, ihrem Bruder und den Kindern ihrer Schwester. Sie wurde von Estelles Mann, Richter Ralston, verwaltet. Ich erinnere mich nur noch an zwei oder drei Dinge. Das eine ist, daß meine Großtante Estelle vor ihrer ersten Ehe dort leben mußte und daß sie meiner Großmutter erzählte, sie sei dort so allein gewesen, daß sie von der Veranda aus hallo zu schreien pflegte, um wenigstens das Echo von einem gegenüberliegenden Berg zu hören. Dann erinnere ich mich, daß ein Teil des Baumbestandes für ein paar hundert Dollar verkauft wurde und daß die Anteile feierlich unter allen Erben verteilt wurden wie die Hostien beim Abendmahl. Und schließlich erinnere ich mich, daß meine Großmutter einmal, wahrscheinlich nach Richter Ralstons Tod und um nach dem Toten zu sehen, die Farm besuchte, von der sie sich erträumt hatte, daß dort eines Tages wertvolle Mineralien, Erdöl oder sonst etwas gefunden würde, und wie sie feststellen mußte, daß das Haus nur noch aus einem einzigen Raum bestand, in dem sich eine alte Kätnerin eingenistet hatte. Diese Frau konnte nicht hinreichend erklären, aus welchen Gründen sie sich hier auf dem Besitz meiner Großmutter niedergelassen hatte. „Wir kamen zufällig vorbei und sind geblieben“, war so ziemlich alles, was sie zu sagen wußte. Meine Großmutter forschte nach, was aus der großen Veranda und dem steinernen Schornstein und aus den anderen Zimmern geworden war, und die Alte sagte, ihr Mann und ihre Söhne hätten die Balken im Winter verfeuert und hätten dann

schließlich auch die Steine des Schornsteins verkauft. Meine Großmutter wollte wissen, wo die männlichen Mitglieder der Familie denn geblieben seien, und die fingerdünne alte Frau erklärte ihr, daß ihr Mann gestorben sei und die Söhne vor einem Jahr mit einer großen Ladung Bauholz in die Stadt gefahren und nie zurückgekehrt seien. Sie saß da und wartete immer noch darauf, daß sie wiederkämen oder von sich hören ließen.

Das war das Ende der Geschichte von der Farm, die für meine Großmutter wie eine Versicherung für eine Zukunft gewesen war, in der, wie sie meinte, vielleicht jeder von uns ein Stückchen Land dringend brauchen konnte, um sich darauf zurückzuziehen . . .

Was meine Großmutter am allermeisten fürchtete, war das Gefühl der Abhängigkeit, das so viele alternde Menschen bedrückt; die Befürchtung, von Verwandten unterstützt und versorgt werden zu müssen. Im Fall meiner Großmutter war es sicher umgekehrt: keiner ihrer Verwandten hatte je aufgehört, zumindest gefühlsmäßig von ihr abhängig zu sein. Trotzdem hing diese Drohung auch über ihr, und ebendeshalb bestand sie selbst dann noch auf ihrer eigenen Wohnung in Memphis, als sie körperlich schon längst nicht mehr in der Lage war, den Haushalt zu bewältigen, und gab sie erst wenige Monate vor ihrem Tod auf, um nach St. Louis zu ziehen. Einige Jahre vorher, als sie und Großvater in Memphis von dessen monatlicher Rente von 85 Dollar lebten, suchte ich wieder einmal Zuflucht bei ihnen, nachdem ich in meiner Stellung bei einer Schuhfabrik in St. Louis einen Nervenzusammenbruch erlitten hatte. Sobald ich zu reisen in der Lage war, schlüpfte ich in ihrem winzigen Häuschen in Memphis unter und schlief auf dem Feldbett im Wohnzimmer. In jenem Sommer war ich dem Wahnsinn näher als jemals zuvor seit den wilden Stürmen meiner frühesten Jugend; aber genau wie bei früheren Krisen holte mich die eigentümlich friedenspendende Gegenwart meiner Großmutter langsam wieder in eine leidliche Seelenverfassung zurück. Und als der Herbst kam, begab ich mich auf den langen steilen Pfad des Schriftstellers, diese verzweiflungs- und hindernisreiche Kletterpartie, die mich erschöpft, aber immer noch atmend, zum angeblich so sonnigen Plateau von „Ruhm und Erfolg" führte. Das begann in jenem Sommer 1934 in Memphis. In diesem Sommer, einem Wendepunkt meines Lebens, widerfuhr auch Oma etwas Entscheidendes, allerdings etwas von gegensätzlicher Art.

Durch all die Jahre, durch ihre an ein Wunder grenzende Sparsamkeit, durch die Entbehrungen und die Musikschüler und so weiter, hatte sie es fertiggebracht, von ihren geringen Einkünften eine Summe zurückzulegen, die schließlich auf 7500 Dollar in Pfandbriefen angewachsen war. An einem Morgen in diesem denkwürdigen Sommer kamen zwei unbekannte Betrüger, um meinen unglaublich weltfremden Großvater zu besuchen. Sie sprachen aufgeregt eine Weile mit ihm auf der Veranda. Er fing damals an, schwerhörig zu werden, obwohl er noch immer ein verhältnismäßig flotter Jüngling von achtzig Jahren war, und ich sah, wie er sich zu ihnen vorbeugte, die Hand ans Ohr hielt und in mir unerklärlicher Begeisterung eifrig nickte. Bald darauf verschwanden die beiden, und er blieb fast während dieses ganzen heißen, trockenen Tages außer Haus. Abends kam er heim, sah bleich und mitgenommen aus und sagte zu meiner Großmutter: „Rosie, komm heraus auf die Veranda, ich muß dir etwas sagen." Was er ihr zu sagen hatte, war, daß er aus irgendwelchen unerfindlichen Gründen ihre Pfandbriefe verkauft und diesen beiden Aasgeiern, die ihn am Morgen besucht, mit „Herr Pfarrer" tituliert und mit ihren gurrenden Versprechungen behext hatten, einen Scheck über 5000 Dollar ausgestellt hatte.

Ich sehe meine Großmutter noch vor mir, wie sie in ihrem Korbsessel auf der Veranda in Memphis sitzt, in das Dämmerlicht hinaussieht und nur sagt: „Warum, Walter?"

Sie sagte: „Warum, Walter?", immer und immer wieder, bis er schließlich sagte: „Rosie, hör auf, mich zu fragen, sonst gehe ich weg, und du wirst nie mehr von mir hören."

Daraufhin erhob sie sich von ihrem Stuhl und ging zur Schaukel hinüber, und eine Zeitlang hörte ich in meinem verschwiegenen Winkel im Wohnzimmer nichts als das Klirren metallener Kettenglieder, die gegeneinanderrieben, während meine Großmutter sanft hin und her schaukelte und der Abend sich über ihr Schweigen senkte. Ich fühlte, ohne es genau zu verstehen, daß sich dieser Augenblick während ihres ganzen Lebens vorbereitet hatte und daß

sich jetzt, obwohl sie es beide selbst nur halb wußten, eine langsame und furchtbare Begegnung mit dem vollzog, das zwischen ihnen stand.
„Warum, Walter?“
Am nächsten Morgen war mein Großvater sehr geschäftig und meine Großmutter völlig schweigsam.
Er ging in die winzige Dachkammer des Häuschens hinauf und nahm aus einem Metallschrank einen großen, hohen Stapel Mappen, die all seine alten Predigten enthielten. Dann ging er mit dieser Fracht auf den Hof – er mußte mehrmals hin- und hergehen –, häufte alle Mappen in der Aschengrube aufeinander, entzündete ein Feuer, und fünfundfünfzig Jahre handgeschriebener Predigten lösten sich in Rauch auf. Die Flamme war gewaltig. Sie erhob sich weit über den Rand der Aschengrube, aber am deutlichsten, deutlicher als an die lodernden Flammen, erinnere ich mich an die schweigende weiße Glut im Gesicht meiner Großmutter, während sie am Waschtrog stand, am Küchentisch, die täglichen Pflichten des Haushalts verrichtete und nicht ein einziges Mal aus dem Fenster auf den Hof schaute, wo der alte Herr, über achtzig Jahre alt, dieses Autodafé als Akt der Reinigung vollbrachte.
„Warum, Walter?“
Niemand weiß, warum!
Niemand außer meinem Großvater, der das Geheimnis bis in diesen seinen sechsundneunzigsten Erdenfrühling bewahrt hat, und den beiden Galgenvögeln, die dorthin verschwanden, woher sie gekommen sein mögen – ich hoffe zuversichtlich: in die Hölle . . .
Ich glaube, was ich am tiefsten in meinem Leben bedauere, ist nicht etwas, das mich selbst betrifft, nicht einmal der Mißerfolg eines meiner Werke oder ein etwaiges Nachlassen der Schöpferkraft. Es ist die Tatsache, daß meine Großmutter nur ein Jahr vor dem Zeitpunkt starb, an dem ich ihr etwas von dem hätte zurückgeben können, was sie mir gegeben hatte, irgend etwas Materielles als bescheidenen Dank für das unermeßliche seelische Geschenk, das sie mir unentwegt und selbstlos in die Hände legte, wenn ich in meiner Not zu ihr kam.
Mein Großvater erinnert sich gern daran, daß sie an Allerseelen geboren war und am Erscheinungsfest, dem 6. Ja-

nuar, starb. Der Tod traf sie unter unbarmherzigen Umständen. Ihr Gesundheitszustand hatte sich in den letzten fünf Jahren verschlechtert, bis schließlich eintrat, was sie immer gefürchtet hatte. Sie mußte ihr Haus in Memphis aufgeben und verkaufen und Unterschlupf im Haus meines Vaters in St. Louis suchen, weil sie sonst buchstäblich im Stehen gestorben wäre. Irgendwie schaffte sie es, den Haushalt in Memphis aufzulösen, die Besitztümer, die sich in sechzig Jahren angesammelt hatten, wegzupacken; und dann kam noch die achtzehn Stunden lange Reise im Personenzug nach St. Louis. Kaum war sie dort angekommen, mit 40 Grad Fieber, brach sie zusammen und mußte zum erstenmal in ihrem Leben in ein Krankenhaus. Ich war zu der Zeit, im Herbst 1943, nicht in der Nähe. Ich arbeitete an einem Drehbuch für ein Filmstudio in Kalifornien. Von meiner Mutter erhielt ich einen Brief, in dem sie mir mitteilte, meine Großmutter sei bedenklich erkrankt, infolge eines lange verschleppten Leidens, das nun ihre Leber und ihre Lungen angegriffen habe und ihr nur noch eine kurze Lebensspanne übriglasse.

„Deine Großmutter", schrieb sie, „ist auf achtzig Pfund abgemagert, aber sie will nicht aufgeben. Es ist unmöglich, sie im Bett zu halten. Sie besteht darauf, im Haushalt mitzuhelfen, und heute morgen hat sie die Wäsche einer ganzen Woche gewaschen."

Ich fuhr nach Hause. Es war eine Woche vor Weihnachten, an der Tür hing ein Adventskranz, und nebenan spielte das Radio „White Christmas", als ich meine zwei Koffer die Vordertreppe hinaufschleppte. Auf halbem Wege hielt ich an. Hinter den duftigen weißen Vorhängen der Wohnzimmerfenster sah ich meine Großmutter allein durchs Zimmer gehen wie ein stelzender Kranich, zu aufrecht und groß für eine alte Dame und unglaublich dünn! Es dauerte eine Weile, bis ich den Türklopfer betätigen konnte, an dem der Adventskranz befestigt war. Ich wartete und wünschte, jemand anderes würde aufmachen, aber niemand war zu sehen als die langsam stelzende Gestalt meiner Großmutter, die sich ziellos zu einer klanglosen, beklemmend langsamen Marschmusik zu bewegen schien, einer gespenstischen Kapelle, die einen Trauermarsch spielte.

Wie ich später erfuhr, war meine Familie zu dem monatli-

chen Bankett der Geschäftsfreunde meines Vaters im Fortschrittsklub gegangen.
Mein Großvater lag im Bett. Oma war allein aufgeblieben, um mich zu begrüßen, gleichgültig, zu welcher Stunde – ich hatte meine Ankunft nicht genau telegrafiert – ich zu dieser letzten Heimkehr, die sie erleben sollte, an der Haustür erscheinen würde.
Meine Großmutter öffnete auf mein Klopfen, ich erinnere mich, wie sie lachte, wie ein schüchternes Mädchen, das beim Anblick der Fotografie ihres Geliebten von Gefühlen übermannt wird, und wie sie mit ihrer jungen Stimme rief: „Oh, Tom, oh, Tom!" Und als ich sie umarmte, fühlte ich mit Schrecken nichts als den Stoff ihres Kleides und durch das Kleid hindurch ihre fieberheißen Arme.
Sie starb ungefähr zwei Wochen später, nach einer trügerischen, allein von ihrem Willen erzwungenen Periode scheinbarer Besserung.
An jenem Abend hatte ich das Haus gleich nach dem Essen verlassen. Sie hatte noch das Geschirr gespült und abgelehnt, sich von meiner Mutter, meinem Großvater oder mir helfen zu lassen; dann saß sie Chopin spielend am Klavier, als ich zur Tür hinausging.
Als ich nur zwei oder drei Stunden später zurückkam, war das ganze zweistöckige Haus erfüllt vom Geräusch ihres letzten Ringens um Atem.
Auf der Treppe stand ein Fremder, der mich hatte klopfen hören, ehe ich selbst bemerkt hatte, daß ich einen Schlüssel bei mir trug. Er sagte mit ausdrucksloser Stimme: „Ihre Mutter möchte, daß Sie nach oben kommen."
Ich ging hinauf. Oben auf den Stufen, wo der Blutsturz meiner Großmutter begonnen hatte, war eine Lache noch frischen Blutes. Eine Spur aus dunklem feuchtem Blut führte ins Badezimmer, das noch unausgespülte Toilettenbecken war tiefrot, und in dem Becken und auf den Fliesen des Fußbodens lagen klumpige Stücke ausgespienen Lungengewebes. Später erfuhr ich, daß der Blutsturz vor drei Stunden, fast unmittelbar nachdem ich das Haus verlassen hatte, begonnen hatte.
Im Schlafzimmer setzte meine Großmutter fiebrig, wild und unbeugsam ihren Kampf mit dem Tod fort, der ihn bereits auf halber Treppe gewonnen hatte . . .

Ich wagte nicht, das Zimmer zu betreten, in dem der schreckliche Kampf vor sich ging. Ich stand jenseits des Flurs in dem Zimmer, das meinem Bruder gehörte, ehe er zum Militär ging. Ich stand in dem dunklen Zimmer, betete vielleicht, vielleicht schluchzte ich oder lauschte ich auch nur, ich weiß das nicht mehr, und quer über den Flur hörte ich die Stimme meiner Mutter, wie sie immer wieder sagte: „Mutter, was ist, Mutter, was ist, was willst du mir sagen?"

Ich wagte nur kurz hineinzuschauen. Meine Mutter kauerte über der Gestalt meiner Großmutter auf dem Bett, darauf bedacht, sie vor mir zu verbergen. Mein Großvater kniete im Gebet neben seinem Armsessel. Der Doktor schwankte hilflos zwischen allen dreien mit einer Spritze und einer Schüssel dampfenden Wassers und dem oder jenem nutzlosen Gegenstand seiner Ausrüstung hin und her.

Dann hörte der schreckliche Lärm ganz plötzlich auf. Ich trat in das Zimmer.

Meine Mutter schloß meiner Großmutter sanft die Augen und den Mund.

Einige Stunden später kamen die Nachbarn. Mein Großvater ging hinunter, um sie einzulassen, und ich hörte oben auf der Treppe, wie er zu ihnen sagte: „Meine Frau ist sehr schwach, sie scheint jetzt sehr schwach zu sein."

„Walter will niemals der Wahrheit ins Gesicht sehen", war einer der ständigen Sätze meiner Großmutter gewesen.

Etwa ein Jahr später erzählte mir meine Mutter beiläufig, daß sie schließlich herausgefunden hatte, was meine Großmutter im Sterben hatte sagen wollen, ohne die Kraft dazu aufzubringen. „Deine Großmutter zeigte dauernd auf die Kommode, und später stellte ich fest, daß sie dort ihr Korsett aufbewahrte, in dem einige hundert Dollar eingenäht waren!"

1964

Fröhlicher zehnter August

Der Tag hatte nicht gut angefangen beim Frühstück, oder vielmehr war schon vor dem Frühstück alles total schiefgelaufen, als Horne den Kopf in das enge „Arbeitszimmer“ gesteckt hatte, das Elphinstone in diesem und auch im nächsten Sommermonat als Schlafzimmer diente. Horne hatte ihr „Fröhlicher zehnter August!“ zugerufen, den Kopf wieder zurückgezogen, die Tür zugeschlagen und so Elphinstones Schlaf jäh unterbrochen, der im besten Fall ein flacher und unruhiger Schlaf und manchmal praktisch überhaupt kein Schlaf war.

Das Problem war, daß Horne auf Grund eines schon lange bestehenden Abkommens zwischen den beiden Damen das eigentliche Schlafzimmer mit der Klimaanlage in den Monaten August und September für sich hatte und Elphinstone in den übrigen Monaten des Jahres darüber verfügte. Auf den ersten Blick schien diese Regelung für Elphinstone vorteilhaft zu sein. Die Damen hatten sie in aller Freundschaft getroffen, als sie vor zehn Jahren in diese Wohnung gezogen waren, aber Dinge, auf die man sich vor so langer Zeit freundschaftlich geeinigt hat, können für den einen oder den anderen der beiden Vertragspartner im Laufe der Zeit beschwerlich werden, und wenn Elphinstone jetzt auf diese Regelung zurückblickte, argwöhnte sie, daß Horne, die in New York geboren und aufgewachsen war, gewußt haben mußte, daß in der *wirklich* ganz heißen Zeit des Sommers *sie* in den Genuß der Klimaanlage kam. Wenn Elphinstones Gedächtnis sie nicht trog, hatte Horne tatsächlich zugegeben, daß der August gewöhnlich der heißeste Monat in Manhattan war und der September kaum je eine Abkühlung brachte, aber sie, Horne, hatte Elphinstone daran erinnert,

daß sie ja jederzeit, wenn sie Lust dazu hätte, nach Shadow Glade fahren könnte, zum kühlen Sommersitz ihrer Mutter, und hatte sie ferner daran erinnert, daß sie weder im Sommer noch zu einer anderen Jahreszeit früh aufzustehen brauchte, da sie als Fachberaterin für genealogische Fragen mehr oder weniger selbständig war, während sie, Horne, an eine ziemlich feste Bürozeit gebunden war.
Während Elphinstone über all das nachdachte, war sie aufgestanden und ins Badezimmer gegangen, und jetzt war sie im Begriff, mit bedeutungsvoller Würde (so hoffte sie jedenfalls) das nach hinten gelegene Wohnzimmer ihrer kleinen Wohnung im fünften Stock eines Braunsteinhauses in der 61. Straße Ost zu betreten. Elphinstone wußte, daß sie nicht gut aussah, denn sie hatte einen Blick in den Spiegel geworfen. Die mittleren Jahre kamen in diesem Sommer nicht verstohlen auf Katzenpfötchen angeschlichen, sondern brachen ebenso unaufhaltsam über sie herein, wie Horne sie mit ihrem Gekreisch mitten in den zehnten August gestoßen hatte.
„Was ist denn der zehnte August?" erkundigte sie sich mit gespielt gleichgültiger Stimme bei Horne, als sie im Wohnzimmer erschien, um ihren Kaffee zu trinken.
Horne kicherte und sagte, der zehnte August sei eben der zehnte August.
„Dann hattest du also überhaupt keinen Grund, mich um diese Zeit aufzuwecken?"
„Ich habe dich deshalb so früh geweckt, weil du mir gestern abend sagtest, ich solle dich wecken, sobald ich aufgewacht bin, weil Doktor Schreiber deinen heutigen Termin auf neun Uhr vorverlegt hat, um sich ein Bild von deiner morgendlichen Gemütsverfassung zu machen."
„Nun, heute morgen wird er sich dieses Bild nicht machen, denn ich habe drei Nächte hintereinander nicht geschlafen."
„Du meinst nicht, daß du ihm die schreckliche Depression vorführen solltest, die du immer am Morgen hast?"
„Meine morgendlichen Depressionen rühren einzig und allein daher, daß ich seit langem schlecht schlafe, und haben nichts mit irgendwelchen Problemen zu tun, an denen ich mit Schreiber arbeite, und ich denke gar nicht daran, dem Mann pro Minute einen Dollar zu zahlen, nur um auf die-

ser Couch zu liegen, wenn ich vor Erschöpfung sowieso kein Wort herauskriege."

„Vielleicht gelingt es dir, auf der Couch noch ein Nickerchen zu machen", sagte Horne leichthin. „Und weißt du, Elphinstone, allmählich komme ich immer mehr zu der Überzeugung, daß deine chronische Gereiztheit, die sich in diesem Sommer sehr verschlimmert hat, eine unbewußte Reaktion auf diesen Freudschen Affront darstellt. Du bist ein Widder, meine Liebe, und für Widder, vor allem wenn sie den Steinbock zum Aszendenten haben, ist nur Jung gut. Ich will damit sagen, für Widder gibt es praktisch nur Jung oder gar nichts."

Elphinstone fühlte, daß eine Antwort wie ein Ungewitter in ihrer Brust tobte, aber in ihrem mitgenommenen Zustand hielt sie es für besser, diese Antwort zu unterdrücken, also lenkte sie das Gespräch auf ihren aus Panama stammenden Papagei Lorita, da sie bemerkt hatte, daß Lorita nicht in ihrem Zimmerkäfig war.

„Wo hast du Lorita hingesteckt?" fragte sie so scharf, als verdächtige sie ihre Freundin, dem Vogel den Hals umgedreht und ihn kurzerhand in den Müllschlucker geworfen zu haben.

„Lorita ist wieder verreist", sagte Horne munter.

„Ich finde, Lorita sollte erst verreisen, nachdem du in dein Büro gegangen bist", grollte Elphinstone, „denn morgens bist du immer derart in Rage, daß du sie wahrscheinlich eines Tages tottreten wirst."

„Ich mache zwar schnell, aber ich bin nicht blind, meine Liebe, und übrigens sitzt Lorita draußen in ihrem Sommerpalast."

Loritas Sommerpalast war ein sehr großer, luxuriöser Käfig, der auf dem kleinen Balkon hinter der doppelten Glastür aufgestellt war, und tatsächlich, dort saß sie.

„Eines Tages", sagte Elphinstone düster, „merkt dieser Vogel bestimmt, daß er fliegen kann, und dann ade, Lorita!"

„Du ergehst dich heute morgen in lauter gräßlichen Prophezeiungen", sagte Horne. „Ich wette, der liebe Doktor Schreiber wird allerlei zu hören kriegen."

Beide tranken ihren Kaffee in kleinen Schlucken, während sie nebeneinander auf dem mit elfenbeinfarbenem Satin bezogenen zweisitzigen Sofa hockten, vor dem der Fernsehapparat stand und von dem aus man auf die Hinterfronten der Braunsteinhäuser in der 60. Straße Ost blickte. Es war eine angenehme Aussicht mit sehr viel mehr Grün, als man gewöhnlich in Manhattan außerhalb des Parks zu sehen bekommt. Der Fernsehapparat lief. Ein Beamter des Gesundheitswesens sprach über das zunehmende Auftreten von Poliomyelitis in diesem Sommer in New York.

„Wann gehst du zur Polioimpfung?“ fragte Horne.

Elphinstone erklärte, sie habe beschlossen, sich diesen Sommer nicht gegen Polio impfen zu lassen.

„Bist du verrückt?“ fragte Horne.

„Nein, nur über vierzig“, sagte Elphinstone.

„Was hat denn das damit zu tun?“

„Ich bin aus der Gefahrenzone heraus“, brüstete sich Elphinstone.

„Diese Theorie ist geplatzt. Der Mann hat eben gesagt, es gibt heute faktisch keine Altersgrenze für Poliomyelitis.“

„*Du* läßt dir natürlich jede Spritze oder Pille verpassen, die es überhaupt gibt, Horne“, sagte Elphinstone, „aber aus einem sehr sonderbaren Grund: nicht, weil du dich wirklich vor Krankheit oder Tod fürchtest, sondern weil du einen unbewußten Todestrieb in dir hast und deshalb ein so starkes Schuldgefühl empfindest, daß du dir dauernd einzureden versuchst, du tätest alles nur mögliche, um gesünder zu werden und dein Leben zu verlängern.“

Sie unterhielten sich ganz ruhig, aber sie sahen sich nicht an dabei, was weder ein gutes Zeichen für den zehnten August noch für die Blumen der Freundschaft war.

„Ja, das ist schon ein sehr sonderbarer Grund, wahrhaftig sehr sonderbar! Warum sollte ich denn einen Todestrieb in mir haben?“

Ihre Stimmen klangen jetzt leise und zittrig.

„Gestern abend, Horne, hast du vom Balkon auf die Stadt hinuntergeblickt und gesagt: Mein Gott, so eine Menge riesiger Grabsteine, ein strahlend erleuchteter Friedhof, die größten Grabsteine auf dem größten Friedhof der Welt. Ich habe das Doktor Schreiber erzählt und ihm gesagt, daß mich das furchtbar beunruhigt hat. Er sagte: ‚Sie leben mit einer sehr kranken Person zusammen. Sie teilen Ihr Leben mit ihr. Wenn man große Architektur in einer großen Stadt sieht und sie als Grabsteine auf einem Friedhof bezeichnet,

ist das ein Symptom, das auf eine schwere psychische Störung schließen läßt, viel schwerer als Ihre. Ich weiß zwar, wieviel Ihnen diese Gefährtin bedeutet, aber ich muß Sie darauf hinweisen, daß Sie sich nicht ständig diesem Grad von Nihilismus und diesem Todestrieb aussetzen sollten, während Sie bemüht sind, wieder aus dem Schattental emporzusteigen. Ich kann Ihnen nur dann raten, diese Beziehung fortzusetzen, wenn sich diese kranke Person ebenfalls einer psychotherapeutischen Behandlung unterzieht. Aber ich bezweifle, daß sie das tun wird, denn sie will nicht emporsteigen, sie strebt in die andere Richtung. Und das', sagte er, ,zeigt sich ganz deutlich an dem, was Sie mir über ihren jetzigen Umgang erzählt haben.'"
Es herrschte ein kleines Schweigen zwischen ihnen, dann sagte Horne: „Glaubst du, daß ich ein Hindernis für deine Analyse bin? Wenn das der Fall ist, laß mich dir versichern, daß sich das Hindernis mit Freuden selber entfernen wird."
„Schreiber ist vor allem beunruhigt über deinen neuen Freundeskreis", sagte Elphinstone, „weil er das Gefühl hat, daß diese Leute unbewußt einen zerstörerischen Einfluß ausüben."
„Aber", sagte Horne, „er kennt sie ja gar nicht, und ich finde es reichlich vermessen, ein Urteil über eine Gruppe ganz unterschiedlicher Persönlichkeiten abzugeben, wenn man überhaupt keinen persönlichen Kontakt zu ihnen hat. Natürlich ahne ich nicht, was für Geschichten über meine Freunde du Doktor Schreiber aufgetischt hast."
„Gar keine, gar keine! Fast gar keine . . ."
„Wieso weiß er dann von ihnen? Durch eine Offenbarung oder so etwas?"
„In der Tiefenanalyse", sagte Elphinstone bedeutungsvoll, „darf man nichts für sich behalten."
„Aber das heißt noch nicht, daß das, was man nicht für sich behält, unbedingt wahr ist, wie? Scheiße, anscheinend war es gar nicht deine wahre Überzeugung, als du mir sagtest, du verstehst, daß ich meinen eigenen kleinen Freundeskreis haben muß, da mich dein Freundeskreis nicht akzeptiert."
„Ich habe keinen Freundeskreis", erwiderte Elphinstone kummervoll, „es sei denn, du meinst meine paar alten

Schulfreundinnen von Sarah Lawrence, mit denen ich einmal im Monat essen gehe und die ich alle Jubeljahre mal zu einem kalten Abendbrot mit anschließendem Bridge hierher einlade. Du wurdest immer gebeten, ja gedrängt, mit dabeizusein, aber bis auf ein einziges Mal hast du immer abgelehnt."
„Ah ja", sagte Horne, „vor ein paar Tagen hast du nicht nur erklärt, du fändest nichts Unrechtes dabei, daß wir jeder unseren eigenen kleinen Freundeskreis hätten, sondern du sagtest sogar, es täte uns beiden psychologisch gut. Du sagtest, wenn du dich bitte erinnern möchtest, es mildere die Spannungen zwischen uns, wenn jede ihren eigenen kleinen geselligen Kreis hätte, und was die Behauptung betrifft, meine Freunde könnten dich nicht leiden, so kann ich dir nur sagen . . ."
„*Was* kannst du mir sagen?"
„Daß *du sie* nicht akzeptiert hast. Das eine Mal, als du sie mit deiner Gegenwart beehrt hast, warst du so widerborstig wie ein Stachelschwein – das einzige Mal, daß du dich herabgelassen hast, mit ihnen zusammen zu sein, anstatt zu einem dieser öden Treffen von ehemaligen Sarah-Lawrence-Schülerinnen zu laufen."
Wieder trat eine Pause in der Unterhaltung ein. Beide Damen ließen leise Kehlgeräusche hören, tranken kleine Schlucke Kaffee und sahen einander nicht an: die warme Luft zitterte zwischen ihnen. Sogar der Papagei Lorita schien die häusliche Krise zu spüren und gab in seinem Sommerpalast leise Gluckser und zarte musikalische Pfeiftöne von sich, als wolle er die unglücklichen Damen beschwichtigen.
„Du sagst, ich habe einen Todestrieb in mir", nahm Horne das Gespräch wieder auf. „Ich glaube, da bist du schief gewickelt, meine Liebe. Ich bin extrovertiert und bemühe mich, meine Kontakte zum Leben zu erweitern und zu vertiefen, aber du bist rein besessen vom langsamen Sterben deiner Mutter, so als ob du sie deswegen beneidest. Du verabscheust meinen ‚Kreis von Greenwich Village Hippies', wie du sie nennst, weil sie intellektuell wach sind, vor Vitalität sprühen und sich hier, hier und hier voll ausleben."
(Bei diesen drei Hiers berührte sie ihre Stirn, ihre Brust und ihren Unterleib.)

„Ach, und diese ganze beachtlich mannigfaltige Vitalität wird sich heute abend wieder hier entladen, nicht wahr, Horne?"

„Die gesellige Atmosphäre", sagte Horne, „wird höchstwahrscheinlich etwas lebensvoller sein als in Shadow Glade, aber das einzige, was noch weniger lebensvoll ist als die gesellige Atmosphäre bei deiner Mutter, ist die bei deinen Sarah-Lawrence-Treffen. Elphinstone, warum schenkst du dir nicht dieses Wochenende bei deiner Mutter und kommst heute abend zu meiner kleinen Party, und zwar mit einer anderen Einstellung als neulich, ich meine, warum bist du nicht charmant, natürlich, freundlich, anstatt die Atmosphäre mit Feindseligkeit und Argwohn aufzuladen, und ich weiß, dann würden dich meine Freunde besser verstehen, und *du* würdest verstehen, wie anregend für mich der Umgang mit einer Gruppe von Menschen ist, bei denen man so etwas wie intelligente Vitalität findet, und ..."

„Du willst damit sagen, daß ehemalige Sarah-Lawrence-Schülerinnen unweigerlich alle durch die Bank beschränkt sind?"

„Ich habe überhaupt nicht an ehemalige Sarah-Lawrence-Schülerinnen gedacht; ich bedeute ihnen nichts und sie bedeuten mir nichts. Aber", fuhr Horne fort, und ihre Stimme wurde immer aufgeregter, „ich habe das Gefühl, daß es ein bißchen lächerlich ist, eine Religion, ein Scheißmysterium daraus zu machen, daß man früher mal diese snobistische Institution der Selbstgefälligkeit besucht hat!"

„Hör mal, Horne, wenn du die Wahrheit wissen willst", sagte Elphinstone, „ein paar von den Damen waren etwas verstört über deine Lallocropie."

„Meine *was*?"

„Lallocropie ist der psychiatrische Ausdruck für den Zwang, ordinäre Ausdrücke zu gebrauchen, sogar bei den unpassendsten Gelegenheiten."

„Ist mir doch scheißegal, wenn ich die Damen ..."

Horne erhob sich bei diesem Satz, den sie nicht vollendete, weil sie so abrupt in die Höhe schnellte, daß sie etwas Kaffee auf den elfenbeinfarbenen Satinbezug des Sofas verschüttete.

Horne schrie gellend auf, als das passierte, und setzte mit ihrem Aufschrei ein ganzes Arsenal von Spannungen frei,

die sich während dieses schwarzen Anfangs des zehnten August angesammelt hatten, und als hätte dieser Schrei sie vorwärts katapultiert, sauste sie wie eine Gewehrkugel in die Küche, griff nach einem Geschirrtuch und feuchtete es unter dem Wasserhahn an; dann kam sie wieder hereingestürzt und bearbeitete den Kaffeefleck auf dem eleganten Sitzsofa mit dem nassen Tuch.
„Ach", sagte Elphinstone in einem eher wehklagenden als erbitterten Ton, „jetzt begreife ich, wieso dieses Möbelstück derart ruiniert worden ist. Du traktierst diesen elfenbeinfarbenen Satinbezug, der aus dem Hochzeitskleid meiner Großmutter gemacht ist, mit einem nassen Geschirrtuch, sooft du etwas daraufkleckerst, und das tust du mit einer sehr sonderbaren Regelmäßigkeit, aus Feindschaft gegen . . ."
„Als erstes ja", sagte Horne, die nur den Anfang von Elphinstones leidvoller Anklage gehört hatte, „aber dann gehe ich dem Fleck natürlich mit Wunderreiniger zu Leibe."
„Was ist Wunderreiniger?"
„Wunderreiniger", stieß Horne hervor und schnappte zwischen den einzelnen Worten immer wieder nach Luft, da ihre Atmung durch die zwischen ihr und Elphinstone herrschende Spannung und deren Ausbruch gestört war, „ist ein fabelhaftes Mittel, für das Johnny Carson in seiner Abendshow Reklame macht."
„Ich sehe, du bist verrückt", sagte Elphinstone. „Also gut, ich werde dieses Sofa mit kaffeebraunem Sackleinen beziehen lassen. Natürlich kann ich nicht viel tun, um mein Porzellan und meine Gläser vor der Zerstörung zu bewahren, die ihnen, wie ich weiß, ce soir droht! Daß mein Wedgewood und mein Haviland in Scherben gehen, ist kein sehr hoher Preis für deine kulturelle Wiederbelebung in diesen letzten paar Monaten, falls man ein halbes Jahr ein paar Monate nennen kann! Und es ist mir zwar nicht gegeben, in die Zukunft zu blicken, aber wenn sich diese Wohnung nicht in einen Trümmerhaufen . . ."
„Warum stellst du dein gottverdammtes Wedgewood und dein Haviland nicht auf den Speicher? Wer braucht, wer will schon dein verdammtes . . ."
„Horne", sagte Elphinstone mit einem warnenden Zittern in der Stimme.

Horne antwortete mit jenem skatologischen Wort, das sie in letzter Zeit bei Gesprächen so häufig im Munde führte, und Elphinstone wiederholte den Familiennamen ihrer Freundin mit noch schärferer Betonung.

„Herrje, Elphinstone, ich meine das wirklich ernst. Wir haben eine kleine Wohnung zusammen, in der fast der ganze Platz von Familienreliquien wie deinem Wedgewood und deinem Kristall und deinem Silber mit dem Monogramm deiner Mutter mit Beschlag belegt wird ... Alles hier ist Mutters oder Mutters Mutters Mutters, so daß ich mir vorkomme wie jemand, der sich in euer Erbbegräbnis eingeschlichen hat, und dann, mein Gott, diese Bücherregale! Stell dir doch vor, wie peinlich mir das ist, wenn Doktoren der Literaturwissenschaft und der Philosophie sich die Bücher in den Regalen ansehen wollen und nichts weiter finden als diesen ganzen genealogischen Käse – die glauben doch, *ich* lese so was – Berühmte Familien des Südens, Band eins, Berühmte Familien des Südens, Band zwei, dieser ganze berühmte Familienmist bis hoch zur Decke und bis runter zu deinem Aubusson-Teppich, Regale und Regale und ..."

„Horne, ich glaube, dir ist bekannt, daß ich von Beruf Fachberaterin für genealogische Fragen bin und dazu Nachschlagewerke brauche und daß ich in diesem Zimmer arbeiten muß!"

„Scheiße, ich dachte, mittlerweile hättest du das alles im Kopf! Wer fickte Gouverneur Dinwiddie in den Schneeballsträuchern am Potomac, welcher Stamm, die Tscherokesen oder die Choctaws, skalpierte die ehrenwerte Dame Elphinstone am ..."

„Ein koloniales Erbe ist nichts, dessen man sich schämen müßte, Horne!"

„Dein koloniales Erbe, Elphinstone, und deine Familienandenken haben es zuwege gebracht, daß ich es in dieser Wohnung nicht mehr aushalte! Ich ziehe fürs Wochenende in das Chelsea Hotel, und du wirst später von mir erfahren, wo du dich mit mir in Verbindung setzen kannst, um mir die halbe Monatsmiete für dieses Elphinstone-Museum zurückzuerstatten!"

Elphinstone hörte, wie Horne die Schlafzimmertür krachend hinter sich zuschlug, und als sie die Ohren spitzte, konnte sie hören, daß ihre treubrüchige Gefährtin da drinnen sehr beschäftigt war. Etwa zehn Minuten lang gab es lautes Gepolter, bis Horne endlich in ihr Büro abzog, und dann erhob sich Elphinstone von dem ruinierten Sitzsofa und ging in das Schlafzimmer, um dort ein wenig Umschau zu halten. Was sie sah, war ganz dazu angetan, sie zu beruhigen. Sie stellte fest, daß Horne ein paar Sachen in wildem Durcheinander in ihre Reisetasche gestopft, dabei den Reißverschluß kaputtgemacht und ihre Toilettensachen draußen liegengelassen hatte, sogar ihre Zahnbürste, und so konnte sie ziemlich sicher sein, daß die halbgepackte Reisetasche nur eine von Hornes kleinen kindischen Gesten war.

Am Mittag des zehnten August rief Elphinstone in der Forschungsabteilung des „National Journal of Social Commentary" an, wo Horne angestellt war, und Horne kam an den Apparat.

Beide Stimmen klangen traurig und gedämpft, so gedämpft, daß jede die andere bitten mußte, bestimmte Dinge zu wiederholen, die sie während des langen, immer wieder stokkenden Telefongesprächs geäußert hatte. Das Gespräch wurde in sanftem, fast elegischem Ton geführt. Man berührte nur ein Thema, über das die Meinungen auseinandergingen: die Frage der Polioimpfung. Elphinstone sagte: „Wenn es dich beruhigt, Liebes, lasse ich mich eben gegen Polio impfen." Es entstand eine kleine Pause, und Hornes Stimme schwankte, als sie auf dieses Angebot antwortete.

„Liebes", sagte sie, „du weißt, welch schreckliche Angst ich vor Kinderlähmung habe, seit Alfie sie gekriegt hat, mein Cousin, der immer noch in der Eisernen Lunge steckt, und nur sein Kopf guckt heraus, abgezehrt wie ein Totenkopf, Liebes, und seine todtraurigen blauen Augen, o mein Gott, der Blick dieser Augen, wenn er mich anzulächeln versucht, o mein Gott, dieser Blick!"

Als das Gespräch an diesem Punkt angelangt war, fingen beide an zu weinen und waren kaum imstande, hörbar „Auf Wiedersehen" zu sagen.

Aber um vier Uhr an diesem heißen Augustnachmittag schlug Elphinstones Stimmung plötzlich um. Sie hatte sich für diese Zeit bei ihrem Psychoanalytiker angemeldet und gab nun mit wunderbarer Genauigkeit das ganze Gespräch wieder, das sie am Morgen mit Horne geführt hatte.

„Wann werden Sie begreifen", fragte der Psychoanalytiker düster, „wenn etwas aus und vorbei ist?"
Er erhob sich von seinem Stuhl hinter der Couch, auf der Elphinstone ausgestreckt dalag und sich ein zusammengeknülltes Kleenextuch unter die Nase hielt; er beendete die Sitzung nach nur fünfundzwanzig Minuten und betrog Elphinstone so um die Hälfte des gezahlten Honorars.
Als sie ging, hielt er ihr würdevoll die Tür auf. Schluchzend trat sie hinaus in den heißen Nachmittag. Der Himmel war bedeckt, aber die Luft glühte.
Nichts, nichts, dachte sie. Das bedeutete, daß sie absolut nichts zu tun hatte. Als sie zu Hause anlangte, überkam sie ein aggressiver Impuls. Sie ging ins Schlafzimmer, packte sehr gründlich, sehr schnell und sehr sorgfältig Hornes Sachen zu Ende und stellte alle vier Gepäckstücke neben die Schlafzimmertür. Dann ging sie in ihr eigenes Zimmer, packte alles, was sie für ein Wochenende brauchte, in eine Reißverschlußtasche, fuhr zum Grand-Central-Bahnhof und stieg dort in einen Zug nach Shadow Glade, wo sie zu bleiben beabsichtigte, bis Horne dem Wink mit dem Zaunpfahl Folge geleistet hatte und für immer aus der Wohnung in der 61. Straße Ost ausgezogen war.
Als Elphinstone bei Mama ankam, hatte diese gerade wieder einen Anfall von Herzasthma und durchlitt eine neue Krise. Eine Pflegerin war bei ihr. Elphinstone konnte nichts dabei empfinden; sie stellte nur die übliche beschämende Spekulation über Mamas Letzten Willen an: würde das Vermögen zum größten Teil der verheirateten Schwester mit ihren drei Kindern zufallen, oder war Mama fair gewesen und hatte berücksichtigt, daß sie, Elphinstone, diejenige war, die in den kommenden Jahren finanzielle Sicherheit brauchte, oder würde alles (O Gott!) der Erkennenden Kirche und ihrer Mission in Neuseeland zufallen, der in den letzten Jahren Mamas Hauptinteresse gegolten hatte. Diese niedrigen Erwägungen widerten sie an, und als Mamas Anfall von Herzasthma nachließ und Mama aus dem Bett stieg und wieder über den Glauben der Erkennenden Kirche zu sprechen begann, war Elphinstone erleichtert, und plötzlich teilte sie Mama mit, daß sie doch lieber nach New York zurückkehren werde, da sie abgefahren sei, ohne Horne Be-

scheid zu sagen, was einer so nervösen Person wie Horne gegenüber nicht nett war.

„Ich verstehe überhaupt nicht, was du immerzu mit Horne hast", jammerte Mama. „Was zum Teufel ist Horne? Zehn Jahre lang habe ich von dir nichts weiter als Horne zu hören gekriegt. Hat denn diese Horne keinen Vornamen, bei dem du sie nennen kannst? Ach, mein Gott, irgendwas ist daran sehr sonderbar, das habe ich immer schon gefunden. Was *bedeutet* es? Ich weiß nicht, was ich davon halten soll!"

„Aber Mama, du sollst gar nichts davon halten", sagte Elphinstone. „Wir sind zwei unverheiratete berufstätige Frauen, und unverheiratete berufstätige Frauen reden sich mit dem Nachnamen an. In Manhattan ist das bei berufstätigen Frauen so üblich, das ist alles, Mama."

„Na ja", sagte Mama, „hmmm, ich weiß nicht, also . . ."

Sie warf Elphinstone einen schnellen Blick zu, aber dann ließ sie das Thema Horne fallen und bat die Pflegerin, ihr auf den Topf zu helfen.

Nun gut, die alte Dame hatte wieder einen sehr schweren Anfall von Herzasthma überstanden und war nun geneigt, sich durch kleine Handreichungen und auch durch das gelungene Käseomelett trösten zu lassen, das Elphinstone für das Abendessen am Bett zubereitet hatte.

Als dann der Arzt die Pflegerin fortschickte, fühlte sich Mama noch mehr getröstet und beruhigt.

„Der Doktor muß doch der Ansicht sein, daß es mir besser geht", sagte sie zu ihrer Tochter.

Elphinstone sagte: „Ja, Mama, als ich kam, war dein Gesicht blau, aber jetzt hat es beinahe wieder seine normale Farbe."

„Blau?" sagte Mama.

„Ja, Mama, beinahe purpurn. So etwas nennt man Cyanose."

„Ach, mein Gott", seufzte Mama, „Cyna – *wie* hast du es genannt?"

Da Elphinstone merkte, daß sie Mama durch die Verwendung eines solchen klinischen Terminus erneut aufgeregt hatte, machte sie rasch einige mehr konventionelle Bemerkungen, etwa wie gut Mama das rosa Bettjäckchen stehe, jetzt, da ihr Gesicht wieder seine normale Farbe habe, und sie erinnerte Mama daran, daß sie ihr dieses Bettjäckchen

zu ihrem fünfundachtzigsten Geburtstag geschenkt hatte, zusammen mit einem Paar gestrickten Bettschuhen und einem gestickten Überzug für die Wärmflasche.
Nach einem kurzen Schweigen konnte sie sich nicht enthalten, Mama ins Gedächtnis zurückzurufen, daß Violet, Mamas andere Tochter, die verheiratete, Mamas Geburtstag völlig ignoriert hatte, ebenso wie die Enkelkinder Charlie, Clem und Eunice.
Aber Mama hörte nicht mehr zu, ihr Beruhigungsmittel hatte jetzt zu wirken angefangen, und das langsame und verhältnismäßig friedliche Heben und Senken ihres gewaltigen alten Busens erinnerte Elphinstone an das Wogen eines Ozeans, der sich nach einem wilden Taifun langsam beruhigte.
Es ist wunderbar, wie sie sich gegen Herrn Schwarz zur Wehr setzt, sagte Elphinstone zu sich selber. (Herr Schwarz war ihr spezieller Name für den Sensenmann.)
„Lacey", sagte Elphinstone zu Mamas Haushälterin, „hat Mama in letzter Zeit Besuch von ihrem Rechtsanwalt bekommen?"
Lacey hatte Elphinstone einen Punsch aus heißem Rum mit Butter gemacht und ihr die Fahrzeiten der Morgenzüge nach Manhattan gegeben.
Elphinstone schlürfte ihren Punsch und war beruhigt über Mamas alte Haushälterin. Manchmal hatte sie Lacey im Verdacht gehabt, sie hege die schlaue Absicht, Mama zu überleben und so einen Teil von Mamas Vermögen zu erben, aber jetzt, zu dieser Mitternacht, erkannte Elphinstone klar, daß die uralte Lacey höchstwahrscheinlich nicht einmal mehr so lange wie Mama durchhalten würde. Sie hatte auch Asthma, außerdem noch eine rheumatische Arthritis mit Kalziumablagerungen im Rückgrat und ging daher krumm wie ein Bogen. Elphinstone hatte eigentlich den Eindruck, daß Laceys Gesundheitszustand bedenklicher sei als Mamas, obwohl sie dabei weiter arbeitete und herumlief – sie hielt mit jener animalischen Zähigkeit an der Gewohnheit zu leben fest, von der Elphinstone nicht genau wußte, ob sie sie an Mama oder an Mamas alter Haushälterin zu schätzen wußte.
„Sie kann nicht ewig so weitermachen", murmelte Elphinstone halblaut.

„Was sagten Sie, Miss?“ fragte die Haushälterin.
„Ich sagte, daß Mama immer noch von dieser Erkennenden Kirche besessen ist, die nie über Neuseeland hinausgelangt ist. Sie entstand dort ein Jahr vor Mamas Bekehrung, während Mamas und Papas Reise nach Auckland, als Papa sich nicht von seiner Prostataoperation im Jahre 1912 erholen konnte . . .“
„Was?“
„Nichts“, erwiderte sie freundlich auf Laceys Frage. Dann hob sie die Stimme und sagte: „Würden Sie mir jetzt bitte ein Taxi rufen?“
„Was?“
„Taxi! Rufen! Jetzt!“
„Ah . . .“
„Ja, ich habe beschlossen, nicht zu warten, bis morgens der erste Zug nach Manhattan geht, sondern in einem Taxi zurückzufahren. Es wird sicher ganz hübsch teuer, aber . . .“
Der unvollendete Satz hätte, wäre er vollendet worden, etwa dahingehend gelautet, daß sie Horne mitten in einer babylonischen Orgie mit ihren Typen von der New York University zu überraschen gedachte, und vor allem hatte sie sich etwas zurechtgelegt, was sie dem rotbärtigen Philosophieprofessor sagen wollte.
Treten Sie aus ganz persönlichen Gründen für die Frauenbefreiung ein? wollte sie ihn fragen.
Als sie die Treppe zum Vestibül von Mamas Sommerzuflucht hinunterging, breitete sich langsam ein Lächeln über ihr Gesicht aus.
Hmmm, überlegte sie.
Dank ihrer grandiosen Kriegslist hatte sich ihre Stimmung so sehr gebessert, daß sie an der Tür einen Dollar in Laceys alte, eidechsenhaft kalte Finger gleiten ließ.
Das Taxi wartete schon.
Als Elphinstone hörte, daß die Fahrt nach Manhattan wahrscheinlich um die achtzig Dollar kosten würde, schickte sie den Fahrer wütend fort, aber noch bevor er die Auffahrt hinuntergefahren und auf die Fernstraße eingebogen war, rief sie ihn mit einer Stimme zurück, die wie ein Donnerschlag klang.
Ihr war eingefallen, daß achtzig Dollar nicht einmal die Hälfte dessen waren, was zwei Sitzungen bei Schreiber ko-

steten, und sie hegte den dringenden Verdacht, ja, sie war fast sicher, daß ihr kleines Heim am frühen Morgen des elften August nicht nur für alle Zeit von der Dämonologie und anderem mit diesen N.Y.U.-Typen zusammenhängenden Unheil befreit sein würde, sondern auch von ...
Horne wird sicherlich versuchen, sich wie eine Klette an mich zu hängen, aber da werden wir schon Abhilfe schaffen!

Der Anblick, der sich Elphinstone bot, als sie sich mit dem Hausschlüssel Einlaß in die Wohnung in der 61. Straße verschaffte, war ganz anders als der, den sie sich auf der langen und kostspieligen Heimfahrt ausgemalt hatte.
Es war keine Orgie im Gange, und sie entdeckte kein Zeichen von Unordnung im Horne-Elphinstone-Haushalt.
Horne? Wo *steckt* sie denn? Ach, dort!
Horne saß schlafend auf dem von Flecken hoffnungslos verunzierten Sofa vor dem Fernsehapparat. Er lief noch, obwohl die „Abendshow" und sogar der „Film zu später Stunde" längst vorüber waren. Der Bildschirm war nur noch eine irre strahlend weiße Lichtfläche mit kleinen sich drehenden schwarzen Punkten darin; es sah aus wie das Negativ eines Films über einen Schneesturm in irgendeinem wüsten Land, und die Tonbegleitung zu dem Ganzen war ein gedämpftes atmosphärisches Rauschen. O mein Gott, es war gerade so, als würden Elphinstones bewußte und unbewußte geistige Prozesse plötzlich laut von einem Tonstreifen abgespielt, den man während der leichtsinnigen Heimfahrt im Taxi heimlich aufgenommen hatte, Herr Jesus.
Elphinstone betrachtete die kleine, zusammengesunkene schlafende Gestalt auf dem Sofa und horchte auf ihr leises, mit unverständlichem Gemurmel untermischtes Schnarchen. Vor ihr auf dem kleinen Cocktailtisch standen eine halbleere Flasche Jack Daniel Black Label und ein einziges Glas.
Anscheinend hatte sich Horne vor der Idiotenkiste mutterseelenallein in den Schlaf getrunken ...
Elphinstone stand vor einem Rätsel.
Sie rief den Antwortdienst an und fragte, welche Mitteilungen für sie und für Horne eingegangen seien.

Die einzige für sie selbst bestimmte Nachricht kam von einer ehemaligen Sarah-Lawrence-Schülerin, die eine Verabredung zum Essen absagte, da sie sich eine leichte Grippe zugezogen hatte. Die einzige für Horne bestimmte Nachricht war interessanter. Sie war von einer Kürze, die Elphinstone beleidigend erschien, und lautete: Tut mir leid, kann nicht kommen, Sandy Cutsoe.
(Das war der Name des rotbärtigen Philosophieprofessors von der Universität von Krähwinkel.)
Mitgefühl für die kleine, verlassene Person auf dem Sofa zog in Elphinstones Herz ein wie die warme, friedvolle Trunkenheit, die der Wein hervorruft. Sie schaltete den Fernseher aus, diesen Negativfilm über einen nächtlichen Schneesturm in irgendeinem fernen leeren Land, und dann war es ganz dunkel im Zimmer und ganz still bis auf Hornes leises Schnarchen und Murmeln und hin und wieder die schläfrigen Gluckstöne des Papageis, der immer noch in seinem Sommerpalast auf dem Balkon saß, wo er ebensogut auch die Nacht über bleiben konnte.
„Gott sei Dank", sagte Elphinstone, „den zehnten August hätten wir hinter uns, soviel ist jedenfalls sicher . . ."
Und dann tat sie etwas Sonderbares, an das sie später nur mit einiger Verlegenheit zurückdenken und von dem sie am Montag Schreiber berichten würde, in der Hoffnung, etwas über die tiefere Bedeutung in Erfahrung zu bringen, die es sicherlich haben mußte.
Sie hockte sich vor dem Sofa hin, drückte sanft eine Wange an Hornes knochige Knie und umschlang ihre dünnen Waden mit einem Arm. In dieser Haltung, die nicht bequem, aber tröstend war, sah sie zu, wie sich die Silhouette der Stadt mit begreiflichem Zögern langsam in den Morgen schob, denn wahrhaftig, Hornes Bemerkung paßte haargenau auf diese monolithischen Bauten der Innenstadt, sie sahen wirklich aus wie lauter illuminierte Grabsteine auf einem Friedhof.
Das Morgenlicht schien sich nichts aus der Stadt zu machen, es schien mit verständlicher Abneigung in sie hinein- und um sie herumzugleiten. Die Stadt und der Morgen umarmten einander, als würden sie dafür bezahlt, einen intimen Akt zu vollziehen, der für beide gleichermaßen abstoßend war.

Elphinstone flüsterte Hornes Kniescheiben im Ton einer Beileidsbezeigung „Fröhlicher elfter August" zu, und übermorgen, nein, morgen, am Montag, würde sie trotz ihrer kindischen Angst vor dem Einstich der Nadel zur ersten Polioimpfung gehen.

1970

Sabbatha
und die Einsamkeit

„In deinen früheren Werken“, schrieb der berühmten Dichterin Sabbatha Veyne Duff-Collick einer ihrer ehemaligen Lektoren, „war deiner unverwechselbaren ekstatischen Lyrik stets etwas herbe Ironie beigemischt, und da ich ein so guter Freund von dir bin und einstmals auch dein Lektor war, kann ich nicht umhin, dir die Bestürzung einzugestehen, mit der ich entdecken muß, daß jener stets versöhnende feine Humor, der in diesem skeptischen Zeitalter unterschwellig in den Seelenängsten eines Romantikers spürbar sein muß, seine wohltuende Wirkung in diesen neuen Sonetten ein wenig vermissen läßt, so bewunderungswürdig sie auch ...“

„Dieser alte Furz ist tatsächlich *senil* geworden“, kreischte Sabbatha ihrem nur aus einer Person bestehenden Publikum zu, einem jungen Mann, dessen Wesenszüge und äußere Erscheinung ihren mediterranen Charakter in den letzten zehn Jahren seines Lebens, die er mit Sabbatha in deren verschiedenen Zufluchtsstätten verbracht hatte, aufs wunderbarste bewahrt hatten.

„Ach, sagt er, du wärst senil?“ erkundigte sich der junge Mann ohne sichtliche Überraschung.

„Ich sage, *er* ist senil – da, *lies*, wenn du schon nicht *zugehört* hast!“

Sie knüllte den Brief des Cheflektors von Hark & Smothers zusammen und warf ihn Giovanni hin, als schleudere sie einen Felsen nach einem gefährlichen Angreifer; aber da es nur ein zusammengeknülltes Stück Papier war, vermochte es Giovanni nichts weiter anzutun, als ihn von gewissen geheimen Überlegungen abzulenken. Er lag auf dem Rücken vor dem offenen Steinkamin, den schwarzlockigen Kopf auf einem Wegwerfkissen; er war splitternackt, was ihm gut stand, und mit der einen Hand kratzte er sich in dem krausen Haarbusch über seinen Genitalien.

„Johnny, Johnny, Giovanni, um Gottes willen, hast du etwa Läuse?"

„Wie sollte ich in deinem alten Vogelhaus zu Läusen kommen – es sei denn, ich hätte sie aus Bangor eingeschleppt!"

Giovanni betonte den Namen dieser Stadt und verweilte genußvoll bei ihm, weil die stummen Betrachtungen, aus denen ihn Sabbatha gerissen hatte, mit Bangor zusammenhingen, das heißt, nicht so sehr mit der Stadt selber als vielmehr mit einem Bumslokal in dieser Stadt, in dem toll was los war und das hauptsächlich von Männern besucht wurde, die ihr Geld mit Schellfischfang verdienten und gegenwärtig durch eine Erscheinung an der Küste von Maine, die sogenannte „rote Flut", daran gehindert wurden, dieser Tätigkeit nachzugehen. Die „rote Flut" war keine politische Invasion, sondern eine Form der Meeresflora, die, wenn sie im Wasser auftrat, den Schellfisch ungenießbar und daher unverkäuflich machte. Für die Männer, die in dem Lokal in Bangor verkehrten, bedeutete diese Erscheinung eine wirtschaftliche Katastrophe, aber für Giovanni hatte sie insofern etwas Anziehendes, als sie ganz sicher bewirkte, daß man ihn in der Hafenkneipe mit noch größerer Herzlichkeit empfangen würde, falls er sich noch einmal dort blicken ließ, solange die „rote Flut" das Wasser verunreinigte: die Schwierigkeit bestand darin, daß ihm der Name der Kneipe entfallen war, die er eines Nachts ausfindig gemacht hatte, und trotz eines Grades von Besäufnis, der einer totalen geistigen Verdunkelung nahekam, hatte er sehr lebhafte Erinnerungen an diese Nacht bewahrt. Die Erlebnisse dieser Nacht gehörten zu den denkwürdigsten in seinen fünfunddreißig Lebensjahren, und dennoch hatten sich der Name der Kneipe und der Name der Straße, in der diese Kneipe lag, und sogar die ungefähre Lage der Kneipe seinem Gedächtnis nicht einprägen wollen, was ihn außerordentlich ärgerte, denn die Nacht dort überstrahlte so leuchtend wie der Stern von Bethlehem die vielen, vielen Nächte der Einsamkeit, die er mit Sabbatha in den verschiedenen Refugien geteilt hatte, in denen sie Schutz vor der Welt suchte.

Plötzlich leuchtete der Name der Kaschemme in Bangor,

Maine, auf dem Bildschirm seines Gedächtnisses auf, und die Wirkung war derart überwältigend, daß er aufsprang und laut rief: „Seehexe!"
„Was erlaubst du dir!" kreischte Sabbatha, die glaubte, daß diese Bezeichnung ihr galt.
Natürlich hatte Giovanni sie während ihrer langen winterlichen Abgeschiedenheit mit vielen ebensowenig schmeichelhaften Namen tituliert, und manchmal ebenso laut, aber augenblicklich war sie nicht in der Stimmung, zusätzlich zu der Beleidigung, die ihr Hark & Smothers und einige andere Verlage durch die Ablehnung ihres neuen Sonettzyklus zugefügt hatten, noch eine weitere hinzunehmen.
Sie zahlte Giovanni die vermeintliche Beschimpfung heim, indem sie ihm mit der Spitze ihres Pantoffels in den wohlgeformten Hintern trat, aber das hatte lediglich die eine Wirkung, daß ein schneidender Schmerz ihren arthritischen Knöchel und ihr Kniegelenk durchfuhr, da der Hauspantoffel aus weichem Filz und Giovanni dort, wohin sie ihn getreten hatte, zu gut gepolstert war, als daß es ihr gelungen wäre, ihn aus der Hochstimmung zu reißen, die ihn erfüllte, weil ihm der Name der denkwürdigen Kaschemme eingefallen war.
Er sah Sabbatha nur mit einem geradezu wölfischen Grinsen an und wiederholte den Namen, um ihn sich noch fester einzuprägen: „Seehexe!"
„Dreckskerl!" konterte sie. „Von mir aus kannst du deinen Arsch seehexen!"
„Mein Arsch hat Heimweh, Sabby, und in diesem Vogelhaus fühlt sich mein Arsch nicht heimisch ..."
Er war jetzt aufgestanden, um sich die Rumflasche zu holen; er goß mehr Rum in seinen Tee und trank ihn in einem Zug aus, und dann endlich wandte er seine Aufmerksamkeit Sabbathas letztem ablehnendem Bescheid zu. Er legte sich wieder vor dem Kamin auf den Rücken und glättete den zusammengeknüllten Brief, den Sabbatha nach ihm geworfen hatte. Er las ihn beim Schein des Feuers, und während er ihn las, breitete sich ein spöttisches, anziehendes Lächeln über sein Gesicht aus, das Gesicht eines jugendlichen Satyrs.
Der Feuerschein wurde trüber.

„Herrgott, siehst du denn nicht, daß das Feuer ausgeht?“ fragte sie.
„Leg noch etwas Holz auf.“
„Das ist *deine* Aufgabe!“
„Laß Dampf ab, Gnädigste, reg dich nicht künstlich auf, sonst kriegst du wieder einen Anfall.“
Er stocherte ein wenig in dem Feuer und las dann den Brief zu Ende.
„Na? Keine Reaktion? Auf dieses Stück Scheiße?“
„Der Brief enthält keine Scheiße, deshalb bist du ja so sauer“, sagte Giovanni. „Der Mann sagt nur, daß du überhaupt keine Selbstironie mehr hast, und weiter sagt er, was du da von dir gibst, ist lauter alter Käse, der niemand mehr interessiert, den du aber in einer Tour wiederkäust.“
Bis jetzt hatte er faul vor dem Kamin gelegen, doch nun sprang er behende wie eine Katze auf die Füße und holte sich die sieben anderen ablehnenden Bescheide von Sabbathas im Erker stehenden Schreibtisch.
Einige dieser Schreiben waren kaum mehr als Schemabriefe, obwohl sie allesamt von irgendwelchen Leuten geschrieben oder diktiert worden waren, die Sabbatha mit „mein Süßer“, „mein Herzblatt“ oder „mein Kleiner“ anredete, und alle diese Leute hatten eine Rolle in ihrer beruflichen Vergangenheit gespielt, die infolge der naiven Vertrauensseligkeit ihres früheren Selbst stets gefährlich eng mit ihrer gesellschaftlichen Vergangenheit verknüpft gewesen war.
„Untersteh dich!“ schrie sie Giovanni an, als laufe sie Gefahr, von einer ganzen Bande vergewaltigt zu werden.
„Hör zu, verdammt noch mal, halt die Fresse und hör zu, und ich werde dir diesen ganzen Stuß mit seinen ‚Nein, vielen Dank, Gnädigste‘ so übersetzen, daß du kapierst, was hinter dieser Scheiße steckt.“
(Für einen Ausländer hatte sich Giovanni eine überraschende Gewandtheit im Gebrauch der rauhen amerikanischen Umgangssprache angeeignet, in erster Linie dank seiner Vorliebe für Hafenkneipen.)
Sabbatha versuchte an ihm hochzuklettern und ihm diese gräßlichen Briefe zu entreißen, aber er stieß sie mit dem Knie von sich, und sie rutschte von ihm ab, was sehr weh tat.

„Ich will das nicht hören – ich bin nicht so tief gesunken, daß ich . . ."
(Daß sie was? Um was zu erreichen? Dieser Augenblick ihrer inneren Unsicherheit und ihr wilder, starrer Blick ins Nichts gaben ihm einen Vorteil, den er mit Genuß auskostete.)
„Sabby, du würdest bis zum Arschloch eines Maulwurfs sinken und dabei glauben, daß du Apollo vögelst, und du weißt das ebensogut wie ich!"
„Was, was, was, was, was?"
Bei jedem „was" war sie einen Schritt näher zur Tür gewankt, und jetzt kroch sie beinahe auf sie zu. Doch ihre Arthritis wirkte sich auf jede ihrer Bewegungen aus, und sie war noch nicht bei der Tür angelangt, als sie zusammenbrach, auf den Rücken rollte und laut rief: „Zeit!"
„Jaja, die Zeit hat dich ganz schön in die Mache genommen, sei dir darüber klar, Sabby!"
Es gelang ihr, die Tür zu öffnen.
„Ich gehe raus und bleibe draußen, bis du dich wieder wie üblich bis zur Bessinnungslosigkeit hast vollaufen lassen, und dann werde ich die – notwendigen Vorkehrungen treffen . . ."
Die Überlegung, worin diese Vorkehrungen bestehen mochten, ging in ihrer taumelnden Flucht aus dem Landhaus unter, das den Namen „Sabbathas Horst" trug.
„Sabbathas Horst" bestand aus anderthalb Stockwerken verwitterter Schindeln, alle weiß und grau gesprenkelt wie die Flügel einer Seemöwe oder wie ihr eigenes kastanienbraunes Haar, wenn sie, wie jetzt in den letzten Monaten angestrengtester Arbeit an ihrem neuen Sonettzyklus, den Schönheitssalon eine ganze Saison lang ignoriert hatte. Der Horst erhob sich auf der Spitze des höchsten und zerklüftetsten Felsens, den es in diesem Abschnitt der Küste von Neuengland gab. Zu seinen besonderen, passenderweise lyrischen Vorzügen gehörte ein klarer, schmaler Bach, und zu diesem Bach floh sie nun in der unbewußten Hoffnung, sein gedämpftes, erregtes Murmeln möge Stimmen aus der Vergangenheit heraufbeschwören, jenes erregte Flüstern, das zu vernehmen sie gewohnt gewesen war, wenn sie zum Beispiel ein gewisses kleines französisches Restaurant in Greenwich Village besucht hatte, damals, als sie,

Sabbatha, eine markante Gestalt der literarischen Welt und ebenso der eleganten Welt gewesen war.
O ja, der Kiefernwald, durch den sie zum Bach flüchtete, war bereits voller Stimmen, die alle ihr galten.
„Mein Gott, ich muß etwas beschwipst sein", gestand sie sich ein, als sie zwischen den Bäumen dahinschwankte, die sie manchmal in Gedanken ihren „silvanischen Hain" nannte. Sie stürzte buchstäblich von einem stützenden Baum zum nächsten, und dabei war sie vor noch nicht einmal zehn Jahren, kurz nachdem sie Giovanni aus Italien importiert hatte, so oft in ihrem fließenden weißen Nachtgewand wie eine Nymphe durch diesen Wald gelaufen und hatte Giovanni über die Schulter hinweg zugerufen: „Fang mich, wenn du kannst!"
Natürlich hätte er es gekonnt, aber er hatte es nicht getan, und tatsächlich mußte sie, wenn sie atemlos in ihren Horst zurückkehrte, des öfteren die Entdeckung machen, daß er wieder ins Bett gegangen war. „Schlaf, Liebster", murmelte sie dann ein wenig ärgerlich, und ganz sicher meinte sie es nicht aufrichtig, denn sie tat alles, um ihn durch ihre lasziven Liebkosungen wieder aufzuwecken. Sie liebte es besonders, seine Hoden in die Hand zu nehmen und sie immer wieder kurz und heftig zusammenzudrücken.
„Senta!" schrie er dann. „Ich bin keine Kuh, die man melken muß!"
„In der Morgendämmerung ist der Mond weiß wie Elfenbein", flüsterte sie, die Zunge in seinem Ohr, und oft kletterte sie nach einer solchen Bemerkung aus dem Bett, um ein Sonett zu dichten, das mit solch einer Zeile begann.
Bei einer Lesung in Vassar, oder vielmehr nach der Lesung, als die Studentinnen aufgefordert wurden, der Dichterin Fragen zu stellen, hatte sich eine junge Dame recht unverschämt erkundigt, ob sie, Sabbatha, nicht das Gefühl habe, daß es in ihren Sonetten zuviel Erotik gäbe.
„Alles, was im Leben vorkommt", schlug sie zurück, „muß auch in der Kunst vorkommen, und wenn die Erotik in meinem Werk eine Rolle spielt, dann deshalb, weil ich sie auch im Leben nicht verleugne."
Ihr Kopf war heute abend voll von Erinnerungen, und sie spürte die Wirkung des Rotweins.
„Ich muß meine Venen in der Quelle kühlen", lautete der

Rat, den sie sich selbst erteilte. „Ich muß kalt und naß von der Quelle zu Giovanni zurücklaufen und mich mit einem der großen rauhen Handtücher von ihm abtrocknen lassen, und dann wird alles wieder so sein, wie es einmal war ..."

Wie war es einmal, das war hier die Frage, aber es war keine Frage, mit der man sich in diesem Augenblick beschäftigen konnte. Ihr Zickzackweg durch den Kiefernwald hatte sie jetzt zu der Quelle geführt.

„Ich kann immer noch barfuß durch kaltes Wasser und über rauhe Steine gehen", versicherte sie sich. Dann schleuderte sie ihre Hauspantoffel aus weichem Filz von den Füßen und stieg in das rasch dahinströmende murmelnde Wasser des Baches.

Heute nacht plapperte es tatsächlich mit den Stimmen der Vergangenheit.

Sie vernahm erregtes lautes Flüstern, wie sie es in ihrem kleinen französischen Lieblingsrestaurant in Greenwich Village zu hören gewöhnt war, bevor sie Giovanni importiert hatte (und Sabbathas Horst, um ihn darin festzuhalten) – nun, ziemlich lange davor, mindestens zwanzig Jahre.

Damals war sie stets von einer Schar junger Männer umgeben, und wenn sie an der Spitze ihrer fieberhaft animierten Begleiter in das Restaurant gestürmt war – ja, es hieß „L'Escargot Fou" –, hatten sich sogleich ein paar Augenblicke der Stille auf die „Irre Schnecke" herabgesenkt, wie sie das Restaurant nannte.

Hatte sie dann an ihrem Ecktisch Platz genommen, hörte sie, wie man über sie sprach.

„Wer ist sie, diese auffallende Erscheinung?"

„Was, du kennst sie nicht? Sabbatha Veyne Duff-Collick!"

„Ich hab mir so was gedacht, aber ich war mir nicht ganz sicher! Sind alle diese jungen Männer ihre Liebhaber?"

„Ja, natürlich, sie ist die sittenloseste Künstlerin seit Isadora Duncan."

„Sie bewegt sich wie eine Tänzerin, sie hat die Gesten einer Tänzerin, und was für ein apartes Profil mit dieser langen, kastanienbraunen Mähne!"

Und dann unterhielten sich die Gäste über andere Dinge, die sie selber betrafen, aber während Sabbatha inmitten ihres Gefolges von jungen Männern in einer Ecke saß, wußte sie, daß alle nur deshalb so laut sprachen, damit sie sie hören konnte, und innerlich lächelte sie nachsichtig über solche unschuldige Torheit.

Aber, o mein Gott, dann war da dieser letzte Besuch in der „Irren Schnecke", als sie ihren angestammten Tisch von ein paar sehr nachlässig gekleideten bärtigen jungen Männern besetzt fand, die ganz und gar nicht zu der Sorte gehörten, mit der sie herumzog.

„Maître", hatte sie gesagt, „heute abend sitzen Fremde an meinem Tisch. Würden Sie bitte veranlassen, daß sie ihn räumen?"

„Ah, Madame", erwiderte der Maître, „das ist der junge Dichter Ginsberg mit zwei anderen Dichtern. Ich kann sie nicht auffordern, sich an einen andern Tisch zu setzen – ich fürchte, dann würden sie eine Szene machen. Sie sind augenblicklich ganz groß in Mode, wissen Sie. Erst neulich waren sie auf den Titelseiten verschiedener großer Illustrierten abgebildet."

„Aber einer dieser ekelhaften Barbaren sitzt auf dem Stuhl mit der Bronzeplakette, in die mein Name eingraviert ist. Immer für mich reserviert, für *mich*!"

„Plakette? Bronze? Eingraviert?" wiederholte der Maître in gespielt ungläubigem Ton. Dann plötzlich ließ sein Gesicht erkennen, daß er sich erinnerte, und er sagte: „Ach, Sie meinen sicherlich den Stuhl, der zusammengebrochen ist und nicht mehr repariert werden konnte – er hatte ein altes Metallschild an der Lehne, aber jetzt ist er auf irgendeinem Schuttplatz gelandet."

„Sie müssen neu hier sein, daß Sie in diesem unverschämten Ton mit mir sprechen."

„Ich gehöre noch nicht so lange zum Inventar wie ein paar von unseren Gästen, aber, wie man zu sagen pflegt, neue Besen kehren gut, Madame."

Bei diesen Worten hatte sie sich hoch aufgerichtet und den Kopf so weit zurückgeworfen, daß es aussah, als betrachte sie prüfend die Decke des Raumes.

„Ich an Ihrer Stelle würde nicht von Sauberkeit sprechen; mit Rücksicht auf Ihre neue Kundschaft würde ich dieses Thema vermeiden! Kommt, mes amis! Wenn sich ein Speiserestaurant in einen Schweinetrog verwandelt, kann ich . . ."

Sie vollendete diesen Satz nicht, denn die Dichtergruppe,

die ihren Tisch beschlagnahmt hatte, brach in ein Hohngeheul aus, und Sabbathas junge Männer geleiteten sie rasch auf die Straße hinaus.
„Cochons!“ kreischte sie.
Einen Moment lang drehten sich die Straßen von Greenwich Village funkelnd vor ihren Augen, dann wurde alles schwarz. Als sie wieder zu sich kam, war nur noch ein einziger junger Mann bei ihr: sie saßen in einem Taxi, das stadtauswärts fuhr. Es war ein sehr schmächtiger junger Mann mit großen, schmerzlichen Augen, und er trug eine kleine, mit Perlen bestickte Tasche bei sich.
„Ach, Sabbatha“, flüsterte er, „hat Gott Ihnen nicht gesagt, daß es immer so endet?“
„Ich habe keine Mitteilung von Gott erhalten, außer daß ich lebe und imstande bin, Entscheidungen zu treffen. Morgen fliege ich nach Paris und dann nach Venedig und dann nach Rom, in die Ewige Stadt.“
„Wollen Sie mich nicht mitnehmen?“
Sie seufzte und ließ ihre Hand in seinen Schoß fallen. Und dort machte sie die Entdeckung, daß er nicht einmal den bescheidensten Anforderungen genügte, die man an einen Langzeitbegleiter stellen mußte.
„Mein lieber Junge“, flüsterte sie, „das muß ja entsetzlich für Sie sein.“
Er verstand, was sie meinte, und nach ein paar Augenblikken des Schweigens sagte er zu ihr: „Ich habe ein paar Freunde, ungefähr in Ihrem Alter, die die Größe und Farbe meiner Augen bewundern.“
„Gott helfe Ihnen in dieser Welt, mein Lieber, Gott helfe Ihren großen Augen. Diese Freunde werden sie Ihnen ausreißen.“
Und Hand in Hand sitzend, fingen sie beide zusammen still zu weinen an.

Am Pier in Cherbourg waren viele Kameras auf Sabbatha gerichtet, als sie an Land ging, und das hatte zur Folge, daß sich ihre Stimmung hob.
Offenbar hatte Europa noch nicht gemerkt, daß ihr Ruhm zu verblassen begann, oder aber es hatte mehr Respekt vor Werken, die bei einer trivialen Mode nicht mehr in Gunst standen.

„Wie fühlt man sich, wenn man die berühmteste Dichterin seit Sappho ist?“
„Von Sapphos Werken“, erwiderte sie und blickte dabei ins Leere, „sind nur Bruchstücke erhalten, wie zum Beispiel ...“
Im Augenblick fielen ihr keine ein.
„Miss Duff-Collick, man vergleicht Ihre Gedichte manchmal mit ...“
„Ah ja, ich weiß, wen Sie meinen, und das eine Gedicht mochte ich wirklich sehr, dasjenige, das von irgendwelchen Vögeln und wilden Tieren handelt. Wie ging das doch noch? Es war irgendwas mit ‚aller Hoffnung bar‘, und das reimte sich auf ‚Jaguar‘! ... Ich habe immer wilde Tiere in ihrer natürlichen Umgebung geliebt, nicht die Haustiere und auch nicht die bemitleidenswerten Kreaturen in den zoologischen Gärten. Ich hasse Gefangenschaft, wissen Sie ...“
„In Ihrer Sonettdichtung haben einige Kritiker natürlich den Einfluß von Elizabeth Barrett Browning feststellen wollen.“
„Mein lieber junger Mann“, sagte sie lachend, „mein Einfluß auf Mrs. Browning kann nicht allzu nachhaltig gewesen sein, denn sie starb an der Schwindsucht, lange bevor ich geboren wurde.“

Dieses Interview fand in einer kleinen taverna statt, an der Stelle, wo die Via Margutta im spitzen Winkel in die Piazza de Spagna einmündet. In der taverna waren drei junge Journalisten, und dort war auch der junge Maler Giovanni. Er war bereits dort gewesen, als Sabbatha und die Zeitungsleute hereinkamen, und sowie Sabbatha ihn erblickte, begrüßte sie ihn wie einen guten Bekannten und lud ihn ein, sich zu ihnen an ihren Tisch zu setzen.
Sie merkte, daß ihr Benehmen Anstoß erregte. Sie hatte sogar den Verdacht, daß sie ein wenig verrückt werden könnte, aber der Gedanke hatte nichts Erschreckendes für sie: er erheiterte sie tatsächlich ebenso wie die Blitzlichter bei ihrer Ankunft in Europa.
Sie hatte die Sitzordnung am Tisch bestimmt und Giovanni neben sich gesetzt.
„Sie haben jemand entdeckt, den Sie kennen?“

„O ja. Ich bin ganz sicher, daß wir uns schon eine Ewigkeit kennen."
Sie beschloß, sich über diese typisch histrionische Bemerkung zu verbreiten.
„Alle meine ersten Begegnungen mit Menschen verlaufen so – als hätte ich sie schon immer gekannt und gehaßt oder als hätte ich sie schon vor meiner Geburt gekannt und geliebt."
Die Journalisten wechselten unergründliche Blicke, aber Sabbatha achtete nicht darauf.
Sie hatte ihre Hand zuerst auf Giovannis Arm und dann auf sein Knie gelegt, und sie vergewisserte sich, daß die Zeitungsleute diese Zurschaustellung poetischer Freiheit, oder wie immer man es nennen mochte, bemerkten.
Sie tranken alle goldenen Frascati aus großen Karaffen.
Verrückt zu werden kann etwas Erhebendes haben, wenn man sich nicht dagegen wehrt, wenn man einfach alle Hemmungen fallen läßt und sich nicht um die Folgen schert.
Sabbatha wußte, daß ihr dies geschah, und wehrte sich nicht dagegen, während Blitzlichtkameras ihr ins Gesicht klickten und Bleistifte Pressekommentare kritzelten – hier in einer römischen taverna, so nahe bei jenem Haus, in dem John Keats Gedichte von Liebe und Tod geschrieben hatte, die an Gefühlstiefe fast ihren eigenen nahekamen.
Seit zehn Jahren hatte die Öffentlichkeit kaum mehr Notiz von ihr genommen, und phonetisch besteht kein sehr großer Unterschied zwischen dem Substantiv „Dekade" und dem Adjektiv „dekadent", nur daß das eine Wort zwei Konsonanten mehr hat.
Dann stellte der junge Journalist, der die allerunschuldigste und ehrerbietigste Miene zur Schau trug, eine vernichtend brutale Frage.
„Beunruhigt es Sie sehr, Miss Duff-Collick, daß Sie Ihr berühmtestes Gedicht geschrieben haben, als Sie noch das Mädchencollege von Bryn Mawr besuchten?"
Die schwere Karaffe wog sehr leicht in ihrer Hand, als sie sie vom Tisch nahm und auf dem Kopf des jungen Mannes zerbrach, der ihr mit dieser unerträglichen Frage den Dolch ins Herz gestoßen hatte.

Gegen Mitternacht hatte sie Giovanni den Vorschlag gemacht, er solle für immer bei ihr bleiben.
Er erzählte ihr, daß er ein mittelloser Kunststudent sei, dessen materielle Existenz von der Geneigtheit eines ältlichen Gönners abhänge, aber diese Klage war, wie Sabbatha erriet, nur ein Zeichen dafür, daß er innerlich mit sich kämpfte.
(Damals träumten alle mittellosen jungen Römer davon, durch irgendein Wunder in die Staaten zu gelangen.)

Im Morgengrauen mieteten sie sich eine Pferdekutsche, einen Fiaker mit einem buckeligen Kutscher.
Sabbatha berührte den Buckel des Kutschers, weil das Glück brachte, und der Kutscher wurde wütend. Er fuhr herum und schrie ihr ins Gesicht: „Che vecchia strega, che stronza!"
„Was hat er gesagt? Etwas Beleidigendes?"
„Er hat dich eine Hexe genannt", sagte Giovanni. In dieser ersten Nacht, die sie zusammen verbrachten, war er taktvoll genug, den skatologischen Teil der Beschimpfung nicht mit zu übersetzen.
„Dem werd ich's zeigen, wenn wir nach San Pietro kommen!"
Auf dem Sankt-Peters-Platz mußte Giovanni den Buckeligen anweisen, um die zwei Springbrunnen herumzufahren, und als der alte Mann zögerte, dem Befehl Folge zu leisten, kletterte Sabbatha über die Trennwand zwischen Fahrgästen und Kutscher und entriß ihm die Zügel.
Er sprang aus der Kutsche und fing an zu schreien: „Polizia!"
Sabbatha richtete sich hoch auf wie ein römischer Wagenlenker, riß ihre Bluse auf, entblößte ihre ziemlich flachen, hängenden Brüste und trieb die Pferde so oft um die Springbrunnen herum, bis sie von dem versprühten Wasser völlig durchnäßt und fast schon wieder nüchtern war.
Aber diesmal war die Grenze der dichterischen Freiheit überschritten, und die Öffentlichkeit der Ewigen Stadt nahm den Vorfall nicht mehr geduldig hin.
Am nächsten Morgen schrieb „Il Messagero" mit beißender Ironie, daß eine verrückt gewordene Touristin in Begleitung eines wesentlich jüngeren Mannes von zweifelhafter

Moral auf dem geheiligten Platz eine „bruta figura“ abgegeben habe und daß man ihr nur raten könne, sich ihren vom Alkohol inspirierten phantastischen Einfällen an anderen Orten, wenn nicht gar in einem Irrenhaus zu überlassen.
Wieder einmal, zum letzten Mal während ihres Aufenthalts in Europa, sah sich Sabbatha Kameras und Reportern gegenüber. Sie stieg gerade aus dem Lift der Akademie.
„Was sagen Sie zu dem Skandal?“ fragten sie die Reporter.
„Jede Wahrheit ist ein Skandal“, belehrte sie sie mit klangvoller Stimme, „und Kunst ist immer eine Indiskretion!“
Mit diesem Aufschrei schleuderte sie ihnen ihr Haar ins Gesicht und hob die Arme mit einer Geste, von der sie hoffte, daß die Kameras sie ebenso eindrucksvoll als Verkörperung eines von allen Fesseln befreiten Geistes interpretieren würden, wie einst Genthes Kamera die klassische Pose der Isadora Duncan zwischen den Säulen der Akropolis für die Nachwelt festgehalten hatte; aber offenbar bestand da ein Unterschied, sowohl was den Gegenstand als auch was die fotografische Kunst oder Absicht betraf, denn das, was man am nächsten Tag in den römischen Zeitungen sehen konnte, war nicht mehr und nicht weniger als eine sich lasziv zur Schau stellende Frau mittleren Alters, die so voll wie eine Haubitze war.
Einen Tag später verließ sie Rom zusammen mit Giovanni, der ihren manischen Zustand jetzt klar erkannte, aber der Dame anhaftete wie eine Briefmarke einer Postkarte mit sinnlosem Text.

In den Kindertagen des Films durfte der Geschlechtsakt eines Liebespaares nur indirekt durch einen Trick dargestellt werden, etwa indem man eine Biene zeigte, die über dem Kelch einer Lilie schwebte, und wahrscheinlich war ein ähnlicher Trick mit im Spiel, als so viele Dinge aus Sabbathas Vergangenheit im Murmeln der Quelle wieder lebendig wurden, die unterhalb ihres Horstes wie ein Wasserfall herabstürzte.
Auf jeden Fall mischte sich jetzt in das beschwörende Murmeln der Quelle ein anderes Geräusch und übertönte es beinahe: es war das Startgeräusch des Motors von Giovannis Sportwagen, des „Triumph“, den Sabbatha ihm in die-

sem Sommer zu seinem fünfunddreißigsten Geburtstag geschenkt hatte. Donnernd setzte sich das Auto in Bewegung.

Beim ersten Ton hatte sie laut „Giovanni!" gerufen und war taumelnd losgestürzt, um den Wagen auf der Auffahrt abzufangen, die sich von ihrem Horst hinabschlängelte, aber natürlich war sie nicht schnell genug, um sich quer über den Weg zu werfen, bevor Giovanni die hölzerne Brücke passiert hatte, und danach war er nicht mehr aufzuhalten; sie fragte sich überhaupt, ob er, wenn sie es fertiggebracht hätte, sich vor das Auto zu werfen, nicht ohne weiteres über ihren ausgestreckten Körper gefahren und ohne anzuhalten weitergerast wäre.

Das Motorgeräusch wurde schwächer und schwächer, bis es schließlich im tristen Murmeln des Bachs unterging, und Sabbatha und die Einsamkeit hatten jetzt endlich ihre Kräfte vereinigt, wenn Kräfte das richtige Wort dafür ist.

Die erste Nacht, in der Sabbatha entdeckte, daß sie nicht mehr in leidlich vertikaler Haltung, mit anderen Worten als Zweibeiner, die Treppe zu ihrem Schlafzimmer hochzusteigen vermochte, sondern auf allen vieren hinaufklettern mußte, wenn sie in ihrem Bett zu schlafen wünschte, nahm sie mit einiger Logik an, daß nun für sie in Sabbathas Horst eine Parterre-Existenz begann. Sie merkte, daß es ihr jetzt infolge ihrer Rückgratverkrümmung schwerfiel, an Gegenstände heranzukommen, die auf einem Kaminsims oder einem Küchenbord standen, es sei denn, sie wählte den gefährlichen Ausweg, auf eine Tischplatte oder einen Stuhl zu klettern – Möbelstücke, die ihre Anstrengungen, sie zu besteigen, offenbar ebenso übelnahmen, wie weibliche Tiere, wenn sie nicht gerade läufig sind, die Annäherungsversuche der brünstigen Männchen ihrer Gattung übelnehmen.

Eine Ahnung überkam sie, daß ein Tod in der Einsamkeit keine unwahrscheinliche oder in weiter Ferne liegende Aussicht war, und diesem Gedanken hing die Dame mit gemischten Gefühlen nach.

Der Tod in der Einsamkeit, sagte sie zu sich und rollte dabei die meergrünen Augen in ihren Höhlen hin und her, die in ziemlich engem Abstand voneinander zu beiden Seiten ihrer fast allzu kühn vorspringenden Nase saßen.

Namen von Dichtern und Dichterinnen, die einsam gestorben waren, völlig einsam oder so gut wie einsam, gingen ihr durch den Kopf. Es war eine Ehrenliste: sie enthielt Namen wie Thomas Chatterton, der sich allein in seiner Dachkammer erhängt hatte, um dem Schuldgefängnis zu entgehen; Namen wie den der nicht allzu bedeutenden, aber keineswegs unbegabten Dichterin Sara Teasdale, die sich in einer Badewanne die Pulsadern aufgeschnitten hatte, vermutlich hinter einer verschlossenen Tür und ohne daß Badewärterinnen zugegen gewesen wären; Namen wie den jener exzentrischen alten Jungfer, die keine unbedeutende, aber auch keine ganz große Dichterin gewesen war und die qualvoll und ganz allein an einer vorsätzlich getrunkenen Überdosis Essigsäure gestorben war, und jetzt schien es Sabbatha, als sei dieser Tod in der Einsamkeit nahezu allen Dichtern und Dichterinnen, die auf sich hielten, vom Schicksal vorherbestimmt.

Als diese traurige, aber erhebende Überzeugung von ihr Besitz ergriff, war sie, auf Händen und Knien kriechend, an dem Telefontischchen angelangt, das auf dem Treppenabsatz stand.

Sie war gerade noch imstande, das Telefon von seinem Tischchen herunterzuzerren, und ausgestreckt daliegend, meldete sie ein Ferngespräch zu einem der einstigen jungen Männer ihres Gefolges in Manhattan an. Er lebte immer noch dort und war jetzt als Gesellschaftsreporter bei einer führenden Tageszeitung angestellt. Der Anruf erreichte ihn nur mit Schwierigkeiten und durch seinen Antwortdienst. Es kostete sie nahezu eine Stunde und sehr viel Kreischen und Brüllen, bis sie ihn auf dem Landsitz der Vierten Herzogin von Argyle aufgespürt hatte, und als sie ihn schließlich am Hörer hatte, kam ihre Stimme, die ihre Kraft bewahrt hatte, kaum gegen das hysterische Geheul der herzoglichen Tischgäste an, die alle „high“ waren, entweder von Marihuana oder von Schnaps und Rockmusik. Der einstige jugendliche Begleiter tat so, als sei eine Verrückte am Apparat, oder vielleicht glaubte er es auch wirklich; und sie konnte ihre Identität nur nachweisen, indem sie ihm die letzten sechs Zeilen eines Sonetts rezitierte, das er einst als ihr sublimstes, vollendetstes bezeichnet hatte.

„Ah ja, dann bist du's wirklich, Sabbatha. Wie geht's?"
„Mein Herz, ich bereite mich auf den Tod in völliger Einsamkeit vor, und deshalb rufe ich dich an. Ich möchte dich bitten ... Wart mal! Ich kriege keine Luft mehr! Preston, ich weiß, daß große Zeitungen Nachrufe auf bekannte Persönlichkeiten vorbereitet haben, vor allem wenn bekannt ist, daß deren Gesundheit nicht mehr die beste ist. Also, Preston, es ist furchtbar eitel von mir, aber ich muß einfach wissen, was über mich gedruckt werden wird, wenn ich ... Verstehst du, mein Herz? Könntest du mir ganz streng vertraulich eine Kopie meines Nachrufs aus dem Panzerschrank besorgen? Bitte, bitte, ich kann dir nicht erklären, wieso und warum mir das so wichtig ist, aber es ist mir wichtig, wirklich und wahrhaftig; und deshalb frage ich dich: würdest du, könntest du das um der alten Zeiten willen für mich tun, mein Süßer?"
„Sabbatha, du brichst mir das Herz", sagte er recht nüchtern. „Ich habe doch erst letzten Monat einen kleinen Verriß deines neuesten Gedichtbands ‚Der Brautstrauß' gelesen – netter Titel übrigens. Und jetzt willst du, daß ich deinen Nachruf aus dem Panzerschrank klaue? Mein Gott, du hast meine Entrückung durchbrochen! Ich muß meinen Geist mit einem neuen Joint anheizen, Baby. Gib acht auf dich, ciao, bambina!"
Er hatte den Hörer krachend aufgelegt, doch ein paar Tage später kam ein Brief mit dem Firmenkopf seiner Zeitung auf dem Umschlag.
Bisher hatte dieser streng geheime Brief ungeöffnet im Horst gelegen, aber Sabbatha wußte genau, wo er war: sie hatte ihn in der Frühstücksecke unter eine Packung Twining-Formosa-Colong-Teebeutel gelegt.
Es kostete sie beträchtliche Zeit und Mühe, ihn sich wiederzuholen, da der Stuhl mehrmals umfiel, bevor es ihr gelang, hinaufzuklettern.
Es dauerte ebenfalls eine ganze Weile, bis sie den Nachruf in das Wohn- (oder Sterbe-) Zimmer gebracht hatte, wo sie ihn beim Schein des Feuers lesen wollte, denn irgendwie schien es ihr, als könnte das ihrer Reaktion auf den Inhalt bekömmlich sein.
Aber nichts hätte ihren Schock mildern können, als sie sah, daß der Ausschnitt weniger als eine halbe Spalte lang war,

daß er nicht einmal ein Foto von ihr enthielt und daß man sich sogar erdreistet hatte, ein b in Sabbatha und den Bindestrich zwischen Duff und Collick wegzulassen.
Scheiß auf sie alle, entschied sie. Scheiß auf alle, Vergangenheit, Gegenwart und Zukunft!
Sie schleuderte den Nachruf in die Glut, die, wie es der Situation angemessen war, langsam erlosch, und dort verursachte er eine kurze kleine Feuersbrunst und ging dann in Rauch auf, wie es das Schicksal menschlicher Eitelkeit zu beiden Seiten des ...

Die für die Nacht bestimmte Bastflasche mit kalifornischem Chianti diente Sabbatha nun als Maß für die Stunden, bevor das verhaßte Tageslicht durch die geschlossenen Fensterläden ihres Horstes kroch. Wenn die Flasche halb leer war, mußte es gegen Mitternacht sein, und wenn nur noch eine Neige darin zurückgeblieben war, wußte sie, daß sie jeden Augenblick das Krähen eines fernen Hahns erwarten konnte, das ihr anzeigte, es sei nun an der Zeit, den restlichen vino herunterzukippen und ihr Gesicht in dem Nest von Kissen zu vergraben, die sie vor einigen Monaten vom Sofa heruntergezogen hatte, um eine Kopfstütze und eine weiche Unterlage zu haben.
Neben diesem zerwühlten Bett vor dem Kamin lag ihr Handwerkszeug, die Notizbücher und Bleistifte, da die Arthritis in ihren Gelenken sie nun gezwungen hatte, auf die Underwood-Schreibmaschine zu verzichten, deren Farbband mittlerweile derart ausgebleicht war, daß man eine getippte Seite kaum noch entziffern konnte.
Es ist eigentlich nicht fair, von Notizbüchern und Bleistiften als von Sabbathas Handwerkszeug zu sprechen, und doch waren sie in ihren Augen genau das: sie faßte jetzt das Dichten von elisabethanischen und petrarkischen Sonetten als ein Handwerk in dem Sinne auf, wie die Zimmermannsarbeit das Handwerk des Jesus von Nazareth gewesen war. Notizbücher und Bleistifte, Hämmer und Nägel: am Ende die Kreuzigung, ein ehrenhafter, wenn auch gottsjämmerlich schmerzhafter Weg hinaus aus dem irdischen Sein.
Allein hinausgehen, auf dem Boden ausgestreckt vor einem erloschenen Feuer, Vater, warum hast du?
In der Ferne hatte der Hahn gekräht, und sie hatte eine wie

ein Haken gekrümmte Hand nach der fast leeren Chiantiflasche ausgestreckt und dabei die Flasche umgeworfen, so daß sich der Rest des Weins auf ein Kissen ergoß.
Schnell, mit einem gierigen „Ha“, drückte sie ihren Mund in die purpurne Pfütze und leckte sie mit der Zunge auf. „Ha“, sagte sie noch einmal und wollte gerade ihren Kopf in das feuchte Kissen wühlen, da fielen ihr die letzten vier Zeilen eines Gedichts ein – einer ihrer frühen lyrischen Schöpfungen vermutlich, da sie sich weder an den Titel noch an die Strophe davor erinnern konnte.
Sic griff nach einem Bleistift, umklammerte dies Instrument fest mit einer zitternden, zur Faust geschlossenen Hand und kritzelte den Vers, der so deutlich den Stempel ihrer frühlingshaften Ausdruckskraft trug, in das erste beste Notizbuch.

In langer Reihe ziehen sie vorüber,
die Jahre, wild und ernst, die mir beschert.
Keins war, das nicht ein Lächeln mir entlockte,
und keins war meine stummen Ängste wert.

Sie wartete und wartete, bis endlich die blaue Morgendämmerung durch die Ritzen der Fensterläden glitt, wartete darauf, daß ihr die übrigen Zeilen einfielen: sie würden ihr einfallen, und sie fielen ihr ein, und die Tatsache, daß sie sich der Tatsache erinnerte, daß diese Zeilen aus einem Gedicht von Miss Elinor Wylie stammten, vermochte ihr nicht das leiseste Lächeln zu entlocken und war beinahe ihre Depression wert, die den ganzen Nachmittag lang anhielt.

Rückgratverkrümmung!
Das physische Sein neigte sich reuevoll zur Erde zurück. Es beugte sich immer tiefer zu ihr zurück, als habe sie eine Tür weit aufgerissen, um den zögernden Gast willkommen zu heißen.
Unzweifelhaft hatten sich die Dinge in Sabbathas Horst während ihrer nahezu völligen Abgeschiedenheit nicht gerade günstig entwickelt. Sie hatte nichts von Giovanni gehört, jedenfalls nicht direkt, aber vergangene Woche hatte ein Bankangestellter aus Bangor sie brieflich davon unterrichtet, daß ein junger Mann, offensichtlich ein Ausländer,

dort Schecks auf ihren Namen gefälscht hatte. Er habe behauptet, so schrieb der Bankangestellte, ihr Ehemann zu sein, habe aber zugegeben, daß sie jetzt ständig getrennt lebten, und außerdem seien noch andere Beschwerden über ihn laut geworden, deren Art der Bankangestellte mit einer Dame nicht zu erörtern wünschte. Er teilte Sabbatha jedoch mit, daß der junge Mann mehrmals im Gefängnis und auch im Krankenhaus gewesen sei. Natürlich sei die Bank nur an der Sache mit den gefälschten Schecks interessiert. Habe sie die Absicht, ihn gerichtlich belangen zu lassen? Der Bank sei bekannt, daß er nicht wirklich ihr Gatte sei, sondern ein früherer Angestellter, und falls sie ihre Zustimmung zu einem solchen Vorgehen gebe, könne man sicher sein, daß er mindestens ein Jahr bekäme, vielleicht auch mehr.
Sabbatha ließ sich mit der Bank verbinden und erklärte, der junge Mann sei kein früherer Angestellter, sondern nach dem Gewohnheitsrecht ihr Gatte.
Um welche Beträge handle es sich bei den Schecks, erkundigte sie sich, und weshalb habe man den begabten, aber labilen jungen Mann ins Krankenhaus gebracht – sei es etwas Ernstes oder . . .
„Gnädige Frau", sagte der Bankangestellte, „ich glaube kaum, daß eine Dame Wert darauf legen könnte, über diesen Punkt eingehend unterrichtet zu werden."
„Jede Wahrheit", belehrte ihn Sabbatha, „ist ein Skandal. Warum also nicht?"
Vielleicht hatte der Bankangestellte diesen epigrammatischen Kommentar über „die Wahrheit" verstanden, vielleicht auch nicht, aber jedenfalls verriet ihm ihre Stimme, daß sie völlig betrunken war.

Wie weitermachen? Du machst weiter, in der Einsamkeit, dein Handwerkszeug ist dir treulos geworden oder du ihm, die Hähne krähen dreimal vor Morgengrauen, die ganze Chose ist dir verhaßt wie der Gefängniswärter dem Verurteilten, du machst weiter wie bisher, nicht wahr?
„Großer Gott, ich glaube, ich habe vergessen, im Hollow Market meinen gefriergetrockneten Pulverkaffee zu bestellen, und jetzt ist er alle. Du lieber Gott, ach Scheiße . . ."
Sie sagte es laut, da sie nicht gehört hatte, daß ein Taxi aus dem Dorf vorgefahren war, daß jemand die Wagentür zuge-

schlagen und daß sich die Vordertür ihres Horstes hinter ihrem schmerzenden Rücken geöffnet hatte.
„Sabbatha, eben habe ich dich zum ersten Mal ‚Scheiße' sagen hören."
Es war Giovannis Stimme, oder war sie nicht mehr ganz bei Sinnen?
Sie rollte sich herum, wobei es in ihrem Rücken knirschte, und da über ihr stand – nein, nicht Giovanni, sondern offenbar sein Geist. Er wirkte ganz ätherisch, aber nicht im poetischen Sinne, und sein jugendliches Aussehen war dahin.
„Großer Gott, bist du das wirklich, Giovanni?"
„Bist *du* das wirklich, Sabbatha?"
Sehr langsam – es mußte eine volle Minute gedauert haben – akzeptierte jeder den jetzigen Zustand des anderen, ohne daß noch ein Wort darüber gewechselt wurde.
Als sie wieder sprechen konnte, sagte sie zu ihm: „Ich habe erfahren, daß du krank warst und im Krankenhaus gelegen hast, seit du mich verlassen hast?"
„Ja, zuviel gefickt", antwortete er. „Manchmal kann man auch von was Gutem zuviel kriegen, weißt du."
Wieder stockte die Unterhaltung zwischen ihnen fast eine Minute lang.
„Ich habe nicht verstanden, was du über deine Krankheit gesagt hast."
„Bei mir hatte sich eine Fistel gebildet", sagte er.
„*Was* hatte sich bei dir gebildet?"
Er warf seinen Mantel ab, kauerte sich vor ihr hin und wiederholte das Wort laut, wobei er die Silben trennte.
„Nie von so was gehört. Fis – was?"
Er grinste sie an.
„Ich habe gesagt, eine Fis-tel, das ist eine Perforation der Mastdarmschleimhaut, und die habe ich mir bei einem Massenfick in Bangor geholt, wo ich in einer Nacht zehn Schwänze im Arsch hatte, einer davon einen Meter lang. Hast du gehört, was ich sagte? Hast du mich diesmal verstanden?"
„Ich bin nicht bewandert in medizinischen Fachausdrükken, weißt du, mein Herz", sagte Sabbatha. „Ich fürchte, ich habe den Wein alle gemacht, aber in der Küche sind noch ein paar Teebeutel und etwas Rum, und warum ziehst du

nicht diese nassen Sachen aus und trocknest sie vor dem Feuer?"
„Das Feuer ist aus", sagte er.
„Na wennschon – im Schuppen gibt's trockenes Holz und Kienäpfel. Du machst dir was zu trinken und ziehst dich aus, und ich krieche raus und hole das Holz."
Sie wollte loskriechen, aber er hinderte sie daran.
„Jesus, Weib, hast du dich in eine Schlange verwandelt?"
„Giovanni, ich bin Kleopatra, die Schlange vom Nil", erwiderte sie, „und du bist Antonius, aber unsere Flotte wurde besiegt und im Hafen von Alexandria versenkt."
Offensichtlich hatte sie etwas von ihrem alten exzentrischen Humor wiedergefunden.
Sie drehte den Hals, der dabei knarrte, und rief: „Charmion, reich mir den Stift ..."
Gleich darauf lächelte sie schläfrig und verbesserte sich: „Ich meine natürlich das Gift – das Schlangengift, mein Herz!"

1973

Anmerkungen

28 *Gene Stratton Porter* – (1863–1924), amerikanische Schriftstellerin, schrieb sentimentale Jungmädchenromane, darunter „Freckles" (1904).

31 *Sousa* – John Philip Sousa (1854–1932), amerikanischer Militärkapellmeister, Komponist vieler beliebter Märsche.

33 *Freckles* – (engl.) Sommersprossen.

37 *Isadora Duncan* – (1878–1927), amerikanische Tänzerin, Mitbegründerin des modernen Ausdruckstanzes.

38 *Mea culpa* – (lat.) Meine Schuld.

42 *Norman Thomas* – (1884–1968), amerikanischer Politiker, Führer der Socialist Party und ihr Kandidat bei allen Präsidentschaftswahlen von 1928 bis 1948.

54 *Hart Crane* – (1899–1932), amerikanischer Dichter. In seinem Werk vereint sich originelle Bildkraft mit einer mystischen Sicht des Lebens.

Sara Teasdale – (1884–1933), amerikanische Dichterin. Ihre Lyrik ist schlicht und stimmungsvoll.

64 *Sewanee* – Universitätsstadt in Tennessee.

93 *puta* – (span.) Hure.

107 *Veblen* – Thorstein Veblen (1857–1929), amerikanischer Sozialökonom, scharfer Kritiker des kapitalistischen Systems.

Metro-Goldwyn-Mayer – Einer der großen Filmkonzerne Hollywoods.

108 *Tschechow* – Anton Tschechow (1860–1904), russischer Dramatiker. Trigorin und Madame Arkadina sind Personen aus seinem Schauspiel „Die Möwe" (1896), in dem freilich die hier geschilderte Situation nicht vorkommt.

113 *Warner* – Warner Brothers, einer der großen Filmkonzerne Hollywoods.

123 *Claudia Cassidy* – Amerikanische Musik-, Theater- und Filmkritikerin.

in einem anderen Land – „Du triebst ... Hurerei: aber das war in einem anderen Land; und außerdem ist die Dirne tot." Zitat aus dem Drama „Der Jude von Malta" von Christopher Marlowe (1564–1593), das Ernest Hemingway (1899–1961) seinem Roman „A Farewell to Arms" (1929) als Motto voranstellte und von dem dessen deutscher Titel „In einem anderen Land" abgeleitet ist.

126 *Mondrian* – Piet Mondrian (1872–1944), holländischer Maler, an der Entwicklung der abstrakten Kunst beteiligt.

148 *Chautauqua* – Ort im Staate New York, von dem eine Erwachsenenbildungsbewegung ausging.

Sewanee – Vgl. Anm. zu S. 64.

150 *Scopes-Prozeß* – In Dayton, Tennessee, fand 1925 ein Prozeß gegen den Biologielehrer John T. Scopes statt, weil er die Darwinsche Entwicklungslehre gelehrt hatte, was nach den Gesetzen von Tennessee verboten war. Er wurde von prominenten Anwälten geführt und erregte großes Aufsehen als ein Testfall.

160 *Freud* – Sigmund Freud (1856–1939), österreichischer Arzt, Begründer der Psychoanalyse.

Jung – Carl Gustav Jung (1875–1961), Schweizer Psychiater, begründete eine eigene Richtung in der Tiefenpsychologie.

163 *Sarah Lawrence* – Sarah Lawrence College, angesehenes Frauencollege in Bronxville, New York, gegr. 1926.

165 *ce soir* – (franz.) heute abend.

180 *Senta!* – (ital.) Hör mal!

Vassar – Ältestes und berühmtestes amerikanisches Frauencollege in Poughkeepsie, New York, gegr. 1861.

181 *Isadora Duncan* – Vgl. Anm. zu S. 37

182 *Ginsberg* – Allen Ginsberg (geb. 1926), amerikanischer Dichter, Hauptvertreter der Poeten der Beat Generation, die gegen den Konformismus der amerikanischen Gesellschaft der 1950er Jahre protestierte. Sein Hauptwerk trägt den Titel „Das Geheul" (1956).

mes amis – (franz.) meine Freunde.

183 *Cochons!* – (franz.) Schweine!

184 *Sappho* – (7. Jh. v. u. Z.), berühmteste griechische Dichterin des Altertums.

Barrett Browning – Elizabeth Barrett Browning (1806–1861), englische Dichterin, Autorin berühmter Sonette.

185 *John Keats* – (1795–1821), englischer Dichter, schrieb formvollendete und ausdrucksstarke Gedichte.

186 *Che vecchia strega, che stronza!* – (ital.) Was für eine alte Hexe, was für eine Drecksau!

187 *bruta figura* – (ital.) blamable Figur.

Genthe – Arnold Genthe (1869–1942), amerikanischer Photograph deutscher Herkunft.

189 *Thomas Chatterton* – (1752–1770), englischer Dichter, vergiftete sich aus hoffnungsloser Armut.
Sara Teasdale – Vgl. Anm. zu S. 54.

192 *Elinor Wylie* – (1885–1928), amerikanische Dichterin. Ihre Lyrik zeichnet sich durch eine kunstvolle Technik aus.

Inhalt

Der Fluch
The Malediction
Originalband: One Arm
Übersetzung aus: Sommerspiel zu dritt

Glasporträt eines Mädchens
Portrait of a Girl in Glass
Originalband: One Arm
Übersetzung aus: Sommerspiel zu dritt

Das Wesentliche
The Important Thing
Originalband: One Arm
Übersetzung aus: Sommerspiel zu dritt

Das Feld der blauen Kinder
The Field of Blue Children
Originalband: One Arm
Übersetzung aus: Sommerspiel zu dritt

Sommerspiel zu dritt
Three Players of a Summer Game
Originalband: Hard Candy
Übersetzung aus: Sommerspiel zu dritt

Rubio y Morena
Rubio y Morena
Originalband: Hard Candy
Übersetzung aus: Sommerspiel zu dritt

Das Tomatenbeet
The Mattress by the Tomato Patch
Originalband: Hard Candy

Aus unserem bb-Taschenbuchprogramm 1988

Anna Seghers · Crisanta. Acht Geschichten über Frauen

Herbert Otto · Der Traum vom Elch

Christoph Hein · Der fremde Freund

Helga Schubert · Schöne Reise

Christine Wolter · Die Alleinseglerin (Nachauflage)

Der Kuckuck sprach zur Nachtigall … Fabeln von Luther bis Heine

Joseph von Eichendorff · Die Glücksritter

Die Toten sind unersättlich. Gespenstergeschichten (Nachauflage)

Joseph Ruederer · Linnis Beichtvater

Erich Maria Remarque · Der Weg zurück

Vicki Baum · Liebe und Tod auf Bali

Hans Fallada · Das Wunder des Tollatsch. Fünfzehn Geschichten

Grigori Glasow · Ohne Narkose

Nadeshda Koshewnikowa · Die leichte Muse

Peter Lovesey · Flußpartie zum Galgen

Jef Geeraerts · Die Coltmorde

Georges Simenon · Die Witwe Couderc · Der Schnee war schmutzig

Elsa Morante · Der andalusische Schal

Die Eheschließung. Chinesische Erzählungen des 20. Jahrhunderts

Aufbau-Verlag Berlin und Weimar

Lesebücher für unsere Zeit

Begründet von Walther Victor

Erste Bekanntschaft mit bedeutenden
Autoren des kulturellen Erbes
in Zeitbetrachtung und Biographie,
mit wichtigen großen Beispielen
ihres Werkes in einem Band

Die „Lesebücher für unsere Zeit", 1949 von Walther Victor begründet, erscheinen seit 1975 in neuer Bearbeitung und in neuer Gestaltung. Jeder Band umfaßt etwa 500 Seiten und enthält zahlreiche Abbildungen.

Nachauflagen 1988

Lessing

Schiller

Puschkin

Shakespeare

Aufbau-Verlag Berlin und Weimar

ENT
Edition Neue Texte

Neuerscheinungen 1988

Benedikt Dyrlich: Hexenbrunnen. Gedichte und Miniaturen

Harald Gerlach: Abschied von Arkadien

Rulo Melchert: Auf dem stierhörnigen Mondkahn. Gedichte über Madagaskar

Anatoli Kudrawez: Auf dem Weg nach Hause. Erzählungen

Anatoli Kurtschatkin: Ein Weiberhaus

Franz Hodjak: Siebenbürgische Sprechübung

Ntozake Shange: Schwarze Schwestern

Claude Simon: Anschauungsunterricht

Tahar Djaout: Die Suche nach den Gebeinen

Manuel Rui: Das Meer und die Erinnerung. Prosa und Lyrik

Nachauflagen 1988

Helga Königsdorf: Respektloser Umgang

Erwin Strittmatter: Grüner Juni

Eva Strittmatter: Mondschnee liegt auf den Wiesen

BdW
Bibliothek der Weltliteratur

Aus allen Nationalliteraturen
Werke von welthistorischem Rang
in Einzelausgaben

Neuerscheinungen 1988

Lion Feuchtwanger · Goya
Theodor Fontane · Cécile · Die Poggenpuhls · Mathilde Möhring
Jane Austen · Emma

Nachauflagen 1988

Hans Jakob Christoffel von Grimmelshausen
Der abenteuerliche Simplicissimus Teutsch
Heinrich Heine · Gedichte
Johann Wolfgang Goethe · Gedichte
E. T. A. Hoffmann · Märchen und Erzählungen
Antike Komödien
Jaroslav Hašek · Die Abenteuer des braven Soldaten Schwejk
Fjodor Dostojewski · Schuld und Sühne
Sinclair Lewis · Babbitt
Daniel Defoe · Robinson Crusoe
Eça de Queiroz · Das Verbrechen des Paters Amaro

Taschenbibliothek der Weltliteratur

Eine Taschenbuchreihe mit eigenem Profil

Veröffentlichung von Werken deutscher und internationaler Schriftsteller aus Vergangenheit und Gegenwart

Preiswerte Ausgaben in moderner Paperbackausstattung

1988 erscheinen

Hermann Hesse · Kinderseele
Stefan Zweig · Leporella (Nachauflage)
Hans Fallada · Wer einmal aus dem Blechnapf frißt (Nachauflage)
Tschingis Aitmatow · Dshamila · Abschied von Gülsary · Der weiße Dampfer
Miroslav Krleža · Die Rückkehr des Filip Latinovicz
Hans Christian Andersen · Die Galoschen des Glücks
John Steinbeck · Geld bringt Geld
Tennessee Williams · Glasporträt eines Mädchens
50 Novellen der italienischen Renaissance
Lukian · Der Lügenfreund. Satirische Gespräche und Geschichten

Aufbau-Verlag Berlin und Weimar